KB091120

유럽의 민주주의

새로운 도전과 과제

유럽의 민주주의

새로운 도전과 과제

2014년 2월 21일 초판 1쇄 인쇄
2014년 2월 27일 초판 1쇄 발행

지은이 조홍식·이옥연·김면회·황영주·홍태영·윤 비·김준석·문용일
펴낸이 윤철호
펴낸곳 (주)사회평론아카데미

편집 신종우·김천희
디자인 김진운·황지원
본문 조판 박서운
마케팅 한해규·허신애

등록번호 2013-000247(2013년 8월 23일)
전화 02-2191-1133
팩스 02-326-1626
주소 121-844 서울특별시 마포구 월드컵북로12길 17(2층)

ISBN 979-11-85617-03-9 93340

유럽의 민주주의

새로운 도전과 과제

조홍식 · 이옥연 · 김면회 · 황영주 · 홍태영 · 윤 비 · 김준석 · 문용일 지음

사회평론

유럽의 민주주의: 새로운 도전과 과제

2014년. 프랑스 대혁명을 통해 국민이 정치의 주인이고 주체라고 선포한 지 200년하고, 다시 4반세기가 지났다. 한반도에서도 민주적인 정치 체제가 들어선 지 이제 30년을 향해 가는 중이다. 21세기, 민주주의는 전 세계적으로 정치의 표준으로 등장하는 데 성공했다. 20세기에 이미 가장 반민주적인 동유럽이나 북한의 공산주의 독재 체제에서도 국명은 민주주의인민공화국이었다. 이제 북한이나 시리아와 같이 소수의 집권 세력이 장기간 독재하면서 국민을 탄압하는 정권은 국제적 지탄의 대상이 되었다. 민주주의를 실현하는 방법이나 실천하는 양식에 대해서 다양한 의견이 존재하기는 하지만, 민주주의의 가치와 규범 자체를 부정하기는 어려운 세상이 되었다.

민주주의가 이미 세계의 표준으로 등장한 오늘날 유럽을 다시 돌아보는 이유는 무엇인가? 첫째, 유럽은 민주주의의 고향이다. 주권재민의 핵심 원칙을 공표한 1789년의 프랑스 대혁명은 상징적인 사건이다. 인류 역사의 방향을 틀어놓았다고 할 만한 프랑스 대혁명이나 민주주의 정치

체제를 구상하고 만드는 토대와 근원을 살피는 작업은 현재의 문제를 분석하는데 결정적으로 기여할 수 있다. 지금은 너무나 당연하다고 생각하는 민주주의 정치 체제는 유럽이라는 지역에서 특정한 담론의 논의와 전개 과정을 거쳐 어렵사리 만들어졌다. 선거를 통해 국민이 선택한 권력자는 임기 동안 마음대로 정책을 펼 수 있다는 생각이 만연하는 요즘, 민주주의의 형성 과정과 논의에 대한 인식은 새로운 의미로 다가올 것이다.

둘째, 유럽은 가장 오랜 민주주의의 역사를 가지고 있다. 프랑스와 영국의 경우 민주주의의 경험은 이제 200년이 넘었다. 민주주의를 점진적으로 발전시킨 영국과 민주주의의 퇴보와 진전을 거듭한 프랑스는 대조적이지만, 각각 특별히 소중한 장기간의 경험을 축적해 온 셈이다. 유럽 안에는 영국과 프랑스 말고도 민주주의의 경험이 무척 다양한 수십여 국가가 존재한다. 독일의 경우 100여 년 뒤인 19세기 말에야 의회 중심의 민주적 제도를 발전시키기 시작했고, 많은 동유럽의 국가는 한국처럼 20세기 말에야 비로소 안정적 민주주의 정치 체제를 수립할 수 있었다. 실험이 불가능한 사회과학에서 유럽 민주주의의 역사는 실험실과 같은 다양한 사례의 보고(寶庫)라고 하겠다.

셋째, 유럽은 민주주의에 대한 현대적 도전을 가장 다양하게 경험하고 있다. 물론 민주주의 정치 체제의 수립과 발전 경로가 정해진 것은 아니다. 경제에서와 마찬가지로 후발 주자가 선발 주자보다 유리한 측면이 정치에서도 존재한다. 그러나 우리가 경험하게 될 도전과 위기를 상당 경우 유럽이 먼저 체험하면서 극복했다면, 우리는 유럽에서 많은 것을 배울 수 있다. 민족 분단과 통일의 문제를 겪은 독일의 민주주의나 다양한 민족이 하나의 정치 체제에서 공존해야 하는 동유럽의 국가들, 그리고 지역주의의 문제가 심각한 이탈리아나 에스파냐를 떠올릴 수 있다. 여러 인종과 종족 집단이 공존하면서 발생할 수 있는 동화와 공존의 문제, 그리고 젠더에 관한 새로운 인식으로 발생하는 여성 또는 동성애의 쟁점 등은 이미 유럽 사회의 민주주의에 던져진 질문들이다.

넷째, 유럽은 민주주의의 새로운 지평선을 열어가는 중이다. 지금까지 민주주의란 하나의 민족을 이룬 집단에 해당하는 정치 체제였다. 주권재민에서 민(民)은 개인의 합이라기보다는 정치 공동체로서 민족(民族, nation)의 의미를 가진 것이었기 때문이다. 그러나 유럽은 기존의 민족주의가 불러온 전쟁과 갈등의 정치를 극복하기 위해 20세기 중반부터 국가와 민족을 초월하는 단위에서 민주주의를 만들려고 노력해 왔다. 유럽이 선도적으로 만들어 나가는 초국적 민주주의의 다양한 쟁점은 지역 또는 세계적 차원의 민주주의 가능성을 가늠할 수 있는 지표가 될 수도 있다.

유럽 민주주의에 대한 심층적 연구와 분석은 여러 면에서 한국에 시사점을 제공할 수 있다. 우선 민주주의 정치 체제의 다양성에 대한 인식은 한국에서 만들어진 민주주의 실천의 특수성을 제대로 파악할 수 있게 한다. 예를 들어 유럽 민주주의의 특징 가운데 하나가 견고한 정당 체제다. 특히 자본과 노동을 대변하는 계급 정당 체제가 유럽의 특징인데, 이것이 만들어지는 것은 19세기 후반부터 20세기 전반에 걸친 100여 년의 기간이다. 게다가 보편투표권 역시 한국처럼 20세기 중반 주어진 것이 아니라 장기의 투쟁을 통해 얻어낸 결과다. 경제에서 압축 성장을 하듯이 보편투표권이나 정당법을 도입할 수는 있지만, 사고와 인식과 행태를 단기간에 바꾸기는 힘들며, 그 변화가 과연 바람직한가에 대해서도 많은 고민이 필요하다.

다음 한국은 후발 민주주의 국가다. 경제학에서 후발 개발도상국은 선진국에 비해 많은 장애를 안고 있지만, 동시에 후발 주자이기 때문에 가지는 장점들이 있다. 이미 선진국이 간 길에서 많은 교훈을 얻을 수 있으며, 기득권이나 잘못된 제도의 관성을 보다 쉽게 개혁할 수도 있다.

2012년 12월 프랑스에서는 경제위기 극복을 위해 예산삭감을 주도했던 제롬 까위작(Jérôme Cahuzac) 예산부 장관이 몰래 해외 계좌를 통해 탈세를 해 왔다는 사실이 드러났다. 이 스캔들을 계기로 프랑스 대혁명의 나라에서는 장관이나 국회의원의 재산 사항이 여전히 공개되지 않는다는 점이 밝혀졌다. 이것은 명백하게 한국이 후발 민주주의 국가이기 때문에 앞서 나갈 수 있었던 분야이고, 프랑스는 기득권 정치 세력의 반발로 여전히 해결하지 못하고 있는 문제이다.

또한 한국 역시 민족 통일과 다문화 사회의 고민을 안고 있다. 탈북 새터민은 이미 2만 명을 넘어섰는데, 이들은 민족적 동질성에도 불구하고 한국사회에서 적응이 쉽지 않음을 발견하게 되었다. 북한과 통일이 이뤄질 경우 이들보다 천 배나 많은 수의 새로운 시민을 과연 한국의 민주주의가 포용할 수 있을지는 21세기 한반도의 가장 커다란 과제라고 할 수 있다. 다른 한편 결혼과 이주를 통한 외국인의 유입은 한국에서도 다문화 사회라는 용어를 일반화시켰다. 이들 또한 새로운 사회에서 적응의 문제를 제기하고 더 나아가 한국의 정체성에 대한 논의와 규정을 초래한다는 점에서 민주주의의 핵심인 '시민'을 다시 생각하게 한다. 우리는 과연 어떤 미래의 정체성을 만들어가야 할 것인가.

끝으로 세계화 시대의 민주주의는 유럽뿐만이 아닌 인류의 고민이다. 국제적 차원에서 민주주의 체제의 수립이 가능할지를 실험하는 유럽이 한국의 관심을 끌 수밖에 없는 이유다. 서로 다른 관습과 언어를 가진 27개국의 민족들이 하나의 공통된 민주주의 정치 체제를 형성할 수 있다면, 그것은 인류의 미래에 커다란 희망의 불빛이 될 수 있다. 유럽연합의 체제가 여러모로 비민주적이라는 비판에 노출되어 있지만, 그럼에도 불구하고 유럽연합의 시도에 대해 관심을 가질 수밖에 없는 이유다. 특히 한국처럼 미국과 중국이라는 G2의 접점에 서서 세계화의 파고에 가장 극단적으로 노출된 나라에게 국제적 민주주의의 가능성은 매우 결정 적인 미래 변수이기 때문이다.

이 책은 세 부분으로 구성되어 있다. 첫 부분은 역사적 시각이다. 유 럽에서 민주주의가 출범하기 이전의 중세 시기부터 거시 역사적으로 전 개되어 온 위기와 극복의 과정, 그리고 최근에 제기되는 주요 문제까지 를 다루는 두 장으로 구성된다. 두 번째 부분에서는 현대 유럽의 민주주 의가 겪게 되는 다양한 도전을 세 주제를 통해 살펴본다. 민족 통일이라 는 정치적 과정을 거친 독일의 민주주의와 정당체제, 이민자 정책을 둘 러싼 네덜란드의 다문화정책과 자유 민주주의의 상호관계, 그리고 영국 에서 다문화주의와 페미니즘의 관계를 다룬다. 셋째 부분은 유럽연합과 민주주의의 관계를 이론과 실제의 복합적 차원에서 분석한다. 유럽연합 을 민주주의라고 본다면 그 규범적 기초에 관한 이론적 모색, 그리고 실 제 프랑스 대선을 통해 회원국 국내정치가 '유럽화'되는지에 대한 분석, 마지막으로 다양한 국가의 이익을 조절해야 하는 유럽연합의 제도적 문 제를 살펴본다.

1장은 중세 유럽의 민주정에 관한 논의에서 개척자적 역할을 했다 고 평가받는 브루니의 사상을 검토한다. 그는 피렌체의 민주정을 이상적 인 정치체제로 소개하면서 자유와 평등, 그리고 시민의 정치 참여를 이 상정치체제의 핵심적인 요소로 파악하였다. 브루니를 민주주의 체제의 선구자적 사상가나 이론가로 일부에서 평가하는 이유다. 그러나 학계의 다른 한편에서는 브루니가 당시 피렌체 정치체제의 불편한 현실을 은폐 하고 가장하는 이데올로기적 작업을 했을 뿐이라고 평가절하한다. 이 장 은 중세 정치에서 이론적 논의는 절대적 이상체제가 아닌 실용주의적인 차원에서 이뤄졌다는 점에 주목하면서 브루니에 대한 기존의 평가를 극복하는 방향을 제시한다.

2장에서는 유럽의 근대성 및 민주주의의 위기를 민주주의의 세 가지 축, 즉 시민권, 국민주권, 대의제의 측면에서 살펴본다. 이를 통해 유럽적 근대 민주주의의 위기가 무엇이며, 그것의 극복을 위한 방향은 무엇인가를 찾아본다. 국민국가적 경계 속에서 형성되어 왔던 근대 민주주의는 그 경계적 틀을 벗어나고 또한 가로지르면서 민주주의의 새로운 흐름들로 전환되어 사고사 하며 또한 그리에야 힌디. 이 글에서는 민주주의 전환의 계기를 정체성의 새로운 요소와 정치의 출현, 권리에 대한 새로운 사고, 마지막으로 새로운 사고의 공간으로서 '글로벌 시티' 등 신자유주의적 지구화에 의해 형성되고 있는 도시에 주목하였다. 그리고 도시 공간을 통한 '도시에 대한 권리'를 통해 민주주의의 새로운 돌파구를 찾고자 하였다.

3장은 1990년 이후 변화한 통일 독일의 정치지형을 추적하고, 그 특징을 구명한다. 이를 위해 1990년 이후 2009년까지 20년 동안 연방과 주(州)의회 선거에서 드러난 통일 독일의 정당정치의 현실과 변화에 주목한다. 연방과 주(州) 차원에 대한 종합적 이해를 통해서만이 통일 이후 조성된 정치지형의 변화에 대한 체계적인 설명이 가능할 것이라고 판단하기 때문이다. 핵심적인 특징은 통일 독일 20년 사이에 진행된 사회적 균열구조의 변화가 통일 독일의 새로운 정치지형 형성에 반영되어 나타났고, 이는 기존 독일 정당체제를 재구성하고 있다는 점이다. 2013년 9월에 실시된 제18대 총선에서도 이러한 특징은 지속되고 있는 것으로 판단된다.

4장에서는 네덜란드 합의제 정당정치가 사회-경제 계층 간 갈등을 봉합했지만 역설적으로 새로운 정치-문화적 균열구조를 첨예화시킨 결과, 단일한 정체성을 규정하려는 공공담론에 선점되어 동화주의를 지향하는 이민 통합정책으로 굴절되는 배경에 초점을 맞춘다. 구체적으로 기존 문헌이 지적한 네덜란드의 극우파 정당 부상에 초점을 맞추나, 기존 문헌과 차별해 네덜란드 합의제 정당정치의 이면에 주목해 분석한다. 특히 극도의 사회–경제적 균열구조 간 갈등을 극복하며 다원성에 기반을 둔 네덜란드의 합의제 정당 정치가 어떻게 문화적 타자 또는 이질 집단(cultural others)을 배제하는 소위 '고향'의 정치로 굴절될 수 있는지 검토한다.

5장에서는 영국의 소수 민족 그룹에서 발생하는 강제결혼이라는 관행을 분석하면서 페미니즘과 다문화주의가 어떤 방식으로 작동되는지를 검토하고 있다. 이 장에서는 영국에서의 강제결혼에 대한 사례 연구에 초점을 맞추면서 이를 영국의 다문화주의 문제점과 연관시켜 살펴보고 있다. 특히 영국 정부의 각종 정책과 법률적 조치를 페미니즘의 입장에서 검토하고 있다. 이에 앞서, 이론적 측면으로 페미니즘과 다문화주의의 충돌과 화해에 대해서도 다루었다. 즉, 오킨(Okin)의 페미니즘과 다문화주의가 서로 양립하지 못한다는(incompatible) 의견을 살펴보고, 페미니즘과 다문화주의가 사실상 동일한 지점을 다루는(compatible) 이론이라는 입장도 함께 고찰하고 있다. 무엇보다도, 여성의 억압을 인종, 종교, 민족 등의 다양한 요소와 함께 고려해야 한다는 이른바 "교차성"에 대한 연구도 함께 진행하였다.

최근 들어 '데모이크라시'를 유럽연합이 직면한 민주주의의 딜레마에 대한 하나의 유용한 대안으로 제시하려는 움직임이 두드러지고 있다. 데모이크라시는 단일한 데모스에 의한 통치가 아닌 복수의 데모스에 의한 통치를 의미한다. 유럽연합의 경우 이는 유럽 시민들 개개인을 기본 구성원으로 하는 민주주의가 아닌, 각 회원국에 소속된 집합체로서의 시민들을 구성원으로 하는 민주주의를 의미한다. 6장에서는 『만민법(*The*

Law of Peoples)』과 『영구평화론(*Toward Perpetual Peace)*』에 나타난 롤스(John Rawls)와 칸트(Immanuel Kant)의 국가의 규범적 성격에 관한 견해를 살펴봄으로써 이와 같은 유럽연합 데모이크라시의 규범적 정당성을 설명하고자 한다. 롤스와 칸트는 국제관계의 영역에서 '정의'의 문제는 국내 사회에서의 '정의'의 문제와는 전혀 다른 차원의 문제라고 보았고, 그 근거를 국가의 규범적 성격에서 찾았다. 유럽연합 데모이크라시 옹호자들의 주장은 유럽 민주주의가 국가 내 민주주의의 '확장판'이 될 수 없다는 것이다. 이들은 그 주된 이유를 유럽연합 내에서 국민국가로서의 회원국들이 시민들의 민주적인 정치 참여와 관련하여 대체 불가능한 역할을 담당하고 있다는 데서 찾는다. 유럽연합 내에서 국가들이 시민들의 정치적 자유와 자율성 증진이라는 규범적인 역할을 담당하고 있다는 것이다.

7장은 유럽에서 초국적 민주주의의 가능성을 실천적으로 분석한다. 2012년 프랑스 대선의 사례를 통해 그 동안 국내 정치적 쟁점이 주로 지배했던 과거와는 달리 유럽 경제위기의 관리와 대응과 같은 유럽적 쟁점이 선거의 중심으로 부상하는 양상에 주목한다. 화폐 통합이라고 하는 강력한 정책의 통합이 경제위기를 맞아 정치적 통합, 즉 국내 정치의 유럽화라는 결과를 만들어내는 과정에 주목한다. 프랑스의 주요 정치 세력이 유럽 쟁점에 대한 균열을 형성하는 것은 물론, 유럽 다른 회원국의 정치 세력과 초국적 연합을 형성하는 추세를 보였기 때문이다.

마지막으로 8장은 유럽연합의 수직적 권한분배 문제를 정의하는 보충성 원칙의 실제적 적용에 대해 살펴본다. 1992년 마스트리히트 조약에서 회원국의 권한을 보호하기 위한 안전장치로서 도입되었던 보충성의 원칙이 오히려 회원국의 이익을 잠식하고 통합을 심화하는 효과를 야기하는 양상에 주목한다. 보충성 원칙의 개념과 적용기준이 불명확한 제도적 구조 속에서 정치적·전략적 행위자인 유럽사법재판소가 원칙에 대한 중앙집권적 해석과 친 공동체적 판결을 내렸기 때문이다. 한편, 시민의 자유와 권리보호를 목적으로 하는 보충성 원칙의 민주주의적 특징은 국가의 하위정치체인 "지방자치단체의 역할" 문제와 연결된다. 유럽사법재판소가 지방분권화가 발달한 국가들이 제기한 선결적 판결의 경우에 한하여 보충성 원칙의 분권적 해석을 내리는 양상을 주목해 분석한다.

이 책을 만드는 데 참여한 8인의 집필진은 모두 유럽을 전문적으로 연구하는 정치학도들이다. 그 가운데 다섯 명은 2011년 유럽 학자 2명과 함께 〈유럽의 정체〉라는 책을 집필한 경험이 있다. 유럽 정치에 대한 고민을 장기적으로 공유하면서 공동의 작업을 계속해 나가기로 의기투합한 뒤, 서울대학교 유럽지역학 연계전공의 지원으로 유럽의 민주주의에 관한 두 번째 작업을 시작할 수 있었다. 그리고 세 명의 새로운 집필자가 이 책에 동참하였다. 8인의 집필자는 모두 유럽 정치가 주요 연구 영역이지만, 정치학의 소분야는 다양하다. 일부는 정치사상의 차원에서, 다른 일부는 국제정치나 비교정치의 차원에서 주로 활동을 하며 연구를 해왔다. 소분야 간에 장벽이 상당히 높은 한국의 현실을 감안할 때 이 책은 적어도 정치학계 내에서 문제의식을 달리하는 학자들이 함께하려는 새로운 시도라고 할 수 있다. 아직 세밀한 문제의식의 통합으로 발전시키는 단계에 도달하지는 못했지만, 유럽에 관한 한국의 관심과 학술적 폭을 넓히는 데 기여할 수 있는 시도라고 자부한다.

2014년 2월
저자의 생각을 모아
프랑스 파리에서 조홍식

차례

제3부　유럽연합 민주주의의 이론과 실제

제1부 유럽 민주주의의 기원, 발전, 위기

레오나르도 브루니의 민주주의론:
중세 후기 이상정치체제론의 맥락에서

윤 비(성균관대학교)

I. 서론

중세는 민주주의정치이론을 연구하는 학자들에게 불모지와 다름없는 곳이다. 오랫동안 학자들은 중세 천년 동안 오로지 군주정의 정치체제와 그를 뒷받침하는 이론만이 사람들의 머릿속을 지배했으며 오직 르네상스기 이탈리아의 도시공화국이라는 새로운 세팅에서만 민주주의에 대한 이해와 열망이 새롭게 자라날 수 있다고 믿었다. 이것은 어디까지 사실일까? 이하의 논의는 피렌체의 인문주의자이자 관료인 레오나르도 브루니(Leonardo Bruni c.1370-1444)의 민주주의론에 대한 토론을 통해 이러한 질문에 대해 부분적으로나마 답해보고자 한다.

이 장은 "모든 시민의 자유와 평등을 위하여…(Ad libertatem paritatemque civium maxime omnium…). 중세 후기 정치언설의 맥락에서 본 레오나르도 브루니(Leondardo Bruni)의 이상 정치체제론."『서양중세사 연구』30, 199-223을 이 책에 맞게 부분 수정하였음.

브루니는 피렌체 인문주의의 길을 연 꼴루치오 살루타티(Coluccio Salutati)의 제자로서 스승의 뒤를 이어 1410년부터 1411년까지, 다시 1427년부터 사망할 때까지 피렌체의 총서기직을 수행한, 15세기를 대표하는 인문주의자이다. 그가 정치사상사 연구자들의 논의 한가운데에 등장하게 된 것은 시민의 자유와 평등이 가장 중요한 정치적 가치이며 피렌체에 구현된 민주주의적 공화정이 그것을 이상적으로 구현하고 있다는 그의 주장 때문이다. 브루니에 의하면 피렌체의 민주주의적 공화정은 군주정이나 귀족정에 비해 우월하며, 심지어 유일하게 정당한 정치질서이다. 중세의 정치사상을 민주주의와 민주주의 사상의 불모지로 보는 입장에서 볼 때 이러한 주장은 대단히 도발적이며 심지어 혁명적이다. 바로 이런 이유로 브루니는 오늘날 르네상스 시기 이탈리아 정치사상을 연구하는 평자들에게 가장 중요한 논쟁거리 중의 하나가 되었다. 오늘날 서구 정치사상을 연구하는 많은 학자들에게 브루니는 시민 간의 평등에 근거한 합의라는 피렌체의 정치제도와 규범을 정치이론의 차원에서 최초로 가장 완벽하게, 그리고 일관되게 대변한 사상가이며 근대 민주주의적 공화주의사상의 비조로 여겨진다.

물론 이에 대한 반론도 있다. 오늘날 점점 더 많은 연구자들은 브루니의 주장을 일종의 정치적 수사 이상의 것이 아니라고 평가절하한다. 이들에 의하면 브루니는 당시 피렌체를 장악하고 있던 과두지배층의 일원으로서 공화정적 정치구조의 후퇴와 부의 불균형으로부터 시민들의 눈을 돌리는 데 관심이 있었고, 이를 위한 정치적 프로파간다의 일환으로 사실상 피렌체의 현실을 호도하는 환상적인 이념을 마치 현실이자 목표인 양 사람들에게 퍼뜨렸다는 것이다. 이에 의하면 브루니가 내세우는 시민들의 평등과 자유, 참여에 의한 정부운영은 브루니 스스로 믿지도 믿을 의도도 없었던 구두선 내지 '이데올로기'에 다름 아니다.

필자가 보기에 이러한 두 가지 평가는 모두 정치체제의 필요와 정당성, 특히 이상정치체제의 형태와 같은 주제에 대한 중세 후기의 정치언설의 흐름을 제대로 이해하지 못한 채 논의를 진행하고 있다는 점에서 공통된 오류를 범하고 있다. 뒤에서 살펴보겠지만, 이상적 정치질서에 대한 중세 후기의 논의는 그 역사적 배경이나 문제의식에서, 그리고 논리의 전개방식에서 같은 주제에 대한 근대 이후의 논의와는 대단히 다른 모습을 보인다. 이 장에서는 이러한 특질들을 이해하고 그 안에서 브루니의 민주주의적 공화정에 대한 옹호를 재음미함으로써 이의 혁신적인 면을 지나치게 강조하는 것이나 역으로 이를 정치수사로 평가절하하는 문제를 극복해보고자 한다.[1] 이는 향후 14세기에서 16세기 전반기에 이르는 피렌체 정치사상의 흐름 전반을 평가하는 데에도 적지 않은 의미가 있을 것이다.

이하의 논의는 두 부분으로 구성되어 있다. 첫 번째 부분은 브루니가 어떠한 문제의식과 연구사적 맥락에서 정치사상사의 주요 논제 중 하나로 떠오르게 되었으며, 그 안에는 어떠한 문제점들이 있었는가를 일별한다. 두 번째 부분은 중세 후기의 여러 이상정부론에서 나타나는 특징, 특히 정치적 판단과 행동에서 개별 공동체와 상황의 특수성에 방점을 찍는 상대주의적 견해에 주목하여 그 특징을 개괄하고 이로부터 브루니의 이상정치질서론을 이해할 수 있는 새로운 가능성을 찾아본다.

---

[1] 유사한 문제의식에서 출발한 연구로는 Blythe(2000) 참조.

II. 한스 바론의 브루니

브루니의 명성은 인문주의자답게 고대 문헌의 편집과 번역, 인문주의의
논쟁점에 대한 대화편과 연설문, 피렌체의 외교문서 및 개인서한을 아우
르는 오랜 문필활동의 결과에서 비롯하였다. 그 중에서도 특히 1415년
경에 최초로 집필되어 1420년 출간된 『피렌체사(*Historiarum Floren-
tini populi libri XII*)』는 그의 이름이 후세에까지 전해지는 데 큰 역할
을 하였다. 한편 정치사상가로서 그가 중요성을 갖게 된 것은 비교적 매
우 최근의 일이다. 그리고 여기에는 나치의 유태인 탄압을 피해 독일을
떠나 1930년대 말 미국에 정착한 베를린 출신의 역사가 한스 바론(Hans
Baron)의 역할이 크다(Baron 1966).[2] 그는 최초 문헌학과 문예운동으로
시작한 피렌체의 인문주의가 15세기에 이르러 고대 정치사와 제도에 대
한 지식을 자양분으로 하는 정치이데올로기로 발전하기 시작하였으며,
그 결과 공화정을 이상으로 하는 새로운 정치적 비전이 탄생하였다고 주
장하였다. 그는 이러한 인문주의 정치로 전환하게 된 구체적이고 결정적
인 계기를 피렌체가 비스콘티(Visconti)가의 밀라노의 팽창에 대항하던
14세기 말과 15세기 초의 정치적 상황에서 찾았다. 그에 따르면 1402년
장 갈레아쪼 비스콘티(Gian Galeazzo Visconti)의 외교공작과 군사공세
는 피렌체와 협조해 온 여러 도시공화정들을 무력화, 중립화시킴으로써
정치적으로 피렌체를 고립시켰고, 이는 피렌체가 주도해 온 르네상스 정
치문화와 정치제도 전반의 위기로 이어졌다. 이에 대한 반작용으로 이제
까지 고대문헌의 발굴 및 연구와 문예활동에 치우쳐 활동해 오던 피렌체

2　바론의 학문적 궤적과 주장에 대한 재평가는 Fubini(1992) 이외에 American Historical
　　Review 101호(1996)에 실린 "Hans Baron's Renaissance Humanism" 제하의 포럼에
　　실린 Witt, Najemy, Kallendorf, Gundersheimer의 글을 참조. 또한 Kracht(2001) 참조.

의 인문주의자들이 빠르게 정치화되기 시작하였다. 이들은 시민의 참여
와 합의를 강조하는 피렌체의 정치제도와 문화를 자유와 자립의 관념을
축으로 한 고대 로마공화정의 전통과 연결시키는 동시에, 이를 위협하
는 비스콘티가의 밀라노를 그러한 전통의 적, 곧 전제(專制)로 낙인찍었
다. 나아가 이들은 이러한 경험을 하나의 정치관이자 역사관으로 일반화
하여 공화적 자유를 한편으로 하고 제국과 군주정으로 대별되는 전제 간
의 대립을 다른 한편으로 하는 새로운 정치이해와 역사서술의 틀을 구성
했다. 이렇게 정치화의 길에 들어선 인문주의는 그 성격을 크게 바꾸어,
신에 귀의하고 정치와 공공생활에 대한 거리를 강조하던 관조적·종교
적 삶의 이상에서 벗어나 참여하는 삶의 이상에 보다 주목하게 되었다.
그 결과 시민의 덕과 공공윤리, 애국심과 민족 및 지역의 문화적 전통에
대한 애착을 공공연히 강조하게 되었다. 이러한 움직임은 교회와 제국을
필두로 한 보편적 정치제도에 대한 신뢰와 위계적 질서관으로 특징지어
지는 중세적 정치관이 붕괴되는 결정적 계기, 다시 말해 중세에서 근대
로 이행하는 핵심 모멘트가 되었다는 것이 바론의 주장이다.

바론에 의하면 바로 이러한 전환을 가시화하고 촉진시킨 것이 브루
니이다. 이를 입증하기 위해 바론은 브루니의 여러 저작을 재평가하고,
이들의 저술연대를 새롭게 비정하였다. 여기서 바론이 특히 주목한 것
은 『피렌체 찬가(*Laudatio florentine urbis*)』와 『난니 스트로찌 추도사
(*Oratio in funere Iohannis Strozze*)』이다. 바론이 피렌체 찬가(c.1403-
4)에 주목한 이유는 이 작품이 피렌체의 정치체제에 구현된 시민의 자유
와 자발적 참여 및 대외적인 자존을 부각시키기 때문이다.[3] 여기서 브루

---

3 한국어 번역본은 레오나르도 브루니, 『피렌체 찬가』, 임병철 역, 서울: 책세상, 2002. 원문
은 Leonardo Bruni, *Laudatio Florentine urbis*, ed. Stefano U. Baldassari, (Florence:
Tavarnuzze, 2000). 영문역은 "Panegyric to the city of Florence", in Benjanim G.

니는 피렌체가 로마에 의해 최초로 건설된 이래 그 전통을 이어받아 당대에 가장 뛰어난 정치질서와 문화를 구현하고 가장 강건한 국가로 자리잡았음을 강조한다. 브루니가 특히 내세우는 것은 이 도시가 정의(ius)와 자유(libertas)를 원칙으로 법에 의한 지배를 구현함으로써 완전한 조화를 이루고 있다는 점이다. 피렌체에서는 어느 누구도 법 위에 설 수 없으며, 단지 약하다는 이유만으로 멸시받지도, 강하다는 이유 때문에 군림할 수도 없다고 브루니는 주장한다(피렌체 찬가, /3-82). 그에 의하면 이러한 정의와 자유의 사랑은 대외관계에도 그대로 반영되어 피렌체를 전제와 압제에 핍박받는 모든 이들의 믿음직한 친구로 역할하게 한다.

브루니는 밀라노와의 전투에서 목숨을 잃은 기사 난니 스트로찌에게 바쳐진 추도사(c.1427)에서도 유사한 주장을 되풀이하였다.[4] 여기서 브루니는 "피렌체가 모든 시민의 자유와 평등을 지향하고 있다(Forma reipublice gubernande utimur ad libertatem paritatemque civium maxime omnium directa)"고 말한다(Oratio in funere Iohannis Storzze, 19절). 그에 의하면 시민 중 누구도 폭력이나 부당한 일을 당할 것을 두려워하여 다른 사람 앞에 주눅 들지 않으며, 그들을 무릎 꿇릴 수 있는 것은 오로지 법뿐이다. 브루니는 이 연설문에서 단지 법 앞의 평등만을 이야기하는 데 그치지 않고 모든 시민들이 똑같이 공직에 오를 기회를 누리고 있음을 강조한다. 노력하거나 재능이 있고 삶의 방식이 건

Kohl and Ronald G. Witt ed. *The Earthly Republic. Italian Humanists on Government and Society*, 3rd ed., (Pennsylvania: University of Pennsylvania Press, 1984).

4   원문은 Susanne Daub, Leonardo Brunis Rede auf Nanni Strozzi. Einleitung, Edition und Kommentar (Stuttgart: B.G. Teubner, 1996), pp. 281-302에 수록되어 있다. 영문 역은 Gordon Griffith et al. eds., *The Humanism of Leonardo Bruni. Selected Texts* (Binghampton NY.: Center for Medieval and Renaissance Studies, State University of New York; Renaissance Society of America, 1987), pp. 121-127.

실하고 진지하다면 관직에 나아가고 출세할 가능성은 누구에게나 열려 있으며, 덕이 있고 정직하다면 누구나 정치에 참여할 수 있다는 것이다 (Ibid., 19-23절). 브루니는 바로 이러한 참여가 자유와 평등의 절대전제조건이라고 주장한다.

> 그 누구의 폭력도 그 누구의 부당함에 대해서도 해를 입을 것을 두려워하지 않아도 되는 것, 모든 시민들이 평등한 법의 적용을 받고, 평등하게 정부에 참여할 수 있는 것, 이것이 도시에서 구현되어야 할 진정한 자유이며 평등이다(Ibid., 21절).[5]

직접적인 정치 참여에 대한 이와 같은 강조는 곧바로 대중의 참여가 보장된 정부체제만이 유일하게 정당하다는 주장으로 나아간다. 위의 인용문에 이어서 브루니는 다음과 같이 말한다.

> 그러나 이는 한 사람이나 소수가 통치하는 곳에서는 존재할 수 없다. 왕정을 최고로 치는 사람들은 실제로는 자신들도 이제까지 어떤 왕에게서도 찾아보지 못했음을 인정하는 그런 덕을 왕이 가지고 있는 것처럼 이야기한다. 도대체 어느 왕이 순수하게 명예만을 바라고 만사를 전적으로 신민들을 위해서 행하였단 말인가? 이런 이유로 왕정에 대한 여하한 칭찬도 뭔가 꾸며낸 듯하고 석연치 않은 구석이 있으며, 정확하거나 확실한 것이 없다. 역사가가 말하기를 왕이란 악한 자보다도 선한 자를 더 의심하며 언제나 다른 이의 덕을 두려워한다. 소수의 지배 아래에서도 사정은 별로 다르지 않다. 결국 남은 유일한 합법적 통치체제는 인민의 통치체제이다. 그

---

5 ¨Hec est vera libertas, hec equitas civitatis: nullius vim, nullius iniuriam vereri, paritatem esse iuris inter se civibus, paritatem rei publice adeunde.¨

안에 진정한 자유가 있고, 모든 시민들이 평등한 법을 누리고, 아무런 의심을 받지 않고 마음껏 덕을 좇을 수 있다(Ibid., 21-23절).[6]

바론은 브루니의 이와 같은 정치관이 서양정치사상사에서 중세적 전통으로부터 단절을 의미하는 일대 사건이라고 보았다. 합의가 아닌 세습에 의해 성립한 군주권에 대해 신민들이 일방적으로 복종할 것을 요구하는 상명하달식 중세적 정치질서관의 부정이 브루니를 통해 처음 모습을 드러냈다는 것이다. 이러한 의미에서 바론은 브루니의 정치질서관을 중세에서 근대로의 이행을 상징하는 일종의 분수령으로 규정하였다(Baron 1966, ch. 8).

바론의 위와 같은 주장은 특히 전후 유럽과 미국의 지성사 서술에 큰 영향을 끼쳤다. 하지만 문제는 피렌체의 자유와 참여에 의한 집단 합의의 정치문화를 중세적 정치문화와 이념으로부터의 결정적 이탈로 보는 바론의 시각이 중세 후기 정치언설의 전통에 대한 심각한 오해에서 비롯되고 있다는 점이다. 그에게 중세의 정치언설은 단지 어떠한 지역적·민족적 특수성에 대한 고려 없이 단지 보편주의적이고, 합의의 중요성을 무시한 채 위계만을 강조하는 것으로 표상된다. 그러나 이는 브루니 이전, 그리고 브루니와 동시대에 유럽의 다른 지역에서 활동하던 지식인들이 생

---

6 "Hec autem nec in unius dominatu nec in paucorum possunt existere. Nam regiam quidem gubernationem qui anteferunt, eam virtutem in rege effingere videntur, quam in nullo unquam fuisse concedunt. Ecquis enim fuit unquam regum, qui cuncta eorum, qui regno subsunt, hominum causa fecerit, nichil vero sui gratia preter nudam nominis gloriam concupierit? Ex quo fit, ut monarchie laus veluti ficta quedam et umbratilis sit, non autem expressa et solida. Regibus, inquit historicus, boni quam mali suspectiores sunt semperque his aliena virtus formidolosa est. Nec multo secus accidit in dominatu paucorum. Ita popularis una relinquitur legitima rei publice gubernande forma, in qua libertas vera sit, in qua equitas iuris cunctis pariter civibus, in qua virtutum studia vigere absque suspitione possint."

각하고 있던 이상적인 정치질서에 대한 몰이해이다. 오늘날에 밝혀진 바에 따르면 중세, 특히 13세기 이후 정치사상의 발전은 바론이 믿었던 것과 같은 도식으로는 파악될 수 없는 복잡하고 다양한 양상을 띠었다. 그리고 그 가운데는 브루니나 그 주변의 이른바 시민 인문주의자들의 주장을 이해하는 데 시사하는 바가 큰 몇 가지 양상들이 있었다. 그러나 중세 정치사상사에 대한 형해화된 도식에 크게 경도되어 있던 바론은 이를 좀처럼 포착하지 못하였고, 그 결과 그의 작업에는 여러 가지 문제점이 발생하였다. 그 중 가장 큰 문제는 그가 브루니의 사상을 정확히 이해하고, 그 의의를 적확하게 평가할 수 없었다는 점이다.

III. 중세 후기의 이상정부론과 브루니

중세 후기 정치사상의 분위기를 파악하는 데 가장 중요한 사실은 아리스토텔레스의 정치학이 1268년 완역되었다는 사실이다. 한때 발터 울만(Walter Ullmann)을 위시한 여러 중세사상사 연구자들은 이것이 중세정치사상사의 일대 혁신을 가져왔다고 믿었지만, 오늘날 이러한 주장은 곳곳에서 반박되고 있다.[7] 그럼에도 아리스토텔레스의 정치학이 널리 읽힘으로써 중세 후기의 정치언어가 대단히 풍부해졌음은 사실이다. 우선 이 저작 자체가 끊임없이 주석과 강론의 대상이 되었다. 이러한 과정을 통해 습득된 개념과 언어들은 당시 성장하던 다양한 정치단위들, 교회, 제국, 왕국, 도시들 간에 벌어진 다양한 충돌과 논쟁에서 각자의 입장을 벼리고 다듬는 중요한 도구가 되었다(Miethke 2000, ch. 1).

---

7   울만의 주장은 Ullmann(1970). 이에 대한 비판은 Kempf(1959); Oakley(1973); Renna (1978); Flüeler(2002).

브루니에게서 발견되는 정부형태에 대한 논의도 여기에서 비롯되었다. 정부형태를 통치자의 수에 따라 군주정, 귀족정, 민주정으로 나누는 한편, 그 타락된 형태로서 폭군정, 과두정, 폭민정을 두는 정부분류의 도식은 중세정치사상이 아리스토텔레스의 정치학에서 빌려온 것이다. 이와 더불어 이들 중 어떠한 정부형태가 가장 우월한가라는 문제가 함께 논의되곤 하였다. 이것은 이상적 정부형태에 대한 논의가 대개 실제적 정치적 동기보다는 아카데믹한 관심에서 비롯되었음을 말한다. 이것의 확인이 필요한 이유는 현대 중세정치사상사 연구자들이 이상적 정부형태에 대해 이루어진 이 당시의 논의를 마치 17세기와 18세기 왕정 지지자들과 공화정 지지자들이 벌인 대결의 전초전쯤으로 이해하는 경향이 있기 때문이다. 그러나 실제로 14세기에서 15세기에 이르는 기간 주요한 정치 분쟁을 촉발시킨 것은 교회와 속권 간의 대립이나 이탈리아를 무대로 벌어진 교회, 제국, 프랑스, 도시국가들의 쟁투였지, 군주정이냐 공화정이냐의 문제에 대한 의견 차이는 아니었다.

또 하나 확인해 둘 사실은 당시 식자들 사이에 이상적 정부형태를 둘러싸고 일종의 실용주의적 태도가 널리 퍼져 있었다는 사실이다. 확실히 중세 후기에 이 문제를 다룬 사람들은 주로 군주정이 가장 우월한 정치체제라고 주장하였다. 『군주정론(*De regimine principum*)』에서 최초로 아리스토텔레스 정치학의 개념들을 이용, 원용하였던 토마스 아퀴나스가 그랬고, 그 이후로 이 문제를 논한 다른 논자들도 대개 군주정의 손을 들어주었다. 토마스에 의하면 군주정은 신이 우주를 다스리는 질서 모델에 가장 일치하며, 실제적으로도 단결을 도모하고 필요한 결정을 효율적으로 내릴 수 있다는 장점이 있으므로 가장 우월하다(De regimine principum, 1. 1, c. 3). 그에 비해 다른 지배 형태, 특히 민주정은 쉽게 분열하고 결정의 효율성이 떨어지며, 그 업무가 개인들에 의해 흔히 방기됨으로써 위약해지기 십상이라고 토마스는 믿었다(Ibid.).

　그러나 토마스를 포함하여 이후에 이 문제를 다룬 중세 후기의 지식인들은 군주정도 공화정도 모두 정당한 정부형태이며, 그러한 한에서 각 정치공동체는 나름의 환경과 조건에 맞게 공공의 안녕과 번영을 가장 잘 실현해 줄 수 있는 적절한 정부형태를 선택할 권리가 있고 선택해야 한다고 보았던 것이다.

　이를 잘 보여주는 사례 중의 하나가 파리 대학 출신의 신학자인 파리의 존(John Quidort of Paris)이 대략 1302–1303년 사이에 쓴 『국왕권과 교회권에 관한 논고(*Tractatus de potestate regia et papali*)』이다. 이 논고의 배경은 성직자에 대한 국왕의 과세권을 두고 벌인 필립 미남왕과 교황 보니파키우스 8세 사이의 분쟁이다. 보니파키우스는 국왕이 자신의 영토 내에서 과세를 포함한 제반 통치행위에서 배타적인 권리를 갖는다고 주장하던 필립을 제압하기 위해서 당시 신성로마제국의 황제로 선출되어 그의 재가를 구하고 있던 합스부르크가의 알브레히트와 손을 잡으려 하였다. 그 결과 교회와 신성로마제국에 대해 프랑스가 맞서는 복잡한 형국이 만들어졌다(Miethke 1970, 45–126; Kölmel, 263–490; Walther 1976, 135–59; Canning 1996, 137–48; Coleman 2000, 118–20).

　존은 자신의 팸플릿에서 프랑스 왕권의 입장을 대변하였다. 그는 교회와 국가권력은 인간의 정신적인 면과 육체적인 면의 필요를 각각 대변하므로 그 관할영역이 구분된다는 주장을 폈다(De regia potestate et papali, ch. 1–2). 여기서 존은 자신의 입장을 단순한 주장으로서가 아니라 국가의 기원과 목표 및 작동원리에 대한 원칙론에 근거하여 설명하고자 했기 때문에, 목전의 논쟁과 직접 관련이 없는 의제들도 논의에 끌어들였다. 그 가운데는 어떠한 정부형태가 가장 훌륭한가에 대한 토론이 포함되어 있다. 여기서 존이 내리는 답은 군주정이 가장 우월하다는 것이며, 그 근거는 앞서 토마스에 의해 제시된 것과 크게 다르지 않다. 신학의 원리에 근거해서 보나 실용적인 차원에서 보더라도 군주정은 공동체의 단결을 가장 잘 도모하고 가장 효율적으로 통치하는 정부체제라는 것이 그의 주장이다(Ibid.).

그런데 존은 제3장에서 단 하나의 권력에 의하여, 다시 말해 황제권과 같은 보편권력에 의하여 모든 인간이 다스려지는 것이 바람직하지 않다는 논지를 펴는 가운데 다음과 같이 이야기한다.

> 모든 기독교인들이 단 하나의 정치공동체로 뭉칠 이유는 없다. 오히려 지리적, 언어적 그리고 다른 여러 삶의 조건을 볼 때 사람들은 다양한 삶의 방식을 가지고 서로 다른 정치공동체를 세우고 살게 된다. 한 종족에 좋은 것이 반드시 다른 이들에게도 좋은 것은 아니며, 이는 마치 철학자(아리스토텔레스-필자)가 이야기하듯 종종 어떤 이에게는 과다한 것이 다른 이에게는 과소한 것과 같은 이치이다(Ibid., c. 3).[8]

존의 주장을 요약하면 모든 정치공동체는 인간이라는 보편성 이외에 그 거주민집단을 다른 집단들로부터 구별하는 어떤 특징들에 근거해 있으며, 정치에서 정말 중요하고 결정적인 고려 요인은 바로 이 특수성이다. 존이 이러한 주장을 제기하게 된 배경은 명백하다. 이미 언급하였지만, 보니파키우스는 필립과의 분쟁에서 제국의 힘을 업으려 했으며, 프랑스 왕권으로서는 전혀 달가울 것이 없는 제국의 간섭에 맞설 근거가

---

8 "Non sic autem fideles omnes necesse est convenire in aliqua una politia communi, sed possunt secundum diversitatem climatum et linguarum et condicionum hominum esse diversi modi vivendi et diversae politiae, et quod virtuosum est in una gente non est virtuosum in alia, sicut etiam de singularibus personis dicit Philosopus III Ethicorum quod aliquid est uni parum quod alii est nimium…"

필요하였다. 모든 국가는 각자의 특수성에 맞게 다스려져야 한다는 존의
주장은 이러한 필요를 반영한다.

　　이 논의의 맥락에서 중요한 것은 정치는 특수성에 상응해야 한다는
그의 주장이다. 이에 의하면 정치는 공동체의 질서와 번영을 목표로 한
일련의 행위로서 하나의 일반원칙만으로 설명하거나 규정할 수 없는 영
역이다. 각 공동체의 구체적 상황이 모두 다르기 때문에 그에 맞춰 각기
다른 행위를 취해야 하며, 이는 각자 나름의 독립된 정치제도를 갖출 것
을 요구한다.

　　물론 존이 여기서 정부형태 역시 가장 특수성을 잘 반영하는 식으로
결정해야 한다고 명시적으로 말한 것은 아니다. 그러나 중세 정치언설의
흐름은 이 방향으로 점점 더 진행하고 있었다. 이를 잘 보여주는 것이 오
컴의 윌리엄(William of Ockham)이다. 바이에른의 루드비히에 의탁하
여 교황 요한 22세에 대항해 교회와 정부에 대한 여러 글을 썼던 오컴은
당시의 분위기를 따라 가장 우월한 정치체제가 군주정임을 밝혔다. 군주
정은 신이 우주를 창조하고 다스리는 질서에 가장 가까우며, 이를 구현
함으로써 사람들은 가장 올바르고 완벽에 가까운 삶을 살 수 있다는 것
이다.[9] 그러나 오컴은 이러한 주장에 다시 제한을 가한다. 예를 들어 『교
황권에 대한 여덟 개의 질문(*Octo quaestiones de potestate papae*)』에
서 그는 다음과 같이 주장한다.

　　그러한 최상의 정부형태는 전체 인류 차원에서나 개별 공동체 차원에서
　　나 언제나 만들어질 수 있는 것이 아니다. 왜냐하면 어떤 것이 누군가에게

9　William of Ockham, *Dialogus*, III., 1. 2. c. 9. 텍스트는 브리티시 아카데미가 후원하고
　　John Kilcullen을 포함하여 다섯 명이 편집위원으로 참여하여 편집중인 비판본을 사용하
　　였다. 〈http://www.britac.ac.uk/pubS/dialogus/ockdial.html〉

유익하다고 해도 다른 많은 이들에게는 생리적으로 해로울 수 있기 때문이다. 예를 들어 와인을 마시고 고기를 먹는 것은 그 자체로 좋은 일이기는 하나, 병자들에게는 흔히 해롭다. 마찬가지로 그 자체로는 최상의 정부형태라 해도 언제나 모두에게 가장 최상은 아니며, 어떤 이들에게는 해롭기조차 하다. 그런 정부로 말미암아 어떤 공동체들은 크게 타락하거나 공공의 이익에 심각한 위해를 입기 때문이다(Octo quaestiones de potestate papae, q. 3, c. 11).[10]

여러 학자들도 지적하듯 어떤 원칙에 집착하기보다는 결과에 따라 유연하게 사고해야 한다는 실용주의는 이상적인 정부형태가 무엇인가에 대해 중세 후기의 저자들이 흔히 갖는 태도이다. 이 속에서 나타나는 특수성에 대한 강조는 논의의 콘텍스트에 따라 교회의 개입이나 제국의 간섭에 대해 제동을 걸 수 있는 이유를 제공하기도 하고, 군주정이 아닌 다른 고유의 정치체제를 택할 수 있는 이유가 되기도 한다(Blythe 1992). 이러한 실용주의적 태도가 어느 정도의 유연성을 정치이론에 가져다줄 수 있었는가를 보여주는 중요한 사례가 사쏘페라토의 바르톨루스(Bartolus of Sassoferrato)가 펼쳤던 이상정부론이다.

바르톨루스는 중세 후기의 가장 영향력 있는 로마법학자로서, 자신의 제자 발두스 우발디스(Baldus Ubaldis)와 함께 로마법의 후기주석학

---

10 "··· huiusmodi optimus principatus non est semper instituendus neque in tota communitate cunctorum mortalium neque in communitate speciali; quia sicut saepe aliqua sunt simpliciter bona et tamen multis sunt mala propter indispositionem ipsorum – bibere enim vinum et comedere carnes sunt bona, et tamen sunt mala multis aegrotis –, ita optimus principatus simpliciter non est omnibus optimus, immo aliquibus est nocivus et et nonnumquam inductivus corruptionis et periclitationis boni communis."

파의 전성기를 연 인물이며, 로마법에 대한 방대한 주석을 남겼을 뿐 아니라 이와는 별도로 당시 정치 상황에 대한 그의 관심을 보여주는 논문들을 썼던 인물이다. 그 중에는 「도시정부론(Tractatus de regimine civitatis)」이라는 소논문이 있는데 그는 여기에서 이상적인 정부형태에 대해 논한다. 그는 여기서 당대 최고 신학자로 꼽히던 로마의 에지디우스(Aegidius Romanus)를 좇아 군주정을 최선의 정부형태로 꼽는다. 그가 이를 위해 내세우는 근거들은 군주정을 통해 공동체는 자신의 단합과 평화를 효율적으로 도모할 수 있으며 더불어 신이 자연 속에 구현한 통치 원리를 자신 속에 유사하게 구현하게 된다는 등의 대단히 전통적인 것들이다(Tractatus de regimine civitatis, 153-55). 중요한 것은 바로 몇 줄 뒤에서 바르톨루스가 이러한 자신의 주장을 무로 돌린다는 사실이다.

> 가장 작은 규모의 공동체를 이루고 사는 사람들에게는 군주정이 적절하지 않다. 역사가 가르치듯 로마인들은 자신들의 도시가 가장 작았을 무렵에 왕을 그가 행한 전제를 들어 내쫓았다. 본래 위대한 왕들은 씀씀이가 큰 법이다. ⋯ 그런데 작은 도시를 다스리는 왕의 수입은 그러한 규모에 미치지 못한다. 결국 왕은 신민들로부터 돈을 짜내게 되고 종국에는 폭군이 되어버린다(Ibid., 162).[11]

---

11 "Si loquimur de gente seu populo magno in primo gradu tunc dico quod non expedit illi regi per regem. Primo hoc probatur per textum, quia cum civitas Romana erat in primo gradu magnitudinis expulit reges, quia conversi erant in tyrannidem ⋯ (D)e natura regum est esse magnificos in faciendo magnas expensas ⋯ Sed redditus regales unius populi magni in primo gradu magnitudinis non sufficerent ad expensas regales: ideo opportet quod extorqueret a subditis et efficeretur tyrannus."

　　바르톨루스의 견지에서 이러한 작은 도시에는 귀족정도 부적절하다. 그런 도시에는 대개 부자들이 많지 않은 법인데 사람들은 아무리 그들이 선정을 베풀어도 그런 소수에 복종하고 싶어 하지 않기 때문이다. 그리하여 부자들은 항상 강력한 무력으로 자신들을 지키려 하고, 혹 그렇지 않은 경우라도 자신들 사이에 내분을 겪는 일이 다반사라고 그는 주장한다. 그 결과 도시는 끊임없이 음모와 내란에 시달리게 된다는 것이 바르톨루스의 진단이다. 따라서 그가 보기에 이런 도시에 맞는 유일한 정치체제는 민주정이다(Ibid., 165-66). 이 뒤로도 각각 다른 규모의 도시들에 대해 유사한 논의가 이어진다. 중간 규모의 도시에 어울리는 정부형태는 군주정이 아니라 귀족정이며, 큰 규모의 도시에는 (비로소) 군주정이 어울린다는 식이다(Ibid.).

　　이상의 논의를 요약하면 다음과 같다. 토마스나 그의 뒤를 이은 저자들이 민주정을 가장 하위의 정치체제로 여기기는 했지만, 공공선을 지향하는 정치결사의 조직형태로서 민주정의 정당성을 부정하지 않았다. 뿐만 아니라 그들은 어떠한 정치체제가 가장 적합한가는 해당 공동체가 처한 특수한 상황에 의해 결정되어야 한다고 믿었다. 비록 군주정이 가장 우월한 정치체제이기는 하지만 경우에 따라서는 민주정이 더 유용한 경우도 있다고 보았던 것이다.

　　이러한 실용주의적이고 상대주의적인 관점과 비교할 때 민주정만이 유일하게 정당한 정치체제라는 브루니의 주장은 대단히 급진적으로 들린다. 여기에는 실용주의적인 유연함이나 상대주의적 관점이 들어설 자리가 없어 보인다.

　　그러나 이러한 인상을 가지고 브루니를 급진적 공화주의 사상가로 규정하는 것은 섣부르다. 왜냐하면 브루니가 이상정부형태에 대해 다른 중세 후기의 사상가들과 마찬가지로 실용주의적이고 상대주의적인 관점을 지니고 있었다고 믿을 만한 근거가 있기 때문이다. 그 중 하나가 그가 쓴 피렌체사의 어디에서도 군주정 일반에 대한 부정적 인식이 별반 드러나지 않는다는 사실이다. 실제 브루니는 중세의 여느 연대기 작가들과 마찬가지로 과거와 당대의 '위대한' 군주들에 대해 이야기한다. 예를 들어 제1권에서 샤를마뉴를 묘사하며 그는 다음과 같이 쓰고 있다.

> 그는 진정으로 황제라는 높은 직위에 어울리는 인물이었다. 그는 단지 위대한 업적 때문만이 아니라 그가 지닌 많은 덕 때문에라도 '대제'라는 호칭을 받을 만하였다. 그는 이루 말할 수 없이 강하고 이루 말할 수 없이 자애로웠으며, 지극히 정의롭고 행동에서 마찬가지로 절제되어 있었다. 그가 전쟁에서 얻은 엄청난 영광에 덧붙여 그는 자유학예와 학문에 대한 열정을 가지고 있었다(History of the Florentine People, 1: 90-92).

샤를마뉴에 대한 이러한 언급은 사실 브루니가 모든 군주의 지배가 근본적으로 전제에 지나지 않는다고 믿었더라면 좀처럼 가능하지 않다. 이는 황제권과 교황권 사이에 벌어진 오랜 쟁투에 대한 그의 다음과 같은 평가에서도 분명해진다.

> 로마 교황과 황제들 간에 벌어진 많은 쟁투는 우리 지방에서 벌어진 전쟁과 분쟁의 실마리가 되었다. 왜냐하면 샤를마뉴 때부터 로마 교회를 보호하기 위해 세워졌던 제국이 앞서 설명했듯 독일의 손으로 넘어가게 되면서 마치 교황을 핍박하고 쓰러뜨리기 위해 태어난 듯한 후계자들의 손에 떨어지게 되었기 때문이다. 안전의 원천이었던 것이 악의 소용돌이가 되어버린 것이다(Ibid., 1: 100).[12]

여기서 보이듯 브루니는 군주의 지배가 언제나 전제라고 믿지 않았다. 이는 그에게 특정한 정부형태가 반드시 특정한 유의 통치행위로 귀결되어 특정한 결과를 낳을 수밖에 없으며, 따라서 좋은 통치, 좋은 공동체를 위해서 반드시 특정한 정부형태를 창출해야 한다는 생각이 없었음을 엿보게 한다. 이러한 태도는 앞서 살펴본, 이상적인 정부형태 문제를 두고 중세 후기의 저자들이 일반적으로 보이는 실용주의와 일맥상통한다.

브루니의 저자에서 나타나는 이러한 모순은 그를 신실한 공화주의적 사상가로 보는 시각에 대해 회의론이 목소리를 높이는 이유가 되었다(Seigel 1966; Herde 1997a, 1997b; Meier 1994; Hankins 1995, 1996, 2000). 비판의 주요한 기조는 브루니의 저작을 직업적 문필가이자 전문 관료의 '공식적 업무'로 보아야 한다는 것이다. 실제 당시 피렌체는 다양한 탈법과 불법을 통해 일반 시민의 영향력을 무력화하는 데 성공한 과두지배층에 의해 장악되어 더 이상 자유와 평등, 시민 간의 상호존중과 연대의식에 기반을 둔 공동체라고 말할 수 없는 지경이었으며, 이들이 추진한 대외정책은 사실상 밀라노와 다를 바 없는 권력 정치적 팽창주의였다고 이들 회의론자들은 주장한다. 이러한 상황에서 브루니가 한 일은 지배 상층부의 이해에 따라 대내적으로 갈등을 봉합하고 대외적으로는 그에 의해 추진된 팽창정책을 합리화하는 것이었다고 이들은 본다. 굳이 브루니의 정치적 방향성이 무엇이었는가를 묻는다면 그것은 일종의 실용주의, 즉 참주들도 훌륭히 통치하기만 하면 훌륭한 지배자일 수 있고, 그렇지 않으면 전제군주일 수도 있으며, 마찬가지로 인민들도 선할

---

12 "Nam imperium illud, quod in Carlo Magno maxime propter tutelam romanae ecclesiae fundatum initio fuit, in Germaniam ut supra ostendimus delatum, tales plerumque habuit successores ut ad nullam rem magis quam ad persequendos evertendosque pontifices creati viderentur; adeo unde salus perita erat, scelus emersit"

수도 악할 수도 있다는 식의 생각이었다고 회의론자들은 말한다(Hankis 1995, 328).

　이러한 회의론이 브루니의 정치사상에 대한 토론을 풍부히 했음은 사실이다. 그러나 과연 민주정만이 유일하게 정당하다는 브루니의 주장을 순전히 수사로서 폄하할 수 있는지 의문스럽다. 회의론자들은 브루니가 시민의 자유롭고 평등한 직접적 정치참여만이 유일하게 정당하다고 믿는 공화주의자이면서 동시에 정치적 안녕과 번영을 굳이 하나의 정부형태와 연결시킬 필요가 없다고 보는 실용주의자일 수는 없다고 여기는 듯하다. 그래서 그들은 적어도 두 주장 중의 하나는 브루니의 참된 생각이 아니라고 여긴다. 그러나 문제는 그렇게 간단하지 않다. 이를 보여주는 가장 분명한 예가 위에서 살펴본 피렌체사의 제1권이다. 여기에는 앞서 논한 대로 실용주의적 관점이 두드러지지만, 이와 나란히 군주정에 대해 『난니 스트로찌 추도사』에서 보인 부정적 평가와 동일한 평가도 등장한다. 그는 "국가의 권력이 한 사람의 손에 넘어가면 덕과 정신의 위대함은 지배자들에 의해 의심거리로 전락한다(Mox vero ut res publica in potestatem unius devenit, virtus et magnitudo animi suspecta dominantibus esse coepit)"라고 분명하게 밝히고 있다(History of the Florentine People, 1: 50). 이는 앞서 본 회의론자들이 짐작하는 바와는 달리, 브루니가 군주정에 대한 자신의 부정적 견해와 위대한 군주에 대한 아낌없는 찬사 사이에 별반 모순을 느끼지 않았음을 말한다. 이를 어떻게 설명할 수 있을까? 이에 대한 대답은 이상적인 정치질서에 대한 중세 후기 정치언설의 특징 안에 있다.

　중요한 사실은 앞서 살펴보았듯 중세 후기의 정치언설에서 일반명제가 종종 과거나 현재의 상황을 이해하고 기술하거나 미래의 상황을 예측하고 행동을 결정하는 데서 오로지 제한적인 적실성만을 갖고 있었다는 점이다. 오늘날 정치사회이론의 일반명제들이 경험의 종합과 일반화를 통한 경향성의 기술이나 혹은 일종의 법칙성의 진술임에 반하여, 앞서 살펴본 중세 후기의 이상정치질서론에서의 일반명제는 구체적인 경험을 이해하고 진술하는 데 큰 의미를 갖지 못하였다. 오컴이나 바르톨루스, 혹은 유사한 상대주의적 입장을 지닌 다른 이론가들에게 군주정이 가장 좋은 정치체제라는 명제가 실제 구체적인 정부형태를 분석하거나 기획하는 데 별 중요성이 없었던 것이 그 예이다.

일반명제와 실제의 분석이 얼마나 이격될 수 있는가는 앞의 바르톨루스의 예에서 이미 살펴보았지만, 여기서 다시 한 번 살루타티의 예를 들어 확인하고자 한다.

살루타티는 1400년 출간된 『전제에 관하여(De tyranno)』라는 짧은 논문을 출판하였는데, 이 문서는 여기에 담긴 역설 때문에 정치사상사 연구자들 사이에 유명해졌다. 그 역설의 내용을 간단히 요약한다면 다음과 같다. 단테(Dante)는 카이사르의 살해자인 브루투스(Brutus)와 카시우스(Cassius)를 군주를 부당하게 살해한 암살자로 비난하였다. 그래서 그는 『신곡』에서 두 사람을 대마귀의 손아귀에서 끔찍한 고통을 당하고 있는 모습으로 그렸다. 그런데 이는 후대의 피렌체 지식인들에게 골칫거리를 안겨주었다. 왜냐하면 많은 이들은 단테의 이러한 판단이 폭군에 대한 옹호이자 자유의 투사에 대한 부당한 비난과 다름없다고 생각했기 때문이다. 『전제에 관하여』에서 살루타티가 하려 했던 것은 피렌체를 대표하는 지식인이자 이탈리아 전역에 위명을 떨친 시성 단테를 폭군의 옹호자라는 오명으로부터 구해내는 것이었다. 당연한 이야기이지만 이는 카이사르를 폭군으로 두고서는 가능할 수 없었다. 따라서 살루타티는 이 글에서 왜 카이사르의 지배를 일방적으로 비난하면 안 되는지를 설명한다. 오늘날의 견지에서나 당시의 관점에서 보더라도 그다지 논리적이지도 못하고 설득력도 없어 보이는 다소 장황한 변호 끝에 살루타티는 다음과 같이 이야기한다.

> 모든 현인들이 군주정이야말로 다른 모든 정부질서에 앞선다는 것을 입증하지 않았던가? … 세계가 신이라는 단 하나의 지휘자에 의해 지배되는 것이 더 고결하고 낫다면, 마찬가지로 인간정부 역시 이러한 신의 질서에 보다 가까워지는 것이 낫지 않겠는가(De tyranno c. 4).[13]

살루타티는 앞서도 이야기했던 대로 브루니의 스승으로서 피렌체 인문주의의 비조 격에 해당되는 인물이며 브루니에 앞서 1375년부터 1406년 사망할 때까지 총서기의 자리를 지켰던 전문 관료이기도 하였다. 그 역시 밀라노와의 헤게모니 다툼을 벌이고 있던 피렌체의 입장에서 동맹을 조직하고 단속하기 위해 수많은 외교문서와 서한을 작성해야 했다. 이들 문서는 종종 피렌체인의 문화를 관류하는 자유와 평등에 대한 사랑을 강조하였는데, 오늘날의 독자들로서 이 점에서 사실상 브루니와 차이를 발견하기가 힘들다(Lankabel 1981). 그러한 인물이 밀라노와 한치 앞을 내다보기 힘든 오랜 분쟁에 휘말려 있는 상황에서 군주정을 최상의 정치질서로 찬양하고 있다는 사실은 확실히 역설적으로 들린다.

이러한 역설에 누구보다 예민할 수밖에 없었던 인물은 바론이었다. 그는 이 역설에 대한 답을 다소 엉뚱한 곳에서 찾았다. 노년에 접어들면

---

13   "Nonne politicum est, et omnium sapientum sententiis diffinitum, monarchiam omnibus rerum publicarum conditionibus preferendam, si tamen contingat virum bonum et studiosum sapientie presidere? Nulla libertas maior quam optimo principi cum iusta precipiat obedire. Quod si nichil divinius et melius quam mundus regitur uno solo presidente deo, tanto melius est humanum regimen, quanto propinquius ad illud accedit."

서 살루타티가 공화정을 옹호하던 기존의 입장을 버리고 전통적인 입장으로 돌아가는, 소위 보수화의 길을 걸었다는 것이다(Baron 1966, 100-120). 그러나 살루타티가 사망할 때까지 작성한 다른 문서 어디에도 피렌체 공화국에 대한 그의 관점이 변했다거나 보수화되었음을 말해주는 증거가 없다.

살루타티에서 나타나는 역설에 대한 답은 중세 후기의 정치언설에서 나타나는 일반명제와 구체적 판단 간의 이격에 있다. 앞서 살펴본 바대로 이 무렵의 이해방식에 따르면 일반적인 진술로서 군주정의 우월성은 그 자체로는 옳지만, 구체적 상황에서까지 적실성을 갖는 것은 아니었기 때문이다. 그렇기 때문에 살루타티는 피렌체 공화국에 대한 충성여부와 상관없이 군주정을 최고의 정치형태라고 이야기할 수 있었다. 물론 군주정을 가장 좋은 지배형태라고 추켜세우는 것에 대해 다른 피렌체 시민들이 불쾌할 수는 있었겠지만, 그것이 반드시 피렌체 공화정에 대한 부정이나 평가절하를 의미하는 것은 아니었기 때문이다.

브루니에게서 보이는 역설 역시 같은 방법으로 이해할 수 있을 것이다. 그가 공화정을 가장 위에 세우고 군주정을 깎아내리기는 하였지만, 현실에 존재하는 모든 군주는 폭군이라거나 모든 군주정은 공화정에 의해 대체되어야 한다는 결론으로 나아가지 않았던 것은 중세 후기의 이상정부에 대한 논의의 맥락에서 반드시 이상한 일이 아니다. 브루니는 확실히 인민이 지배하는 공화정 체제의 우월성을 믿었던 것으로 보이지만, 이를 하나의 절대적 평가기준이자 정치행동의 프로그램으로 만드는 것은 그의 의도에는 들어 있지 않았던 것이다.

이런 점에서 바론처럼 브루니를 신념에 찬 전투적인 공화주의자로 그리는 것은 사실과 맞지 않는 것으로 보인다. 브루니의 접근법은 근본적으로 한 공동체의 정치체제는 그것이 가진 특수성에 의해 결정되어야 한다는 중세 후기의 실용주의적 태도에 의해 규정되어 있었다. 마찬가지로 핸킨스나 다른 비판가들이 주장하듯 브루니가 공화국의 우월함에 대해 펼친 주장들이 순수하게 피렌체의 지배계층의 구미에 맞춘 수사였다고 보아서도 안 된다. 브루니의 다양한 서신들과 작품을 검토하면 그의 공화국에 대한 애정과 자부심은 꾸며낸 것이 아니었다는 인상을 받게 된다.

IV. 결론

바론이 브루니의 저작을 먼지 쌓인 서고로부터 정치사상사의 스포트라이트 한가운데로 불러내었을 때, 그는 보편주의적이고 위계적인 중세의 질서관을 대체할 새로운 시대, 새로운 정치이데올로기의 대변자를 발견했다고 여겼다. 특히 자유와 평등에 대한 강조와 그를 담아낼 제도로서 시민의 정치적 참여에 대한 강조는 이후 대혁명으로 이어질 새로운 정치질서관과 정치이데올로기를 예고하는 것으로 여겨졌다. 그러나 그는 그러한 언설이 당시 사람들에게 실제 어떠한 의미로 통용되고 있었는지에 대해서 묻지 않았다.

　이제까지 살펴본 대로 중세 후기에서 시작된, 어떠한 정부가 가장 이상적이고 바람직한가에 대한 논의는 17세기와 18세기의 혁명기에 제기되었던 정부형태를 둘러싼 논의와는 그 배경에 깔린 문제의식과 관심에서 큰 차이가 있다. 후자가 향후 권력의 분배를 둘러싼 치열한 대결에서 비롯된 데 반하여, 전자는 많은 경우 아리스토텔레스 정치학의 주석과 해제에서 비롯된 학술적 호기심에서 비롯되었으며, 실제 정치에서 판단기준과 결정기준의 의미로 받아들여지지 않았다. 대부분의 지식인들은 모든 공동체는 나름의 환경적·역사적·문화적·사회경제적 형편과 조

건에 맞는 정치체제를 택하는 것이 가장 현명하다는 실용주의적 태도를
견지하고 있었다. 그리고 이는 르네상스기 피렌체의 식자들에게도 마찬
가지였다. 그러나 이제까지의 연구는 이러한 측면을 간과한 채, 군주정
과 공화정을 놓고 사활을 걸었던 17세기와 18세기 대혁명기로부터 얻은
인상을 가지고 이 시기의 정치언설을 접근하였다. 그 결과 이 시기 정치
문헌들은 이해할 수 없는 역설에 빠진 것처럼 이해되었다. 그에 대해 필
자는 앞서 밝힌 중세 후기 정치언설이 특징들을 염두에 두고 고찰할 때
그러한 역설이 해소될 수 있음을 제안하였다.

　이러한 인식을 분명히 한 위에서 우리는 왜 브루니가 유난히 민주정
의 우수성을 강조하고, 군주정을 평가절하했는가에 대한 질문으로 나아
갈 수 있을 것이다. 비록 그 자체가 평가의 절대적 기준도 미래를 기획하
는 가이드라인도 아니었지만, 어쨌든 어떠한 정부체제가 일반적으로 최
상인가 하는 질문은 전혀 의미 없는 것은 아니었다. 그런 점에서 보아 왜
브루니가 살루타티나 다른 이전의 정치이론가들과 달리 일반이론에서
민주정의 우수성을 강조했는가 하는 것은 중요한 문제이다.

　그러나 이 모든 질문에 대답하기 이전에 확인해야 할 사실은 브루니
는 바론이 믿었던 것과 같은 급진적인 민주주의 이론가는 아니었으며 동
시대 사람들 역시 그렇게 받아들이지 않았으리라는 것이다. 마찬가지 이
유로 브루니가 일관된 반군주정적 태도를 드러내지 않았다는 것이 그의
주장을 정치프로파간다로 이해할 근거는 되지 못한다. 민주주의와 공화
정이라는 이념에 대해 중세 후기의 사람들이 접근하는 시각은 오늘날과
는 매우 달랐기 때문이다.

참고문헌

레오나르도 브루니. 2002. 임병철 역. 『피렌체 찬가』, 서울: 책세상.

Alfred von Martin. 1913. *Coluccio Salutati's Traktat ‚Vom Tyrannen'. Eine kulturgeschichtliche Untersuchung nebst Textedition*, Berlin [etc.] : Rothschild.

Aquinas, Thomas. 1980. *De Regimine principum*, in S. *Thomae Aquinatis Opera Omnia*, ed. Roberto Busa S.I., 7 Vols. Stuttgart-Bad Cannstatt: Frommann-Holzboog.

Baron, Hans. 1966. *The Crisis of the Early Italian Renaissance: Civic Humanism and Republican Liberty in an Age of Classicism and Tyranny*, New Jersey: Princeton University Press, (first published 1955).

Bartolus of Sassoferrato. 1983. *De regimine civitatis*, in Diego Quaglioni, *Politica e diritto nel trecento italiano. Il 'De tyranno' di Bartolo da Sassoferrato, 1314–1357, Con l'edizione critica dei trattati 'De Guelphis et Gebellinis', 'De regimine civitatis' et 'De tyrann'*, Florence: L.S. Olschki.

Blythe, James M. 1992. *Ideal government and the mixed constitution in the Middle Ages* Princeton, N.J. : Princeton University Press.

_____. 2000. "Civic Humanism and the Medieval Political Thought", in James Hankins (eds)., *Renaissance Civic Republicanism*, London: Cambridge University Press.

Bruni, Leonardo. 1984. "Panegyric to the city of Florence", in Benjanim G. Kohl and Ronald G. Witt ed. *The Earthly Republic. Italian Humanists on Government and Society*, 3rd ed., Pennsylvania: University of Pennsylvania Press.

_____. 1987. "The Oration of Funeral of Nanni Strozzi", in Gordon Griffith et al. eds., *The Humanism of Leonardo Bruni. Selected Texts*, Binghampton NY.: Center for Medieval and Renaissance Studies, State University of New York; Renaissance Society of America, 1987), pp. 121–127.

_____. 1996. Oratio in funere Iohannis Strozze, in Susanne Daub. *Leonardo Brunis Rede auf Nanni Strozzi. Einleitung, Edition und Kommentar*, Stuttgart: B.G. Teubner.

_____. 2000. *Laudatio Florentine urbis*, ed. Stefano U. Baldassari, Florence: Tavarnuzze.

_____. 2001–2007. *History of the Florentine People* vol. 1, ed. James Hankins, 3 vols., Cambridge, Mass. : Harvard University Press.

Canning, Joseph. 1996. *A History of Medieval Political Thought 300-1450*, London : New York : Routledge.

Coleman, Jannet. 2000. *A History of Political Thought. From the Middle Ages to the Renaissance*, Oxford: Blackwell.

Daub, Susanne. 1996. *Leonardo Brunis Rede auf Nanni Strozzi. Einleitung, Edition und Kommentar*, Stuttgart: B.G. Teubner.

Flüeler, Christoph. 2002. "Politischer Aristotelismus im Mittelalter", *Vivarium* 40.

Fubini, Riccardo. 1992. "Renaissance Historian: the Career of Hans Baron", *Journal of Modern History* 64.

Gundersheimer, Werner. 1996. "Hans Baron's Renaissance Humanism: A Comment", *American Historical Review* 101.

Hankins, James. 1995. "The Baron Thesis after Forty Years and Some Recent Studies of Leonardo Bruni", *Journal of the History of Ideas* 56.

_____. 1996. "Humanism and the Origins of Modern Political Thought", in *The Cambridge Companion to Renaissance Humanism*, Cambridge, ed. Jill Kraye.

_____. 2000. "Rhetoric, History, and Ideology: The Civic Panegyrics of Leonardo Bruni", in *Renaissance Civic Humanism: Reappraisals and Reflections*, ed. James Hankins, Cambridge, UK: Cambridge University Press.

Herde, Peter. 1997a. "Guelfen und Neoguelfen", in His, *Gesammelte Abhandlungen und Aufsätze*, vol.1: *Von Dante zum Risorgimento. Studien zu Geistes- und Sozialgeschichte Italiens*, Stuttgart : Hiersemann.

_____. 1997b. "Politik und Rhetorik in Florenz am Vorabend der Renaissance. Die ideologische Rechtfertigung der Florentiner Außenpolitik durch Coluccio Salutati", in His, *Gesammelte Abhandlungen und Aufsätze*, vol.1, Stuttgart : Hiersemann.

John of Paris. 1996. *De regia potestate et papali (Über königliche und päpstliche Gewalt)*, ed. Fritz Bleienstein, Stuttgart: E. Klett.

Kallendorf, Craig. 1996. "The Historical Petrarch", *American Historical Review* 10.

Kempf, Friedrich. 1959. "Die päpstliche Gewalt in der mittelalterlichen Welt. Eine Auseinandersetzung mit Walter Ullmann", *Miscellanea Historiae Pontificiae* 21.

Kölmel, Wilhelm. 1970. *Regimen Christianum*, Berlin: De Gruyter.

Kracht, Klaus Große. 2001. "'Bürgerhumanismus' oder 'Staatsräson.' Hans Baron und die republikanische Inelligenz des Quattrocento", *Leviathan* 29.

Langkabel, Hermann. 1981. *Die Staatsbriefe Coluccio Salutatis. Untersuchungen zum Frühhumanismus in der Florentiner Staatskanzlei und Auswahledition*, Köln: Böhlau.

Martin, Alfred. 1913. *Coluccio Salutati's Traktat 'Vom Tyrannen'. Eine kulturgeschichtliche Untersuchung nebst Textedition*, Berlin [etc.] : Rothschild.

Meier, Ulrich. 1994. "Der falsche und der richtige Name der Freiheit. Zur Neuinterpretation eines Grundwertes der Florentiner Stadtgesellschaft (13.–16.Jahrhundert)", in *Stadtregiment und Bürgerfreiheit. Handlungsspielräume in deutschen und italienischen Städten des Späten Mittelalters und in der Frühen Neuzeit*, ed.. Klaus Schreiner and Ulrich Meier, Göttingen : Vandenhoeck & Ruprecht.

Miethke, Jürgen. 2000. *De potestate papae. Die päpstliche Amtskompetenz im*

Widerstreit der politischen Theorie von Thomas von Aquin bis Wilhelm von Ockham, Tübingen: Mohr Siebeck.

_____. 2008. *Politiktheorie im Mittelalter. Von Thomas von Aquin bis Wilhelm von Ockham*, Tübingen: Mohr Siebeck.

Najemy, John M. 1996. "Baron's Machiavelli and Renaissance Republicanism", *American Historical Review* 101.

Oakley, Francis. 1973. "Celestial Hierarchies Revisited: Walter Ullmann's Vision of Medieval Politics", *Past and Present* 60.

Renna, Thomas. 1978. "Aristotle and the French Monarchy", *Viator* 9.

Salutati, Coluccio. 1913. De Tyranno, in Alfred von Martin, *Coluccio Salutati's Traktat 'Vom Tyrannen'. Eine kulturgeschichtliche Untersuchung nebst Textedition*, Berlin [etc.] : Rothschild.

Seigel, Jerrold E. 1966. "'Civic humanism' or Ciceronian Rhetoric? The Culture of Petrarch and Bruni", *Past and Present* 34.

Ullmann, Walter. 1970. *Medieval Political Thought*, Harmondsworth: Penguin.

Walther, Helmut G. 1976. *Imperiales Königtum, Konziliarismus und Volkssouveränität*, München: Fink.

William of Ockham. 1974. *Octo quasestiones de potestate papae*, in *Guillelmi de Ockham Opera Politica*, ed. H. S. Offler, Vol. 1. 2nd. ed., New York.

Witt, Ronald. 1996. "Introduction: Hans Baron's Renaissance Humanism", *American Historical Review* 101.

_____. 1996. "The Crisis after Forty Years", *American Historical Review* 101.

http://www.britac.ac.uk/pubS/dialogus/ockdial.html (검색일: 2012. 9. 01)

유럽적 근대 민주주의의 위기와 전환[*]

홍태영(국방대학교)

I. 서론

한국사회는 1987년 민주화 이후 20여 년이 지난 현재 민주주의의 심화와 공고화라는 과제 속에서 민주주의에 대한 다양한 논의를 진행하고 있다. 권력구조에 대한 논의에서부터 복지, 다문화주의 등의 논의에 이르기까지 민주주의의 새로운 의제설정을 위한 논의들이 풍부하다. 그러한 과정에서 민주주의 자체에 대한 깊이 있는 의미해석이 요구된다. 현재 우리가 살아가는 정치공동체로서 국민국가 내에서 실현되고 있는 민주주의는 유럽에서 기원하고 발달한 형태이다. 민주주의가 유럽적 기원을 갖는 것은 물론 국민국가 역시 그러하다. 한국의 경우 19세기 후반 유럽의 열강들과 접촉하기 시작하고 일제 식민지 지배를 거치면서 서구적 정치 양식을 수입하고 만들어 왔다. 그리고 국민국가들 간의 체계인 새로

[*] 이 장은 "유럽적 근대 민주주의의 위기와 전환: 새로운 시민권의 공간으로서 글로벌 시티." 『국제정치논총』 53(3), 39-68을 이 책에 맞게 수정한 것임.

운 국제관계에 편입되어 생존해 오고 있다. 이러한 질서가 서서히 위기를 맞고 있다.

20세기 말부터 진행되고 있는 신자유주의적 세계화는 근대의 정치 사회 그리고 경제 질서를 그 근본에서부터 새롭게 재편하려 한다. 무엇보다도 근대 국민국가라는 공간을 통해 이루어져 왔던 자본과 민주주의라는 두 개의 축이 근본적인 변화의 국면에 들어섰다는 점이다. 하지만 그 변화의 방향성은 아직 불분명하다. 근대(성)라고 하는 하나의 순환이 종결되고 새로운 순환이 시작되는 듯하지만 그 순환이 어떠한 방식으로 이루어질 것인지는 불분명하다. 그러한 의미에서 근대의 국민국가라는 시공간이 자본과 민주주의라는 측면에서 어떻게 구성되고 작동하였는지를 볼 필요가 있다.

최근 세계화 등 새로운 현상들이 만들어낸 체계가 기존의 국민국가들의 체계와 구별되는 특이점들로 인해 국민국가 체계의 위기를 만들어낸다. 국민국가 체계의 위기는 그것에 한정되는 것이 아니라 국민국가라는 시공간을 통해 구현된 유럽적 근대성 자체의 위기와 결부된다. 국민국가를 통해 형성된 민주주의, 국민경제, 사회적인 것의 구성 등의 위기이다. 이러한 유럽의 근대성과 유럽적인 근대 민주주의가 분명 '유럽'이 만들어낸 유럽중심주의의 산물이며, 그것이 갖는 분명한 한계를 인식한다면 새로운 사고의 전환이 필요한 시점이다. 즉 민주주의와 우리의 공동체에 대한 새로운 구성이 필요하다. 예를 들어 근대성에 대한 비판 속에서 '유럽적 근대성'을 상대화하려는 시도가 존재한다. '유럽을 지방화하기', '동양적 근대'라는 표현에서 드러나듯이 유럽적 근대성 혹은 유럽적 가치의 상대화 및 다양한 근대성의 존재를 사고할 필요가 있다.[1] 현재

1　'유럽을 지방화하기'라는 표현은 탈식민주의를 주장하는 차크라바티(Dipesh Chakra-barty)가 사용한 것이며, 찰스 테일러 역시 그를 인용하면서 유럽의 지방화를 강조하고 있

의 위기 속에서 다양한 공동체의 가능성 그리고 그것의 현실화를 위한 다양한 노력이 필요한 시점이다.

이 장은 유럽에서 형성되었고 전 세계적 확장을 통해 보편화된 민주주의의 형태를 띠었던 근대 민주주의의 형성과 발전에 대해 알아보고 (II절), 20세기 후반 세계화 속에서 위기를 맞은 근대 민주주의의 구체적 내용(III절)에 대해 이해해 보고자 한다. 그리고 마지막으로 전환을 맞은 현내 민주주의의 전환의 계기들과 방향성에 대해 검토하고자 한다(IV 절).

II. 유럽적 근대 민주주의의 형성과 변화

민주주의를 말할 때 그리스를 언급하지 않을 수 없는 것은 우리가 실현하고 있는 민주주의가 서구적 기원을 가지고 있으며 서구 정치와 민주주의의 기원이 다시 그리스로 소급되기 때문이다. 아테네의 민주주의가 혼합정의 형태로 고대 로마의 공화정에서 구현되고, 중세를 거쳐 르네상스의 이탈리아 도시공동체에서 다시 공화정의 형태로 부활되었다. 민주주의라는 말이 다시 세례를 받은 것은 1789년의 프랑스혁명과 함께이다. 혁명 당시 민주주의는 그리스적 의미에서 직접민주주의를 의미하였기에 인민의 직접적인 주권 행사가 시도되었다. 따라서 혁명을 주도하였던 자유주의적 부르주아의 입장에서 민주주의는 공포의 대상이었다. 이러한 민주주의가 19세기 유럽 사회 속에서 서서히 자리 잡기 시작하였고, 19세기 말에 이르면 민주주의에 대한 거부감은 사라지고 민주주의를 어떻

다(Ch. Taylor 2010, 296; 히야마 히사오 2000; S. N. Eisenstadt 2009).

게 안정화할 것인가의 문제를 고민하였다. 19세기는 유럽에서 민주주의
가 프랑스혁명에서 보여주었던 '혁명성'을 탈각하고 서서히 제도화되어
가는 과정을 보여주었다. 토크빌이 보았듯이 민주주의가 혁명으로 귀결
되지 않고 사람들의 생활 속에 습속으로 자리 잡아가는 과정이었다.

유럽에서 민주주의가 서서히 자리를 잡아가는 과정은 중층적이었
다. 즉 유럽적 근대성의 틀이 자리를 잡아가는 과정이었고, 그 과정에서
민주주의는 중심적 역할을 하였다. 유럽적 근대(성)의 내용은 크게 세 가
지 축을 통해 형성되었다.[2] 시장, 국가, 사회적인 것의 민주주의적 구성
이 그것이다. 그것들은 각각 경제, 정치, 사회라는 근대사회의 세 가지
축을 이루면서 근대적 방식의 공동체를 형성하였다. 이 세 가지 축이 국
민국가라는 틀과 국민국가들의 체계를 형성시키는 과정의 중심에는 국
가(권력)가 있었다.

근대 초 다양한 형태의 정치공동체들―제국, 도시공동체, 국가 등―

---

2   19세기를 이러한 방식으로 바라보는 견해들은 몇 가지 편차들에도 불구하고 정치와 경제
     의 분리, 사회적인 것에 대한 상대적 독립성 등이라는 커다란 틀에서는 유사성이 있다. 폴
     라니는 19세기 문명이 네 가지 제도―세력균형체계, 국제금본위제, 자기조정적 시장, 자
     유주의국가―에 바탕을 두고 있다고 보았다(K. Polanyi 1991). 테일러 역시 경제, 공론장,
     인민주권이라는 근대적 제도가 19세기를 거치면서 어떻게 구성되고 제도화되었는지를 추
     적하면서 현재를 이해하고자 한다(Ch. Taylor 2010). 아리프 딜릭은 유럽중심주의의 내용
     을 '경제적인 것'―자본주의와 자본주의적 소유관계들, 시장과 생산양식들, 제국주의 등―
     '정치적인 것'―민족국가와 민족형태의 체계, 가장 중요하게는 세계의 새로운 법적 형태
     등을 재배치함으로써 생겨난 문제들을 다루기 위한 새로운 조직들―'사회적인 것'―개인
     에 기초한 사회형태들의 추진을 비롯하여 계급, 성, 인종, 종족성 그리고 종교적 형태의 생
     산―'문화적인 것'―공간과 시간의 새로운 개념, 좋은 삶이라는 새로운 개념, 그리고 생활
     세계에 대한 새로운 발전지상주의적 개념 등―을 포함하고 있다고 본다(A. Dirlik 2005,
     124). 고진은 자본제경제, 국가, 네이션이라는 세 가지 축이 서로 보완하고 있으며, 이 세
     가지의 결합이 19세기 후반 선진 유럽 국가에서 확립되었다고 본다(가라타니 고진 2009,
     27). 이러한 세 가지 축에 기반하면서, 특히 국민국가라는 공동체를 중심으로 유럽적 근대
     성과 유럽적 가치를 바라보는 연구는 홍태영(2011b)을 참조하시오. 그리고 이 장의 글은
     앞선 연구의 후속작업의 성격이 짙다.

은 서서히 국가라는 방식으로 일원화되기 시작하며 그에 기반을 둔 국제
관계가 등장하기 시작하였다. 1648년 베스트팔렌 조약은 그 하나의 계
기였다. 배타적 주권에 기반을 둔 국가들의 발달은 절대주의 왕정과 더
불어 분명해졌다. 하지만 유럽에서 명확한 근대적 정치체계의 형성은 프
랑스혁명과 함께였다. 프랑스혁명과 그 전쟁이 가져온 중요한 것은 이러
한 직접적인 영향력뿐만 아니라 장기적인 의미에서 국민(nation)의 탄
생과 그것을 통한 정치체의 구성이었다. 국민국가 내부는 다양한 방식의
행정체계를 통해 위계적이고 통일적으로 구성되었다. 철저하게 기하학
적 원리를 행정구조 개편에 적용하고자 하였고, '통합하기 위하여 분리
하기'라는 원칙을 통해 중앙집권화된 행정체계를 확립하였다(P. Legen-
dre 1992, 116-154). 또한 프랑스혁명은 19세기를 여는 역사적 계기로서
국민의 탄생과 더불어 절대주의 시대 이후 발전해온 근대국가체제와 국
민의 결합을 이루어낸다. 즉 국민주권 개념과 서서히 구체화되는 민주주
의라는 매개를 통해 국민국가를 형성해 나간다. 그와 함께 자본주의 경
제체계가 작동할 수 있는 공간을 마련한 것이다. 즉 경제와 정치 그리고
사회적인 것이라는 3중적인 체계가 국민국가라는 틀을 통해 작동할 수
있게 된다. 이러한 근대성의 구성요소들이 체계화되고 제도화되는 과정
이 19세기에 이루어졌고, 그것은 경제, 정치, 사회의 부문에서 유럽적 근
대(성)가 완성되는 방식이다.

　　19세기 후반 유럽의 주요 국가들은 내적 정비를 일정하게 마무리
짓고 제3세계로 본격적인 제국주의적 진출에 나섰다. 또한 그러한 제국
주의적 진출은 단지 식민지에서 이윤을 착취하는 것에 한정되지 않고,
제국주의 본토의 삶의 양식을 이전하는 것이었다. 영국제국주의는 인도,
오스트레일리아, 뉴질랜드, 캐나다 등에 자신과 동일한 정치제제를 수출
하였다(S. C. Smith 2001, 47). 프랑스 역시 알제리 식민지배로 대표되는

그들의 제국주의적 정책을 통해 자신의 문명을 수출하고자 하였다. 서구 유럽 국가에 의한 제국주의적 침략이 본격적으로 이루어진 것은 그들이 내부적으로 국민국가 체계를 확립하고 난 후부터이며, 이후 식민지 개척 방식은 자신과 동일한 모습의 자본주의와 그에 맞는 상부구조를 형성하는 것을 통해서이다. 마르크스의 말처럼 유럽은 "자신의 이미지대로 세계를 창조하고자" 한 것이었다(K. Marx 1990, 404). 유럽은 제국주의적 진출을 통해 자신의 모습을 제3세계에 이식하였고, 자기와 동일한 모습을 만들어내고자 하였다. 동일한 정치체로서 국민국가, 그리고 경제적인 것을 구성하는 자본주의가 그 근간을 형성하였다. 유럽 제국주의의 제3세계로의 진출은 유럽적 가치체계의 보편화 과정이었으며, 유럽의 전 지구화였다. 그리고 사실상 그 기저에는 유럽자본주의가 그 동력이었음은 분명하다.

전 지구화 과정을 띠는 유럽적 근대 민주주의의 모습은 어떠한 내용으로 구성되었는가? 프랑스혁명 이후 유럽에서 민주주의가 형성되는 과정은 크게 세 가지 축으로 이루어진다.[3] 첫째는 민주주의가 평등한 인간들의 사회라는 원칙적 선언에서 유추되는 것으로, 민주주의의 근대적인 주체를 형성하는 작업, 즉 시민을 구성하는 작업이다. 시민이 구성되는 과정은 주요하게 그들의 권리가 형성되는 과정으로 표상된다. 흔히 민권(civil right), 정치적 권리(political right), 사회적 권리(social right)로 구성되는 시민권 형성의 역사가 그것이다. 둘째는 민주주의를 구체적으로 실현하는 방식, 즉 민주주의 형태에 대한 질문이다. 그것은 국민주권 혹은 인민주권의 원칙을 제도화하는 방식에 대한 문제로서 구체적으로

---

3   이러한 시각에서 프랑스의 국민국가 및 민주주의 형성의 역사를 다룬 것이 홍태영(2008), 그리고 이러한 시각에서 영국, 독일, 프랑스의 국민국가 및 민주주의 형성의 역사를 다룬 예는 강정인 외(2009) 참조.

권력이 제도화되는 방식—정치체제의 문제—의 문제이다. 셋째는 이렇게 구성된 민주주의의 정치적 형식이 근대사회를 형성하는 방식, 즉 사회적인 것에 대한 정치적 형태를 형성하는 방식의 문제이다. 이 문제는 사회와 국가의 관계를 설정하는 방식으로서 근대에서 채택한 민주주의 형식인 대의제를 구체화하는 방식이다.

이 세 가지 문제는 프랑스혁명 이후 지속적으로 이데올로기적 정치투쟁의 쟁점이 되었던 문제들—국민/시민의 권리, 국민/인민주권, 대표—과 직접적으로 관련된다. 시민의 권리 문제는 근대적 주체의 사회적·정치적 확립이라는 의미와 관련되고, 1789년 혁명과 함께 선언된 국민주권은 그 실현의 방식과 관련해 헌법의 문제를 제기한다. 그리고 마지막으로 대표의 문제는 앞의 두 가지 과정을 거치면서 확정된 정치적인 것이 사회적인 것을 포섭해 내는 방식과 관련된다. 특히 대의제민주주의라는 개념이 확립되면서 주요한 행위자이자 기제로 등장하는 것은 정당이다. 정당은 대중의 민주주의적 요구를 적절하게 조절하고 분출할 수 있도록 하는 대의제의 탁월한 기제였다(M. Ostrogorski 1993). 19세기 말 유럽에서는 선거권의 확대와 더불어 다양한 이데올로기들로 무장한 정당들이 의회에 진출하기 시작하였다. 특히 좌파정당들이 노동자 및 노동조합의 지지에 힘입어 의회에 진출하기 시작한 것이다. 이러한 세 가지 축을 통해 유럽에서 민주주의는 그 틀을 잡아가기 시작하였다. 비록 논의상 세 가지 축이 구별되지만 그것들은 철저하게 결합되어 있다. 그 결합의 방식과 실현의 형태가 개별 나라들의 민주주의 형성 방식이며, 나라마다 특수성을 지니며 그에 따라 일정한 변형을 지니면서 나타났다.

유럽 이외의 지역 특히 제3세계 나라들의 경우 이와 같이 형성된 유럽적 근대 민주주의는 각국의 정치 구성의 기본적 틀이 되었다. 근대화

론 혹은 민주주의 발전론의 경우 서구적 민주화를 어떠한 경로를 통해
도달할 것인가의 문제가 그 중심에 있었다. 로스토(W. Rowstow)의 근
대화론은 1960-70년대 미국 정치학의 정치발전론의 출발이었으며, 그
것은 서구화를 민주화의 기본적인 경로로 보았다. 이후 근대화론에 대
한 비판 속에서 제시된 민주주의 발전론 역시 비록 제3세계의 특수성을
인정한다 하더라도 기본적인 서구적 민주화의 틀을 버리지 않았다(D.
Rueschemeyer et al. 1997). 2003년 이라크전쟁을 주도하였던 부시행정
부는 민주주의 증진을 위해 군사력의 사용조차도 용인할 수 있다는 강경
한 입장을 보였다. 하지만 이러한 민주화가 더 이상 가능하지 않게 되었
다. 그것에는 국제적인 차원에서 경제여건의 변화뿐만 아니라 민주주의
모델 자체에 대한 의문도 동시에 존재한다(김준석 2011, 266-267). 2012
년에 진행된 중동지역의 민주화 물결에 대한 판단 역시 서구 민주주의
의 이식을 기본적인 틀로 하는 듯하였지만, 현재 상황에서 그것의 변동
은 어느 방향인지조차 가늠할 수가 없다. 중동 이슬람 문화권의 경우 국
민국가라는 정치공동체 역시 낯선 것이었다는 역사적 평가[4]가 있는 만큼
유럽적 민주주의 역시 반드시 보편적 적용의 대상이 될 수 있는지는 충
분히 고려해 볼 여지가 있다.

세계적 차원에서 근대 민주주의 형성의 역사는 세계적 헤게모니 변
동의 역사와 분리되지 않는다. 19세기 영국적 모델의 수출, 20세기 미국
식 민주주의의 주도, 그리고 20세기 말 그것들에 대한 회의는 헤게모니
변동의 역사와 궤를 같이 하고 있음을 보여주는 것이다. 결국 민주주의

---

4   B. Badie et P. Birbawm은 근대 국가는 유럽의 중세적 봉건질서의 위기 속에서 탄생한
     역사적 산물이라는 점을 강조하면서 그것이 이슬람지역에 보편적으로 적용될 수 있는지
     에 의문을 표시한다. 특히 이슬람의 경우 기본적으로 신정정치의 틀을 가지고 있다면, 정
     교분리에 기반을 둔 유럽적 민주주의의 적용은 과도할 수 있다(B. Badie et P. Birnbawm
     1983).

역시 가치의 문제이기 때문이다.

III. 세계적 수준에서의 민주주의 위기

유럽이 만들어낸 근대적 질서는 유럽에 한정되지 않고 '문명'이라는 이름으로 제국주의적 침략을 통해 전 세계로 확장되었다. 1789년 보편주의적 공화주의는 유럽에서 구현된 현실이 되었고, 그것은 다시 유럽 이외의 지역에 그 보편성을 구현하고자 하였다. 유럽 제국주의 국가들은 식민지 개척을 통해 유럽의 근대적 모습을 동일하게 식민지에 이식하고자 하였다. 이러한 일들이 19세기 이후 지속적으로 진행되었고, 비록 제국주의적 식민지 지배가 끝을 맺었다 하더라도 그 과정은 지금까지 지속되고 있다. 이미 자본주의적 세계질서에 편입된 세계는 유럽과 미국이 주도하는 자본주의 논리 속에서 작동하고 있다. 다양한 위기를 겪으면서도 동시에 지속적으로 그 규칙들을 바꿔가며 위기를 극복(?)하고 새로운 방식의 작동 메커니즘을 만들어내면서 자본주의 질서를 유지하고 있다. 이러한 자본주의 질서의 기본은 국민국가라는 틀을 통해 만들어진 정치적, 경제적, 사회적 질서 체계이다.

물론 19세기가 만들어낸 국민국가적 질서는 20세기 말에 이르러 세계화가 급속하게 진행되면서 위기를 맞고 있는 것이 사실이다. 1968년 세계 곳곳에서 발생한 혁명적 물결은 근대질서 체제에 대한 근본적인 문제제기를 행하면서 정치적, 사회적으로 그리고 철학적으로 근대성의 근간을 흔들었다. 이후 1970년대 들어서 경제위기가 진행되면서 안정적으로 보였던 국민국가 틀 속의 복지국가도 위기를 맞기 시작하였다. 1980년대 들어서 급속히 진행된 세계화는 이러한 위기들에 대한 대응의 형태

를 띠고 있다. 19세기의 근대 국민국가적 질서가 위기를 맞으면서 새로
운 재편의 가능성이 보이고 있다.

1. 시민권의 위기

인류는 정치공동체를 형성하고 살아오면서 다양한 공동체의 형식을 가
져왔고, 그 공동체에 적합한 구성원의 존재양식을 요구하고 규정하여 왔
다. 그리스 아테네의 민주주의적 공동체에 맞는 민주적 시민의 상이 있
었으며, 로마 제국에는 거기에 요구되는 로마제국의 시민이 있었다. 근
대의 정치공동체로서 국민국가 역시 우리가 살아가면서 만들어가고 있
는 시민과 시민권의 형태가 존재한다. 이와 같이 정치공동체의 공간구성
의 방식은 그와 맞물려 자신의 통치형태와 구성원의 존재양식을 가진다.
현재 세계화의 가속 속에서 국민국가라는 정치공동체가 위기를 맞으면
서 그 구성원인 시민과 시민권의 존재양식의 위기를 동시에 겪고 있다.
특히 시민권의 위기는 이중적인데, 하나의 측면은 시민권 부여자로서 혹
은 시민권 보호자로서 국가의 위기에 따른 시민권 자체의 약화라는 문제
이며, 다른 하나는 시민으로서 정체성과 관련하여 시민은 누구이며, 어
떠한 의미를 지니는가라는 문제, 즉 시민의 경계를 둘러싼 위기이다.

　　최근 시민권 문제는 기존의 자유권 및 정치적 권리보다 경제적, 사
회적 권리가 중요하다는 점이 부각된다. 시민과 비시민의 구별보다 노동
과 거주의 권리가 있고 사회보장의 혜택을 받는 시민이나 외국인－데니
즌(denizen)[5]－과 임시고용이나 불법체류 외국인 사이의 구별이 더 중
요하게 되었다. 즉 경제적, 사회적 삶에의 참여가 더 중요하게 된 것이

5　함마르(T. Hammar)의 표현으로 외국 국적을 보유한 채 합법적으로 장기 체류하는 이민
　자들을 일컫는다(T. Hammer 1990).

다. 집단에의 소속감은 정치에 참여하는 것보다 경제적 활동에 참여하는 것이 더 중요한 것이 된다. 그러한 의미에서 경제적, 사회적 권리는 오히려 새로운 시민권의 기반이 되고 있고, 새로운 시민의 상 역시 경제적, 사회적 권리, 노동의 자유, 성별 격차의 해소, 이민자들에 대한 사회적 권리 보장이라는 틀을 강조한다(D. Schnapper 1998, 414). 고대 이래 중요한 시민권의 내용이었던 정치적 권리를 통한 시민적 덕성의 문제는 사고되지 않고 있다. 또한 글로벌 이동성은 특별한 종류의 이주민들을 만들어낸다(김현미 2005, 23). 상층부에는 '특권화된 외국인들', 즉 다국적 기업에 속한 전문직 종사자, 매니저, 사업가들이 존재하면서, 다국적 기업이 진출한 국가의 복지시스템을 '임대'해서 사용한다. 하층부에는 경제적, 사회적 생존을 위해 다른 나라로 이주하는 외국인과 여성들이 존재한다.[6] 이들은 경제적 빈곤에서 벗어나기 위해 새로운 기회를 찾아 본국을 떠난 사람들로, 진출국에서 '주변적 존재'로 살아간다. 이들 중 많은 이들은 '불법' 이주노동자이거나 임시적 이주노동자들이다. 이러한 지구화의 동학 속에서 기존 국민국가 시대의 시민권─시민권은 자연적 확장 과정이라기보다는 권리 획득 투쟁을 통한 민주주의적 확장의 산물이다─이 현저하게 위협받고 있다. 신자유주의가 확산되면서 국민국가 내부의 시민권 특히 사회적 권리가 위협받는 것은 물론이고, 국경을 넘나드는 다수의 이주노동자는 시민권을 보장받지 못하고 있다.

다음으로 제기되는 문제는 시민의 정체성 문제이다. 국민국가 시기 정체성은 국민적 정체성에 기반을 둔 시민권의 구성이 절대적이었다. 하

6 　특히 동남아지역에서 출발하는 여성노동력의 움직임과 그들의 실태는 현재 국제 이주노동의 실태를 적나라하게 드러낸다. 국제노동분업 속에서 서비스업 및 유흥업에 집중된 이주 여성노동 그리고 젠더화된 이주정책 및 차별, 배제 등이 전 세계적으로 확산되고 있다(김현미 2006; 2010; 이선주 2006).

지만 이제 다양한 층위의 정체성이 새롭게 형성되고 경쟁적으로 존재하고 있다. 세계화로 더욱 확대되고 있는 노동자 이민을 통해 형성되는 집단들의 정체성이 문제가 되고 있다. 일반적으로 이민 1세대의 경우 이주사회에 순응적으로 적응하려 하지만, 2–3세대들의 경우 다양한 측면에서 기존 사회와 충돌이 발생한다(E. Ribert 2006). 교육을 통해 이주사회의 시민으로 성장해 가지만 사회에 진출하려는 시점에서 이민 2–3세대들은 넘기 어려운 기존 사회의 장벽을 만나게 된다. 그러한 과정에서 정체성의 혼란이 발생한다. 부모의 모국으로부터 물려받은 정체성과 자라면서 교육받은 사회 속에서 형성되는 정체성 사이의 갈등이다. 이러한 문화적, 인종적 정체성에 덧붙여 계급, 계층적 정체성이 중첩되면서 갈등은 더욱 심화된다. 일반적으로 이민 2–3세대들은 기존 사회의 젊은 계층에 비해 실업률이 2배 이상이 되기 때문이다. 일종의 '인종과 계급의 변증법'이 작동하면서 이민에서 발생한 인종적 차별성은 하층계급으로의 전락을 당연한 결과처럼 받아들이게 한다(D. McNally 2011, 208).

이제 국민적 정체성의 절대적 우위는 의미를 잃어가고 있다. 다양한 경쟁적 정체성이 등장하고 있으며, 그것은 국민적 정체성을 위협하고 있다. 국민적 정체성의 형성에서와 마찬가지로 '문화'는 정체성의 형성과 전환에서 항상 중요한 계기이자 변수이다. 네트워크 사회의 출현은 국민국가 시기 지배적 정체성의 단일성 · 폐쇄성 등에 반하여 개방성 · 유동성 · 비결정성 등을 특징으로 하는 정체성 형성의 공간을 제공한다(M. Castells 2003; 2008). 물론 '정체성의 정치'라는 용어가 국가권력을 요구할 목적으로 민족이나 인종, 종교 정체성을 중심으로 동원하는 운동을 의미하는 경우도 있으며, 이 경우 최근 발생하고 있는 다양한 '새로운 전쟁'의 촉발원인이기도 하다(M. Kaldor 2010, 122). 하지만 이러한 특수주의적 정체성의 정치 역시 근대 국가의 무능력이 터지는 상황 속에서 발생하는 정치적 동원의 한 형태로서 근대 국가 위기의 표현이다.

정체성 권력들은 다양한 방식으로 존재한다. 그 범위의 측면에서 본다면 국민국가의 경계를 넘어서 그것들을 포괄하는 형태, 예를 들어 유럽의 정체성 혹은 이슬람적 정체성 등이 존재할 수 있다. 하지만 반대로 국민국가 내부에 더 작은 범주의 정체성 역시 형성 가능하고 또한 발생하고 있다. 물론 이러한 정체성의 다양한 형태들은 기존에도 존재해온 것이 사실이다. 문제는 기존의 그것들이 국민국가의 정체성에 하위범주로서 존재했다면, 이제는 그것을 넘어서 더 규정적인 정체성으로 형성되고 있다. 또한 그 기능에서도 다양한 양태를 띠고 있다.

2. 주권의 위기

세계화 특히 신자유주의적 세계화 속에서 다양한 국제기구의 형성과 그것이 갖는 역할은 기존 국민국가들의 체계로서 국제관계에 새로운 현상을 낳고 있다. 다양한 국제적 규범은 기존 국민국가의 배타적 주권에 대한 위협이 되고 있으며, 세계적 수준에서 '거버넌스'의 탄생 역시 국민국가 주권의 위상을 위협하고 있다.

세계화의 진행 속에서 WTO, IMF 등과 같은 국제기구의 위상과 역할이 강화되고, 우루과이라운드(무역), 그린라운드(환경), 블루라운드(노동) 등과 같이 영역별로 세계 규범을 설정하려는 제도적 연합체들이 등장하였다.[7] 나아가 국제관계에서 기업이 정치적 행위자로 등장하

---

7   물론 IMF나 WTO 등의 영향력이 이전만 못하다는 것은 분명하다. 1999년 시애틀에서의 WTO회의의 파행, 2001년 도하라운드에서 자유무역에 대한 반기, 2003년 칸쿤회의에서 성과 없는 종료 등이 그것을 말해준다. 이후 미국은 워싱턴 컨센서스가 다자기구를 통해 이루어지기 어렵다고 판단, 지역적 다자 및 양자 간 자유무역협정을 통해 추진하기로 정책을 전환하였다(손열 2011).

고 있다. 기업은 더 이상 영토국가의 경계에 구속되지 않는다. 또한 국제적 생산과 관련되어 있는 기업들은 이윤 동기에 의해서 움직일 뿐만 아니라 안보의 추구라는 '국가적' 목표까지 가지고 행위하고 있다. 또한 NAFTA, APEC, ASEAN 등과 같은 국가 간 협력체의 등장, 나아가 공동의 정치적 · 경제적 정책들을 결정하고 국가의 역할까지 제한하려는 유럽연합의 탄생은 국제관계가 더 이상 국가들 간의 관계에 한정되지 않음을 보여준다. 19세기가 성취했던 국민국가는 최근의 세계화 시대, 정보화 사회라는 담론 속에서 종언이 선언될 만큼 그 위상이 도전받고 있다.

21세기 국제질서는 무극체제(non-polarity)로 규정되기도 한다(R. Hass 2008). 그것은 하나나 둘, 혹은 여러 국가들이 지배하는 질서가 아니라 다양한 종류의 힘을 가진 많은 행위자들로 구성되기 때문이다. 오늘날 국제체제에서 국민국가의 독점적 지위는 이미 상실되었다. 특히 2008년 세계금융위기 이후 세계경제의 거버넌스는 '복합네트워크' 시기에 들어섰다고 평가된다. 복합네트워크의 거버넌스는 기존의 국가와 국제기구 등 위계적 행위자 이외에 네트워크 행위자들이 거버넌스에 새롭게 편입되고 이들 다양한 행위자들의 관계 역시 그물망을 이루면서 세계경제질서 운영에 중층적으로 참여하는 시스템을 의미한다(김치욱 2011, 124). 본래 주권 영역에 속해 있었던 경제 활동과 관련한 결정들이 최근에는 급속히 다양한 초국가적 행위자들의 몫으로 전환되고 있다.

유럽연합의 탄생과 변환 과정은 이러한 국민국가의 후퇴와 새로운 국제적 행위자들의 등장을 잘 보여주는 예이다. 유럽연합은 마스트리히트 조약과 함께 경제통화동맹을 형성하고 유로화라는 단일화폐를 창출하였고 나아가 경제 정책에서 더욱더 힘을 발휘하고 있다. 유럽중앙은행은 일국의 화폐 및 재정 정책에서 배타적 주권행사를 제한하고 있다. 과거 국민국가의 기능을 대신하거나 적어도 그것을 제한할 수 있는 새로운 구성이 등장한 것이다. 물론 지난번 유럽헌법 비준 실패에서 보이듯이 국민국가 수준의 정치통합에 이르기까지는 불투명한 부분이 있지만, 경제통합의 수준은 좀 너 강화되는 경향이다. 특히 2008년 이후 남부유럽의 경제위기는 개별 회원국의 경제 및 재정 정책에 대해 유럽연합 수준에서 개입할 수 있는 권력을 강화할 수 있는 계기를 만들고 있다.[8] 즉 일국의 경제주권에 대해 유럽연합의 감시와 제재를 가능케 하는 장치를 만들고 있다.

국민국가 주권의 위상을 흔들리게 하고 있는 또 다른 예는 20세기 말 지구 곳곳에서 보이는 전쟁의 새로운 양태이다. 20세기 말부터 등장한 다양한 전쟁 형태들 가운데는 기존 국민국가 체계 시기의 전쟁과는 명확히 구별되는 이른바 '새로운 전쟁'이 발견된다. 우선 '새로운 전쟁'이란 기존 국민국가들의 체계 속에서 발생하였던 국가들 간 전쟁과는 구별된다. 일반적으로 '새로운 전쟁'은 군사력의 탈국가화, 군사력의 비대칭화, 전쟁의 민영화 및 상업화 등을 특징으로 한다(H. Münkler 2012, 15-70; J. Aquilla et al. 2005). 전쟁의 탈국가화는 국가를 중심으로 전쟁이 발생하고 국제법을 통해 그것을 해결하는 것이 아니라 전방과 후방, 본토의 구분이 사라지고 전투행위가 사방에서 발생하고, 대규모 전투보다는 소규모의 분산된 전투가 발생한다는 점에서 비롯된다. 전투원과 비전투원의 구별이 뚜렷하지도 않으며, 폭력의 사용이 시간적, 공간적으로 제한되지도 않는다. 새로운 전쟁에서 전쟁의 국가 독점권이 사라지고 민간 전쟁회사와 같은 새로운 행위자들이 등장하였다. 전쟁을 수행하

---

8   남부유럽의 재정위기 이후 2012년에 제정된 '신재정협약'에 따르면, 재정적자 3% 기준을 초과하는 국가에 대해서 제재와 조치를 강화하였다. 우선 유로화 탄생 시 조건이었던 안정성장협약─GDP 대비 재정적자 3%, 국가채무 60%─을 재확인하였으며, 그것을 국내법제화하기로 하였다. 그리고 그 기준을 위반 시 GDP의 0.1% 벌금을 부과하기로 하였다.

는 새로운 군벌집단이 등장하였고, 값싼 소년병들이 전쟁에 투입되고 있다. 또한 새로운 전쟁은 국가의 파편화와 탈집중화를 수반하며, 전쟁은 '세계화된 전쟁경제'를 수반하고 있다. 새로운 전쟁은 정치와 경제, 공과 사, 군대와 민간을 가르는 근대적 구분을 사라지게 하면서 다양한 유형의 전투 집단을 끌어들이고 있다(M. Kaldor 2010, 142-171). 그러한 가운데 다양한 형태의 이익집단과 외부원조, 비공식적 경제가 맞물려 약탈적인 사회상태를 만들어내고 있다. 또한 전쟁 군벌들에 의해 형성된 비공식적 경제는 폭력에 의한 비대칭적 교환에 근거하고 있으며, 용병회사, 민간전쟁회사, 아편·코카인 등의 마약, 성폭력과 노예제도 등을 동반한 전쟁경제이다(H. Münkler 2012, 191-206). 이러한 전쟁경제는 분명 경제 세계화의 어두운 이면이다. 또한 이러한 전쟁에 인도주의적 개입이라는 이름으로 다양한 국제행위자들이 개입하고 있다.

기존 국민국가 시기 국가가 유일한 전쟁의 당사자였다면, 이제 새로운 방식과 행위자들, 새로운 유형의 전투와 전쟁이 발생하고 있는 것이다. 이러한 '새로운 전쟁'은 기존 국민국가 체계를 흔들고 있으며, 칸트가 구상했던 공화국의 민주주의와 공화국들 간의 세계평화에서 더욱더 멀어지게 하고 있다.

전쟁과 경제 정책 등은 과거 국민국가 시기에 대표적인 배타적 주권의 영역이었다. 근대 초 전쟁과 경제 정책의 배타적 권한을 획득해 가는 과정이 바로 근대 국가의 성립 과정이었다. 즉 군사력 독점 그리고 영토적 경계 내에서 시장 통일과 조세권 확립 등을 통한 경제 정책의 확립이 바로 근대 국가 성립의 내용들이다. 그런데 21세기에 들어선 지금에서 이러한 국민국가의 배타적 권한들이 위협을 받고 있는 것이다. 곧 국민국가 주권의 위기이다.

3. 대의제의 위기

근대 민주주의가 대의제라는 방식을 통해 작동하기 위해 전제하였던 것
은 대표되는 것, 즉 국민의 단일성이었다. 근대정치의 출발점에 있었던
홉스의 『리바이어던』에서 나타나고 있듯이 국가권력과 근대의 정치적
주체로서 개인 그리고 개인들의 집합체로서 인민의 관계가 대표라는 방
식을 통해 농일시뇌는 것이다(T. Hobbes 1968, 220). 프랑스혁명을 전
후하여 등장하기 시작한 민족주의는 국민 내부의 차이를 소멸시키고 외
부와 경계를 분명히 하면서 국민적 단일성을 형성하는 데 주요한 역할을
한다. 19세기가 국민적 정체성 형성에 중요한 시기였다면, 동시에 계급
적 정체성 역시 그 형성 과정을 갖는다. 프랑스혁명의 영향 등으로 '국민'
이라는 개념이 갖는 진보적 의미와 더불어 노동자계급의 형성 과정이 맞
물려 존재하였다(B. Jekins 2010). 국민과 계급의 형성은 어느 하나로 환
원되거나 어느 하나에 의해 규정되는 과정이 아니라 서로에게 내재한 정
치적 모순을 표출하는 과정에서 형성되었다고 볼 수 있다. 분명 18세기
후반부터 19세기 전반기 영국에서 노동자의 형성과 국민의 형성 과정
은 대립적이기보다는 "동일한 역사적 과정의 두 측면"이었다(L. Colley
1986). 그리고 19세기 말에 체계화되기 시작한 정당정치는 기본적으로
계급적 단일성에 기반을 둔 것이었다. 무엇보다도 노동자계급의 정당을
표방한 좌파정당은 마르크스가 말했듯이 노동자계급의 보편성과 단일성
에 기반을 두었다. 하지만 현실은 마르크스가 말한 국제주의보다 민족주
의에 기반을 둔 노동자계급의 정당이었다. 노동자계급을 비롯한 계급의
단일성과 국민적 단일성은 19세기 말에 체계화된 대의제민주주의의 기
본적인 전제였다.

　　하지만 이러한 계급의 단일성과 국민의 단일성이라는 전제는 20세

기 후반에 들어서 서서히 균열을 맞기 시작하였다. 1968년 파리, 베를린, 런던, 그리고 미국 버클리대학 교정과 동경대학에서 시작된 광범위한 저항과 혁명의 움직임은 이러한 근대정치에 대한 근본적 문제제기였다(홍태영 2011a, 193-201). 68혁명의 출발점은 근대성이 전제하는 이성적 주체에 대한 문제제기였으며, 이성적 주체에 의해 배제되어 왔던 수많은 '비정상적인 것'들의 반란이었다. 결국은 국민에서 배제되어 왔던 '비국민'의 드러내기였고, 그것은 국민적 단일성에 대한 문제제기였다. 또한 노동자계급의 보편성에 대한 거부와 함께 노동자계급 자체의 통일성에 대한 문제제기 역시 등장하였다. 예를 들어 20세기 전반기부터 서서히 모습을 갖춘 유럽의 복지국가는 노동자계급의 내부적 단결과 그에 기반을 둔 계급동맹의 결과물이었다. 하지만 1970년대 이후 경제적 불황은 이러한 노동자계급의 단일성과 계급동맹에 균열을 가져왔고, 복지국가의 위기를 가져왔다.[9] 80년대 이후 이러한 위기는 가속되면서 노동자계급 내부의 균열은 심화되었다. 경제적 활황 시기 유입되었던 외국인 노동자의 경우 이제는 새로운 갈등요인일 뿐이었다.

새로운 갈등 요소들에서 그리고 새로운 계급분할 속에서 새롭게 등장한 다양한 주체들은 기존 정당정치의 권위에 도전하였고, 대표를 통한 정치가 아닌 직접적인 대중의 정치를 주장하였다. 기존의 좌우 정당체제로 대표되지 않는 사회의 다양한 구성요소들의 이익과 의사가 문제가 되었다. 또한 새로운 다양한 사회문제들 역시 다양한 주체들을 가로질러 새로운 연대를 통해 등장하였다. 환경문제의 경우가 그러한 예이다. 기

---

9   서유럽 복지국가의 형성과 발전, 그리고 1980년대 이후 변화 등은 결국 계급정치의 문제이다. 유럽 복지국가들의 다양한 형태의 경우 역사적 맥락과 그 나라의 계급관계, 계급동맹의 역학 속에서 그 스펙트럼들을 형성한다고 할 수 있다(김수행 외 2006; 김영순 1996; 김학노 외 2011).

존의 계급적 균열구조와는 동일하지 않는 새로운 연대와 문제제기가 이루어진 것이다. 근대의 대의제 정치가 가정하고 있던 국민의 단일성과 이성적 주체라는 전제에 대한 문제제기와 함께 다양한 이익체계와 사회적 문제에서 제기되는 새로운 주체들이 등장한 것이다. 근대의 민주주의가 대의제 방식으로 주요하게 작동하였고, 그러한 대의제의 전제는 국민 그리고 계급의 단일성이었다. 하지만 그러한 전제의 붕괴 속에서 민주주의의 작동기제로서 대의제가 위기를 맞은 것이다. 민주주의의 새로운 작동기제가 요구된 것이다.

또한 이와 더불어 20세기 말 세계화는 대의제의 위기를 가속화하였다. 세계화를 통해 새로운 다양한 정치적 행위자들이 등장하고, 기존의 대표 체계로 환원되지 않는 다양한 이익체계들이 출현하였다. 특히 이때 등장한 이익체계들은 일국적이지 않으며, 세계화와 함께 이익체계는 국경을 가로질러 다양한 방식으로 재구성된다. 예를 들어 국민국가 단위의 정치적 대표성이 국경을 넘나드는 초국적 기업의 횡포를 제어하지 못하는 문제 등 정치적 대표불능(misrepresentation) 및 잘못 설정된 틀(misframing)의 문제가 발생하고 있다(N. Fraser 2010, 29-58). 낸시 프레이저의 경우 새로운 틀 속에서 정치적 정의에 대해 사고할 수 있는 전환이 필요하며, 그것은 케인즈주의적 베스트팔렌의 틀을 벗어나는 것임을 주장한다. 즉 자원의 정당한 분배와 상호인정을 받을 자격이 있는 사람의 범위 안에 누가 포함되고 누가 배제되는지의 문제를 둘러싸고 제기되는 대표의 문제가 과거의 틀 속에서는 해결될 수 없기 때문이다.

결국 현재 대의제의 위기는 근대정치의 위기와 맞물려 있다. 근대정치의 전제들에 대한 문제제기, 대의제적 기제 작동의 한계봉착과 더불어 새로운 사회적 문제들의 등장 그리고 일국적 틀 내에서 해결 불가능성 등이 맞물리면서 위기가 심화되고 있는 것이다. 결국 시민권의 위기에 따른 근대적 정치주체의 위기, 주권의 위기에 따른 일국적 국가권력의 한계, 그리고 대의제의 위기에 따른 사회적 문제 해결의 한계 등이 중층적으로 결합되어 있다.

IV. 민주주의의 전환─새로운 공간과 권리의 정치

유럽에서 출발하였던 근대 민주주의 역사가 하나의 새로운 계기에 직면해 있음은 분명한 듯하다. 국민국가라는 정치적 공간 속에서 시민권, 주권, 대의제라는 개념적 틀을 통해 발전해 왔던 근대 민주주의가 세계화, 정보통신혁명 등의 요인으로 새로운 전환점을 맞은 것이다. 근대 민주주의 작동의 틀이었던 국민국가적 공간이라는 위상이 흔들리면서 그 구성적 요소들 역시 위기를 맞고 있는 것이다. 시민권의 위기, 주권의 위기, 대의제의 위기로 집약된 국민국가적 정치와 그 구성의 위기는 어떠한 출구를 통해 극복될 수 있는 것인가? 앞서 살펴보았듯이 그 위기의 성격이 다중적이고 위기의 원인들 역시 중첩적이며, 결국 세 가지 위기가 맞물려 존재한다. 무엇보다도 세 가지 위기가 국민국가라는 근대 정치공동체 위기의 원인이자 결과라고 할 수 있다. 따라서 위기 극복 실마리 역시 국민국가라는 정치공동체에 대한 근본적인 사고의 전환을 통해 찾아져야 한다.

국민국가의 위기와 전환 속에서 새로운 정체성 형성을 위한 공간으로 주목할 수 있는 곳이 도시 그리고 나아가 글로벌 시티(global city)이다. 이미 고대 이래 도시는 시민의 형성에서 중요한 공간이었다. 중세 유럽의 코뮌, 근대 초에 형성된 상업 도시 등도 시민 형성의 공간이었다. 중세 코뮌은 구성원의 동의와 합의, 대표들에 의한 통치 등 자유로운 정치를 실현하고자 하였다(K. Schulz 2013). 중세 이래 15-16세기에 공존하였던 도시, 제국, 국가 등의 공동체가 서서히 국가형태로 귀결되면서 18세기 이후에는 국가를 제외한 다른 공동체가 거의 자취를 감추었다. 하지만 최근에는 유럽의 도시(city)가 유럽의 역사를 간직하고 있으며, 유럽의 시민사회를 형성할 수 있는 잠재력이 있고, 민주주의의 살아있는 실험실이 될 수 있다는 평가를 받기도 한다(H. Grainger & R. Cutler 2000).

도시는 새로운 정체성 형성의 공간이자 권리의 원천이 될 가능성이 있다. 지구화 속에서 세계의 대도시들은 세계경제의 중심지가 되었고, 자본과 노동의 집중지가 되면서 생산, 소비, 교환 활동의 중심지가 되었다. 글로벌 시티는 다중 언어, 다중 문화, 다중 국적이 교차하는 공간이며, 초국가적 공간이 되어가고 있다. 글로벌 시티는 뉴욕, 시카고, 상파울루 등과 같이 특정한 장소를 지칭하기도 하지만 동시에 "국경을 가로지르는 전략적 사이트 및 네트워크의 기능"을 말한다(S. Sassen 2001). 이러한 글로벌 시티를 바라보는 시각은 다양하다. 글로벌 시티는 '차이의 정치를 제정하는 장소'(R. Fincher & J. M. Jacobs 1998), '발전된 다문화주의를 위한 장소'(L. Sanderock 1998), '낯선 사람들이 함께 존재하게 될 장소'(I. M. Young 1993), '사회문화적 통합과 정치적 대표들을 위한 전략적 중요성이라는 차원'(J. Borja & M. Castells 1997) 등으로 간주된다. 무엇보다도 글로벌 시티는 지구화 과정에서 영향력을 상실한 하층 인민들을 위한 시민권 형성의 장소로서 강조된다(S. Sassen 2001; 1998).

글로벌 시티는 장소를 넘어서는 공동체와 정체성 그리고 그에 기반을 둔 권리의 정치를 실현하기 위한 전략적인 위치를 차지한다. 글로벌 시티는 경제와 정치, 문화, 생태 등이 겹치는 공간이자 지구적인 것과 국

민국가, 지방과 장소가 겹치는 공간이며 나아가 대안적인 지구적 공동체
와 정체성 형성의 공간이기도 하다. 즉 글로벌 시티는 국민국가적 공간
을 중심으로 형성되어 왔던 근대 정치의 틀을 넘어설 수 있는 새로운 공
간으로서의 의미를 지니게 된다. 글로벌 시티를 넘나드는 이주자들이 새
롭게 갖게 되는 정체성은 기존 출신국으로부터 오는 정체성을 대체하지
는 않는다. 다만 새로운 공간을 통해 형성되는 새로운 정체성일 뿐이다.
초국민주의는 민족주의가 영토성을 벗어나 발생하는 현상이며, "초국민
적 정치적 주체"를 구성할 수 있다(E. Balibar 2001, 255-256). 도시공간
의 일상적 생활 속에서 정치가 이루어지고 일상의 기반 위에서 다양한
방식의 네트워크가 생산되고 그것이 확장되면서 초국적 네트워크를 형
성하게 된다. 이른바 '일상생활의 정치'(M. de Certeau 1984)가 이루어
지고, 또한 "경계 가로지르기"(R. Rosaldo 2000, 9장)를 통한 문화적 즉
흥성과 뒤섞임, 창조의 역동적인 과정이 드러난다. 이를 통해 글로벌 시
티에 기반을 둔 초국적 정체성이 형성된다. 따라서 초국적 주체의 경우
기존의 국민(성)과 문화의 탈구 현상을 동반할 수밖에 없다. 혹은 이민의
활성화 속에서 이중 국적 내지는 다중적인 국민정체성 혹은 다문화적 정
체성 형성과 이것들의 세계적 수준에서의 수용이 필요하다.

　　새로운 공간의 구성을 통한 정체성 형성의 정치는 곧 권리의 정치
와 연결될 수 있으며 또한 연결되어야 한다. 권리는 항상 권력과의 관계
속에서 자신의 자리를 매김하였다. 근대 국가에서 인간의 권리는 시민의
권리로서 존재하는 것이었으며, 그것은 국민권(nationality), 곧 국가가
그 존재를 국가의 구성원으로 인정한다는 의미에서 국적을 전제로 하는
것이었다. 당연히 시민은 국민국가의 구성원으로서 국가라는 영토적 경
계 속에서 의미를 지니는 것이었다. 하지만 시민권의 조건으로 '국적이
아닌 거주(résidence)'(O. Le cour Grandmaison 1993)가 되어야 한다

는 주장은 이제 낯설지 않다. 따라서 민주주의와 시민권의 공간으로 '거주자 중심의 도시'(E. F. Isin 2000)를 새롭게 사고할 수 있게 된다.

글로벌 시티 등을 포함한 다양한 형태의 도시를 중심으로 권리를 사고하는 '도시에 대한 권리(right to the city)'는 기존의 국민국가적 틀 내의 권리 정치의 한계를 극복할 수 있다. 도시에 대한 권리, 즉 도시권을 본격적으로 제기한 사람은 르페브르(H. Lefebvre)이다.[10] 르페브르가 제기하는 도시권은 자본에 지배되는 도시를 그곳에 거주하는 사람들을 위한 도시로 변혁해야 한다는 문제의식에서 출발한 것으로 작품(oeuvres)의 권리, 참여의 권리, 전유의 권리 등을 포함한다(H. Lefebvre 1996). 작품으로서의 권리는 도시를 자본주의적 교환가치가 아닌 사용가치의 측면에서 접근하는 것으로 도시가 그곳의 거주자들에 의해 공동으로 만들어지는 작품이라는 의미를 부각시키는 것이다. 따라서 도시거주자(citadins)는 단지 도시에 거주하는 것만이 아니라 도시의 정치, 관리, 행정 등에 적극적으로 참여하면서 도시를 전유해 나가야 함을 강조한다.

이러한 르페브르의 도시권에 대한 논의에 기초하여 하비는 신자유주의 시대에 들어서 도시의 공간적 조정을 통해 부동산양도차익 및 지대가 폭등하면서 '강탈에 의한 축적'이 구조화되었다고 주장한다(D. Harvey 2008, 26-29).[11] 따라서 그는 강탈당한 도시공간을 누구나 평등하게

---

10 도시에 대해 관심을 가진 이로는 대표적으로 벤야민을 꼽을 수 있다. 19세기 파리의 아케이드를 어슬렁거리며 돌아다니는 산책자들(flâneurs)은 오스망이 만들어낸 파리를 비웃는 보헤미안이었다(W. Benjamain 2008, 221-251). 이러한 벤야민의 흐름 속에 있으면서 도시에 주목한 이는 기 드보르이다. 68혁명과 이후 상황주의 인터내셔널을 주도한 기 드보르 역시 르 코르뷔지에가 만들어 놓은 도시에 대항하여 유희적이고 다다이스트적 도시의 재배열을 추구하고자 하였다(A. Merrifield 2004, 215-256). 그러한 의미에서 도시권의 문제제기는 도시공간과 권리의 문제를 연결시키고 있다는 점에서 새로운 사고의 전환이다.

11 하비의 도시마르크스주의는 궁극적으로 앙리 르페브르의 도시마르크스주의와 궤를 같이하지만, 훨씬 더 많은 마르크스의 정치경제학 이론을 동원하고자 하였다. 19세기 파리 이래 도시화와 공간의 역동성이 자본의 축적과 지대의 변동 등 자본주의적 동학과 밀접하게

향유할 수 있는 공간으로 전유할 권리로서 도시권을 주장한다. 그리고 이러한 도시권은 "도시를 변화시킴으로써 우리 자신을 변화시킬 권리"이며, 도시의 변화는 필연적으로 "도시화 과정을 지배하는 집합적 권력의 작동에 달렸기 때문에 도시에 대한 권리는 개인적 권리라기보다는 공동의 권리"임을 강조한다(D. Harvey 2008, 23). 하비는 이러한 도시권이 단지 이미 생산된 도시공간에 대한 물리적 접근과 이용을 넘어서 도시에서 생겨난 잉여의 사용 및 도시공간을 재구성할 공동의 권리임을 강조한다.

퍼셀 역시 지구화 과정 속에서 근대국가에 기초했던 시민권 개념의 새로운 변환을 요구하고 있다. 퍼셀은 시민권의 스케일 조정, 시민권의 재영역화 그리고 시민권의 지향조정을 제시한다(M. Purcell 2003, 571-576). 시민권의 스케일 조정은 국가 중심의 시민권 범위가 한편으로는 국가를 초월하는 초국적 범위로 확대되는 동시에 다른 한편으로 한 국가 내 하위 단위인 지역이나 도시 단위로 축소되는 것을 의미한다. 시민권의 재영역화는 국가와 무관한 다양한 시민권 형태가 출현하는 것을 의미하며, 시민권의 지향조정은 국가가 더 이상 우선권을 갖는 정치공동체가 아니며 국민은 모두 동일한 정체성과 귀속성을 갖는 집단으로 보기 어렵다는 것을 의미한다. 이제 사람들의 정치적 소속감이 국가 헤게모니에서 도시 헤게모니로 변화되고 있으며, 그러해야 함을 강조한다.

르페브르에 의해 시작된 도시에 대한 권리의 문제제기가 최근 들어 더욱 활발해지는 것은 하비의 지적처럼 신자유주의적 지구화와 맞물려 있다. 자본과 노동력의 이동, 축적이 국민국가라는 단위보다 도시를 중심으로 이루어지고 있다는 점 때문이다. 신자유주의적 축적과 계급관계

관련되어 있음을 설명하고 있다(A. Merrifield 2004, 301-347). 하지만 이러한 이유에서 하비는 새로운 유형의 사회변화나 도시변형이 이끄는 정치적 과정을 주목하지 못한다는 비판을 받기도 한다(M. P. Smith 2010, 53).

의 응축이 보다 분명하게 드러나고 있는 지점이 바로 도시이며, 특히 글
로벌 시티이다. 도시에 대한 권리와 관련하여 국내에서의 논의는 아직
시작단계이며, 그것의 실천적 운동 역시 제한적이다(강현수 2009). 물론
도시에 대한 권리를 보다 근본적으로 해석하면서 도시권을 도시공유권
으로 확장하고 공유공간을 글로컬아고라로 확장할 것을 주장하기도 한
다(곽노완 2011). 글로컬아고라의 공유주체는 도시주거자를 넘어 지구적
행위자까지를 포함한다. 노숙인, 장애인, 불법이주자, 영세자영업자, 비
정규직 및 정규직 노동자 등 모두가 도시공유권의 주체가 된다.[12] 이 경
우 도시공유권은 도시공간에 대한 모두의 직접적 향유와 더불어 도시성
원 모두에게 균등한 현물 내지 현금 기본소득의 실현이라는 공동체의 근
본적인 전환을 목표로 제시하기까지 한다.

도시에 대한 권리의 논의 활성화를 위해서는 권리가 그 추상성과 형
식성을 넘어서 구체적인 삶으로부터 제기되어야 하며, 그로부터 동시에
삶 자체의 문제를 포괄하여야 한다.[13] 일상적 삶으로부터 제기되는 권리

---

12 조정환은 지구를 특이성들의 소통과 공통되기에 의해 밑받침되는 다중의 공통도시로 만들
    것을 과제로 설정하면서, 다중은 "이질성을 갖는 다양한 사람들로서 인지자본주의 하에서
    생산되는 사람들의 복합체이면서 인지자본주의적 주권 속에서 그것에 대항하는 주체성을
    지칭"한다고 말한다(조정환 2011). 곽노완은 글로컬아고라의 주체로서 프레카리아트를 설
    정한다. 프레카리아트는 신자유주의적 지구화에 의해 불안정해진 프롤레타리아는 물론 온
    전한 시민권을 누리지 못하는 이주자를 포함하며, 여성, 청년 등 노동 과정에서 착취당하고
    불안정한 무산자로 전락하는 과정에 있는 다양한 집단들이다(곽노완 2012). 탈근대적 주
    체 설정의 경우 도시의 삶이 만들어내는 특이성 그리고 곽노완의 지적처럼 국가수준 및 지
    구적 수준과의 결합의 방식을 고려하면서 이루어져야 한다. 특히 여성의 경우도 도시권을
    통해 차이의 권리에서 연대의 권리로 전환될 수 있는 잠재성을 가지고 있다(이현재 2010).
13 서영표는 그러한 의미에서 도시권의 구체적인 내용을 담보할 수 있는 개념으로 '필요'를 제
    시한다(서영표 2012). 필요 개념을 통해 잠재적 저항과 연대의 계기를 마련하고자 한다.
    이미 푸코는 권리의 문제를 제기하면서, "정치투쟁의 이슈가 되었던 것은 권리라기보다는
    삶"이었으며, 그것이 "권리의 확정을 통해 정식화하는 것이긴 했지만, 생명, 자신의 신체,
    건강, 행복, 필요의 충족[……]에 대한 권리, 이 권리는 고전주의적 법률체계가 전혀 이해
    할 수 없는 권리"라고 평가한다(M. Foucault 1990, 191). 이미 권리의 정치 개념 속에 삶

에 대한 요구를 통한 권리 실현 그리고 그를 통한 주체화 과정, 즉 주체의 형성이 발생한다.[14] 주체화 과정은 국가권력과 같은 외부적 존재에 의해 정체성이 부과되는 동일화(identification) 과정이 아니라 스스로 자신의 존재를 드러내는 과정이며, 자신의 존재를 타인과의 관계 속에서 인정받기를 요구하는 과정이기 때문에 곧 정체성의 형성 과정이다(홍태영 2011a, 348-357). 결국은 기존 국민국가의 틀이 부과하였던 국민정체성에 한정되는 것이 아니라 '초국적 정체성(transnational identity)' 형성의 문제이다. 새로운 자기 삶의 공간 속에서 국민 정체성의 유지가 아닌 새로운 정체성 이른바 혼종적 정체성을 만들어가게 되고 그러해야 한다. 그것은 자신의 삶이 유지되는 공간을 통한 새로운 정체성의 형성이지만, 이주된 공간에서 일방적으로 부과되는 정체성이 아니라 자신의 주체화를 통한 새로운 정체성의 구성이다.

새로운 권리 주체들의 형성과 그들에 의한 권력의 구성은 주권의 위기, 대의제의 위기, 시민권의 위기에 대한 응답이다. 근대 국민국가의 주

의 문제, 필요의 문제가 포섭되어 있다. 그리고 그 삶으로부터 정체성의 정치가 제기된다. 그리고 정의와 권리의 문제가 국민국가의 한계를 '보완'(강현수 2011, 21)하는 것을 넘어서 그 한계를 극복하는 방향으로 나아가야 한다.

14 이러한 의미에서 보편적 인권 정당화의 위기, 즉 다문화주의적 상황, 국내법에 의해 보장된 권리가 국가의 자원동원 능력의 한계로 제한되는 상황, 초국적 기업 혹은 강대국 및 세계무역질서 등에 의한 위협 등에 의한 인권의 위기 극복을 위해 제시되는 방안으로 위로부터의 움직임으로 "국제법의 입헌화"가 있고, 아래로부터의 움직임으로 "인권도시"라는 대안이 있다(정성훈 2012; 은우근 2009). 인권도시의 움직임이 도시 차원의 인권조례를 통해 규범의 확립과 인권의 지역화, 구체화라는 전략의 의미는 있을 수 있지만, 사실 그것이 도시민의 구체적인 삶으로부터 제기되는 권리의 문제에 얼마나 구체적으로 접근하고 실현할 수 있을지는 의심스럽다. 미류 역시 이러한 의미에서 인권의 현실과 주체 역량에 대한 충분한 고려가 있어야 하며, 국가 단위의 권리 문제와의 관련성 등을 문제 제기한다(미류 2012). '도시에 대한 권리'의 사고는 '인권도시'와 같이 인권의 실현을 위한 도시적 차원의 노력 문제를 넘어서 국민국가라는 틀의 전환이라는 근본적 사고 수준에서의 문제제기라고 할 수 있다.

권은 그것의 초월성을 특징으로 한다. 이제 새로운 권리 주체들의 경우 권력에 대한 권리의 선차성을 의미한다. 주거에 기반을 둔 권리, 그리고 도시에 대한 권리를 통한 새로운 형태의 시민 구성은 기존 국민국가적 틀을 벗어난 시민권의 형성이다. 그리고 이들에 의한 권력의 구성 역시 국민국가적 틀을 벗어나는 것이다.[15] 국가에 의한 동일화 과정을 통한 정체성 형성에 반하여 새로운 정체성 형성을 통한 권력의 구성을 추구한다는 의미에서 '구성 권력'(A. Negri & M. Hardt 2001) 혹은 '정체성 권력'(M. Castells 2008)의 구성이 필요하다. 결국은 자신의 존재방식의 인정을 위한 '정체성의 정치'가 그 기본을 형성할 수 있을 것이다. 그리고 그러한 정체성을 바탕으로 하는 시민권의 새로운 구성이 가능할 것이다. 도시라는 새로운 정치공동체의 공간 속에서 유럽적 근대 민주주의의 구성요소였던 시민권, 주권, 대의제는 재구성된다. 무엇보다도 '권리의 우선성'에서 출발하여 '정치' 개념이 재구성되며 그에 따라 국민국가라는 공간 속에서 근대적 주권권력과 대의제를 중심으로 구성되는 정치 방식이 아니라 새로운 권력, 새로운 정치 방식이 사고될 수 있다. 그러한 의미에서 근대를 넘어서는 정치의 출발점은 '권리의 정치'가 될 수 있을 것이다.

---

15   국가의 영토주권에서 시민주권으로 혹은 공동체의 주권을 말하면서 '공간주권' 개념을 제시하는 시각도 존재한다(강현수 외 2013). 이들의 경우 '도시에 대한 권리'가 개인적인 것으로 환원되는 것을 경계하면서 집단적, 혹은 인민의 권리로서 공간주권을 강조하고 있으며, 충분히 의미 있는 문제제기이다. 즉 '도시권'은 분명 새로운 공동체에 입각한 권리의 전환을 의미한다.

V. 결론

서구 민주주의의 위기는 유럽적 근대 민주주의의 확장의 한계를 보여주는 것이며, 이를 통해 민주주의의 변환의 새로운 계기, 특히 민주주의 확장의 계기가 될 수 있음을 의미한다. 민주주의의 확장은 유럽적 민주주의의 이식의 문제가 아니라 삶의 공간과 그 속에서 살아가는 사람들의 삶을 윤리적 형태로 확보하는 것이다. 국민국가적 경계 속에서 형성되어 왔던 근대 민주주의는 그 경계적 틀을 벗어나고 또한 가로지르면서 민주주의의 새로운 흐름들로 변환되어 가고자 하며 그러해야 한다. 그것은 민주주의의 주체라는 문제에서 국민이라는 이름을 가진 국민국가 구성원의 틀을 벗어나 새로운 시민으로 재탄생해야 함을 의미한다. 그리고 그러한 새로운 시민적 주체에 기반을 둔 민주주의적 권력의 형성은 국민국가적 주권이 아닌 새로운 공동체 실현을 위한 방향설정으로 볼 가능성도 열려 있다. 국민국가라는 정치공동체의 형태가 영속적인 것이 아니라 근대적 산물이라는 점을 인정한다면 근대의 틀을 벗어나려는 다양한 노력 속에서 새로운 정치공동체에 대한 희망 역시 충분히 가능할 것이다. 또한 국민국가 민주주의의 주요한 메커니즘이었던 대의제 정치 역시 위기인 상황에서 새로운 공동체와 새로운 민주주의적 기제에 대한 발명의 노력이 필요하다. 이렇게 민주주의의 구성을 들여다본다면 민주주의의 위기와 그 극복 방향은 총체적이어야 한다.

그러한 의미에서 '도시에 대한 권리'라는 개념은 단순히 기존의 권리에 부가되는 새로운 권리의 의미를 넘어서, 즉 국민국가적 틀을 넘어서 새로운 공동체를 통한 새로운 권력의 구성을 위한 출발점으로서 의미를 지닐 수 있다. 도시권은 권리와 권력의 관계 설정 변환 그리고 민주주의적 실천의 새로운 작동양식을 구성해 낼 수 있는 계기를 제공할 수 있다.

참고문헌

강정인 외. 2009.『유럽의 민주화』. 서울: 후마니타스.

강현수. 2009. "'도시에 대한 권리' 개념 및 관련 실천 운동의 흐름."『공간과 사회』32호.

_____. 2010.『도시에 대한 권리』. 서울: 책세상.

_____. 2011. "도시 연구에서 정의와 권리 담론의 의미와 과제."『공간과 사회』21-1.

_____ 외. 2013.『공간주권으로의 초대』. 서울: 한울.

고진, 가라타니. 2009.『네이션과 미학』. 서울: 도서출판b.

곽노완. 2011. "도시권에서 도시공유권으로."『마르크스주의 연구』8-3.

_____. 2012. "공통도시에서 글로컬아고라로."『마르크스주의 연구』9-1.

김수행 외. 2006.『제3의 길과 신자유주의』. 서울: 서울대출판부.

김영순. 1996.『복지국가의 위기와 재편』. 서울: 서울대출판부.

김준석. 2011. "21세기 세계 문화질서." 하영선(편),『위기와 복합』. 서울: EAI.

김치욱. 2011. "복합네트워크의 시기 – 세계금융위기와 경제 거버넌스의 변화." 하영선(편),
    『위기와 복합』. 서울: EAI.

김학노 외. 2011.『서유럽의 변화와 탈근대화』. 서울: 아카넷.

김현미. 2005.『글로벌 시대의 문화번역』. 서울: 또 하나의 문화.

_____. 2006. "국제결혼의 전 지구적 젠더 정치학."『경제와 사회』여름호, 통권 제69호.

_____. 2010. "글로벌 신자유주의 경제질서와 이동하는 여성들."『여성과 평화』5.

미류. 2012. "'인권도시'에 대한 기대와 우려."『공간과 사회』22-1.

박상섭. 1996.『근대국가와 전쟁』. 서울: 나남.

서영표. 2012. "도시적인 것, 그리고 인권? '도시에 대한 권리' 논의에 대한 비판적 개입."
    『마르크스주의 연구』9-4.

손열. 2011. "세계 무역질서의 변화." 하영선(편),『위기와 복합』. 서울: EAI.

은우근. 2009. "인권 거버넌스의 실현으로서 인권도시."『민주주의와 인권』9-1.

이선주. 2006. "국제노동이주와 젠더: 배제와 제한된 포용."『한국여성학』22-4.

이현재. 2010. "여성주의적 도시권을 위한 시론."『공간과 사회』34호.

정성훈. 2012. "보편적 인권 정당화의 위기와 인권도시의 과제."『민주주의와 인권』12-3.

_____. 2013.『도시, 인간, 인권』. 서울: 라움.

조정환. 2011.『인지자본주의』. 서울: 갈무리.

홍태영. 2008.『국민국가의 정치학』. 서울: 후마니타스.

_____. 2011a.『정체성의 정치학』. 서울: 서강대출판부.

_____. 2011b. "유럽적 근대성과 유럽적 가치의 형성." 이옥연 외,『유럽의 정체』. 서울:
    서울대학교출판문화원.

히야마 히사오. 2000.『동양적 근대의 창출』. 서울: 소명출판.

Arquilla, J. & Ronfeldt, J. 2005. 한세희 역.『네트워크 전쟁』. 서울: 한울.

Badie, B. et Birnbawm, P. 1983. *Sociologie de l'Etat*. Paris: Hachette.

Balibar, E. 2001. *Nous, citoyens d'Europe? Les frontiers, l'Etat, le peuple*. Paris: La découverte.

Benjamin, W. 2008. 최성만 역. "19세기의 수도 파리(프랑스어판)." 『발터 벤야민 선집 5 – 역사의 개념에 대하여 외』. 서울: 길.

Borja, J. & Castells, M. 1997. *Local and Global: Management for Cities in the Information*. UN Centre for Human Settlements (Habitat) and Earthscan Publications Limited.

Castells, M. 2003. 김묵한 외 역. 『네트워크 사회의 도래』. 서울: 한울.

_____. 2008. 정병순 역. 『정체성권력』. 서울: 한울.

de Certeau, M. 1975. *L'écriture de l'histoire*. Paris: Gallimard.

Chesnais. F. 2003. 서익진 역. 『자본의 세계화』. 서울: 한울.

Colley. L. 1986. "Whose nation? Class and national consciousness in Britain 1750–1830", *Past & Present*. No. 113.

Dirlik, A. 2005. 황동연 역. 『포스트모더니티의 역사들』. 서울: 창비.

Eisenstadt. S. N. 2009. 임현진 외 역. 『다중적 근대성의 탐구』. 서울: 나남.

Fincher, R. & Jacobs, J. M. (eds.) 1998. *Cities of difference*. New York: Guilford.

Foucault, M. 1990. 이규현 역. 『성의 역사』 1. 서울: 나남.

Frazer, N. 2010. 김원식 역. 『지구화 시대의 정의』. 서울: 그린비.

Grainger, H & Cutler, R. 2000. "The European City – A Space for post-national citizenship", R. Harmsen & Th. M. Wilson. ed. *Europeanization: Institution, Identities and Citizenship*. Amsterdam: Ed. Rodopi.

Haas, R. N. 2008. "The age of non polarity: What will follow U. S. dominance", *Foreign Affairs*, 87(3).

Hammer, T. 1990. *Democracy and the nation-state: Aliens, Denizens and Citizens in the world of International Migration*. Aldershot: Avebury.

Hammes. T. X. 2008. 최종철 역. 『21세기 제4세대 전쟁』. 서울: 국방대 안보문제연구소.

Harvey, D. 2008. "The right to the city", *New Left Review*, 53. Sept-Oct.

Hobbes, Th. 1968. *Levithan*, ed. by C. B. Macpherson. London: Penguin.

Isin, E. F. (ed.). 2000. *Democracy, citizenship and the global city*. London & New York: Routeledge.

Jekins. B. 2010. 김인중 외 역. 『프랑스 민족주의』. 서울: 나남.

Kaldor, M. 2010. 유강은 역. 『새로운 전쟁과 낡은 전쟁』. 서울: 그린비.

Kymlicka. W. 2010. 황민혁 역. 『다문화주의적 시민권』. 서울: 동명사.

Le Cour Grandmaison, O. 1993. "Immigration, politique et citoyenneté: sur quelques arguments", O. Le Cour Grandmaison et C. Wihtol de Wenden, dir. *Les étrangers dans la cité. expériences européennes*. Paris: La découverte.

Lefebvre, H. 1996. *Writings on cities*, selected, translated, and introduced by E. Kofman and E. Lebas. Cambridge, Mass : Blackwell.

Legendre, P. 1992. *Trésor historique de l'Etat en France*. Paris: Fayard.

McNally, D. 2011. 강수돌 외 역. 『글로벌 슬럼프』. 서울: 그린비.

Marx, K. 1990. 김세균 감수. "공산주의당선언." 『마르크스-엥겔스 저작선집』 1권. 서울: 박종철출판사.

Merrifield, A. 2004. 남청수 외 역. 『매혹의 도시, 맑스주의를 만나다』. 서울: 시울.

Mitchell, Don. 2003. *The right to the city*. New York: Guilford Press.

Münkler, H. 2012. 공진성 역. 『새로운 전쟁』. 서울: 책세상.

Negri, A. & Hardt. M. 2001. 윤수종 역. 『제국』. 서울: 이학사.

_____. 2008. 정남영 외 역. 『다중』. 서울: 종로서적.

Ostrogorski, M. 1993. *La démocratie et les partis politiques*. Paris: Fayard.

Polanyi. K. 1997. 박현수 역. 『거대한 변환』. 서울: 민음사.

Purcell, M. 2003. "Citizenship and the right to the global: reimaging the capitalist world order", *International Journal of Urban and Regional Research*, 27(3).

Ribert, E. 2006. *Liberté égalité carte d'identité*. Paris: La découverte.

Roncayolo, M. 1997. *La ville et ses territoires*. Paris: Gallimard.

Rosaldo, R. 2000. 권숙인 역. 『문화와 진리』. 서울: 아카넷.

Rueschemeyer, D., Stephens, E. H. & Stephens, J. D. 1997. 박명림 외 역. 『자본주의 발전과 민주주의』. 서울: 나남.

Sandercock, L. 2006. "Towards cosmopolis: A postmodern agenda", eds. Brenner, Neil and Keil, Roger. *The global cities reader*. New York: Routeledge.

Sassen, S. 1998. 남기범 외 역. 『경제의 세계화와 도시의 위기』. 서울: 푸른길.

_____. 2001. *The Global city*. Princeton: Princeton University Press.

_____. 2006. *Territory, Authority, Rights: From Medieval to Global Assemblages*. Princeton: Princeton University Pres.

Schnapper, D. 1998. *La relation à l'autre. Au coeur de la pensée sociologique*. Paris: Gallimard.

Schulz, K. 2013. 박홍식 역. 『중세 유럽의 코뮌운동과 시민의 형성』. 서울: 길.

Smith. S. C. 2001. 이태숙 외 역. 『영국제국주의 1750-1970』. 서울: 동문선.

Smith. M. P. 2010. 남영호 외 역. 『초국적 도시이론』. 서울: 한울.

Taylor. Ch. 2010. 이상길 역. 『근대의 사회적 상상』. 서울: 이음.

Young, I. M., 1993. "Together in difference: Transforming the Logic of Group Political Conflict", in J. Squires (ed.), *Principled positions: Postmodernism and Rediscovery of Value*. London: Lawrence and Wishart.

제2부   유럽 민주주의에 대한 도전

통일 이후 변화된 독일 정당체제의 특징과 전망[*]

김면회(한국외국어대학교)

I. 서론

2009년 9월 27일 실시된 독일연방공화국 제17대 연방하원 선거 결과의 특징은 보수 정치세력의 집권과 사회민주당의 급격한 추락 그리고 양대 정당의 상대적 약화와 군소 정당의 다극화로 요약할 수 있다. 1990년 통일 이후 정치지형 변화 양상과 관련해 주목해야 할 점은 통일 이전 분단 서독 정당정치의 핵심적인 특징들이 점점 해체되어 가고 있다는 사실이다. 거대 정당의 급격한 약화와 군소 정당의 뚜렷한 약진에 따른 다당제 구조의 정착이 바로 그것이다. 기민/기사련의 득표율이 이전보다 1.4% 낮은 33.8%에 머문 것과 23%의 득표율로 2005년(34.3%)에 비해 11.3%의 급격한 추락을 보인 사민당에 비해, 군소 정당인 자민당은 4.8%를, 그리고 좌파당과 녹색당은 각각 3.2%와 2.6%의 지지율 상승을

[*] 이 장은 "통일 독일의 정치지형 변화 연구: 정당체제를 중심으로."『한 · 독사회과학논총』 20(2), 35-60을 부분적으로 보완했음.

보이고 있다. 결과적으로 독일 정당정치에서 전통적인 특징으로 강조되던 안정성과 효율성이 급격히 약화되는 추세임을 2009년의 총선 결과는 확인해 주고 있다. 이 장은 이러한 정치지형의 변화가 1990년 통일 이후에 변모한 독일 사회의 구조적 변화와 밀접한 관계가 있다는 점에서 출발한다.

독일 현대정치 전개 과정에서 2009년과 2010년은 남다른 의미가 있는 해이다. 2009년은 독일연방공화국이 건국 60주년을 맞는 해이자 동시에 분단의 상징인 베를린장벽이 해체된 지 20주년이 되는 해이고, 2010년은 제2차 세계대전 이후 상이한 사회체제로 병존해 온 양 독일이 평화적으로 통일을 이룬 지 20년이 되는 해이다(심익섭 2009, 69-71; 안병직 2009, 19-29). 어렵지 않게 예상할 수 있듯이, 상이한 질서를 추종해 온 국가 간 통합 과정은 다차원적인 거대한 사회 재편작업을 수반한다. 때문에 1990년 10월 3일은 독일의 통일 과제가 완결된 것이 아니라, 상이한 두 체제 사이의 총체적인 통합작업의 시작을 의미할 뿐이다. 이런 의미에서 통일 독일의 통합 과정은 여전히 진행형이다.

이 장은 통일 20주년을 맞아 변화되어 온 그리고 변화하고 있는, 독일의 정치지형을 정리하고 그에 기초해 독일 정당정치의 향방을 전망해 보는 데 목적이 있다. 아울러 통일 이후 정치 · 경제적 통합 과정을 거치면서 정치지형상에 어떠한 변화가 일어났는지 독일 현대정치 전개 과정에 대한 기존 논의를 비판적으로 검토하면서 새롭게 접근해 보는 데 연구의 의의를 둔다. 때문에 이 장의 내용은 통일 독일 이후 20년간 진행된 정치지형의 변화를 현대 독일정치를 해석해 온 기존 명제나 틀로 설명하는 것이 여전히 유효한가에 대한 논의와 자연스럽게 연결된다. 이를 위해서는 현대 분단 독일 정치지형을 설명해 온 기존 논의의 주요 내용에 대한 이해가 선행되어야 하고, 통일 이후 전개된 독일 정치지형의 변화상에 대한 구체적인 추적이 뒤따라야 할 것이다.

통일 20년 정치지형의 변화를 정리하기 위해서는 우선 1990년 이후 최근까지 지난 20여 년간 진행된 주요 선거 공간에서 나타난 변화상에 주목해야 한다. 물론 선거 공간의 분석만으로 한 사회의 정치지형 변화를 구명하는 데는 한계가 있지만, 상대적으로 안정된 정당정치가 특징으로 평가받는 독일의 경우에는 제도권 내의 정치변화를 중심으로 정치지형의 변화를 설명하는 것이 큰 무리가 없을 것으로 판단한다. 따라서 이 장에서는 통일 이후 치러진 연방하원 선거에서 나타난 주요 정당들 간의 세력관계 변화와 아울러 독일 각 주(州)에서 전개된 정당정치의 변화상을 파악하는 데 집중한다. 연방제를 견지하는 독일에서 각 주의 정치지형 변화를 이해하기 위해서는 연방하원 선거에서 나타난 결과 분석만으로는 불완전하기 때문이다. 연방과 주 차원에서 진행된 정치지형의 입체적인 추적을 통해서만 통일 이후의 정치지형 변화에 대한 종합적인 설명이 가능할 것이다.

II. 통일 전 독일의 사회 균열구조와 정치지형 변화

각 사회의 정치지형을 규정짓는 요인으로는 무엇보다도 각 사회가 밟 디녀 온 역사적 궤적을 통해 조성된 상이한 균열구조가 지목된다. 자본주의 사회에 기본적으로 내재하는 자본과 노동 사이의 갈등을 비롯해, 각 사회에서 발생한 종교적 갈등의 강도, 그리고 근대 국민국가 성립 과정에서 나타난 중앙 정부와 지방 세력 간의 관계 및 근대 자본주의 질서가 재편되는 과정에서 나타난 시공간적 차이가 각 사회의 균열구조를 만들어낸 핵심 요인들이다. 각 사회의 사회경제적인 균열구조는 정치사회로 반영되어 정치지형의 주요 골격을 이루게 된다.

제2차 세계대전 이후 전개된 독일 현대 정당정치의 특징은 선진 주요 국가들에 비해 상대적으로 높은 수준의 안정성과 기민/기사련(CDU/CSU)과 사민당(SPD)이라는 양대 정당을 기본 축으로 하는 집중화된 정당체제에서 찾을 수 있다. 이러한 독일 정당체제의 안정성 요인은 정당체제를 규정하는 핵심 요소인 사회적 갈등구조가 다른 나라에 비해 상대적으로 단순했다는 점에 기인한다(김영태 2004, 58-66). 다시 말하면 전후 독일에서 정당 간의 경쟁은 종교적 갈등과 자본, 노동 간 갈등에 의해 규정돼 왔으며, 종교정당인 기민/기사련이 경제적 '좌파정당'인 사민당에 상대적 우위를 취하는 불균형적인 양대 정당체제를 구축해 왔다. 이러한 독일 정당체제의 전개 과정은 〈표 1〉과 〈표 2〉를 통해 어렵지 않게 읽어 낼 수 있다.

비록 독특한 선거제도 요인을 경시할 수는 없지만, 1960년대 초반부터 1980년대 초반까지 20여 년간 독일 현대정치는 안정성과 효율성에 기반을 둔 정국운영이 가능한 정당체제를 유지해 왔다. 1965년 이후 기민련과 사민당 양대 정당은 40% 선의 득표율을 유지해 왔고, 제3당인 자민당(FDP)은 10%를 넘지 않는 범위에서 비교적 고른 지지율을 확보해 왔다. 정당체제의 안정성에 기반을 둔 의회 운영은 정부 조각에도 그대로 반영되어 대(大)정당 중 하나와 군소 정당 하나가 연합하는 소(小)연정을 구성하는 방식이 무리 없이 반복되었다. 독일 정당체제의 전개 과정에서 자주 언급되는 2.5당 체제란 바로 이를 지칭하는 것이다. 이런 상황에서 정국운영의 예측 가능성은 상대적으로 높은 편이었다. 상대적으로 단순한 정당체제에서 정치적 결정 내용을 예견하는 것은 그리 복잡하지 않았기 때문이다.

하지만 안정적으로 유지되어 온 독일 정당체제는 1980년대 초를 기

표 1. 정당별 총선 득표율과 의석 분포 추이(1949-2013)

정당 \ 연도	2013	2009	2005	2002	1998	1990	1987	1983
기민련/ 기사련	41.5(%)	33.8	35.2	38.5	35.1	43.8	44.3	48.8
	311(석)	239	226	248	245	319	234	255
사민당	25,7(%)	23.0	34.3	38.5	40.9	35.5	37	38.2
	192(석)	146	222	251	298	239	193	202
자민당	4.8(%)	14.6	9.8	7.4	6.2	11.0	9.1	7.0
	0(석)	93	61	47	43	79	48	35
좌파당/ 민사당	8.6(%)	11.9	8.7	4.0(PDS)	5.1	2.4	X	
	64(석)	76	54	2	36	17		
녹색당	8.4(%)	10.9	8.1	8.6	6.7	3.8	8.3	5.6
	63(석)	68	51	55	47	8	42	27
기타 정당	11(%)	6.0	3.9	3.0	5.9	B90/1.2	AL 2석	AL 1석
							1.4	0.5
총 의석수	630(석)	622	613	603	669	662	519	520
투표율(%)	71.5	70.8	77.7	79.1	82.2	77.8	84.3	89.1

정당 \ 연도	1980	1976	1972	1969	1965	1957	1949
기민련/ 기사련	44.5	48.6	44.9	46.1	47.6	50.2	31.0
	237	254	234	250	251	227	141
사민당	42.9	42.6	45.8	42.7	39.3	31.8	29.2
	228	2249	242	237	217	181	136
자민당	10.6	7.9	8.4	5.8	9.5	7.7	11.9
	54	40	42	31	50	43	53
좌파당/ 민사당			X			GBBHE 4.6	KPD 5.7
녹색당	1.5		X			DP/3.4	
	0					18(석)	
기타정당	0.5	0.9	0.9	NPD/ 4.3(%)	3.6	2.3	22.1(%)
				1.2			80(석)
총의석수	519	518	518	518	518	469	410
투표율(%)	88.6	90.7	91.1	86.7	86.8	87.8	78.5

출처: http://www.bundeswahlleiter.de 자료를 재구성함(2013년 9월 28일 검색).

표 2. 독일 총선 정당별 득표율과 연합정부 구성 변화

회기	연합정부 (괄호 안은 득표율 %)	총리	회기	연합정부 (괄호 안은 득표율 %)	총리
제1대 (1949년)	기민당(31)+자민당 (11.9)+바이에른당 (4.2)+독일당(4)	아데나워	제10대 (1983년)	기민-기사연합 (48.8)+자민당(7)	콜
제2대 (1953년)	기민-기사연합 (45.2)+사민당 (28.8)+자민당(9.5)	아데나워	제11대 (1987)	기민-기사연합 (44.3)+자민당(9.1)	콜
제3대 (1957년)	기민-기사연합(50.2)	아데나워	제12대 (1990년)	기민-기사연합 (43.8)+자민당(11)	콜
제4대 (1961년)	기민-기사연합 (45.6)+자민당 (12.8)	아데나워, 에하르 트(1963년 이후)	제13대 (1994년)	기민-기사연합 (41.5)+자민당(6.9)	콜
제5대 (1965년)	기민-기사연합 (47.6)+자민당(9.5)	에하르트, 키징어 (1966년 이후 대 연정)	제14대 (1998년)	사민당(40.9)+녹색 당(6.7)	슈뢰더
제6대 (1969년)	사민당(42.7)+자민 당(5.8)	브란트	제15대 (2002년)	사민당(38.5)+녹색 당(8.6)	슈뢰더
제7대 (1972년)	사민당(45.8)+자민 당(8.4)	브란트, 슈미트 (1974년 이후)	제16대 (2005년)	기민-기사연합 (35.2)+사민당 (34.3) 대연정	메르켈
제8대 (1976년)	사민당(42.6)+자민 당(7.9)	슈미트	제17대 (2009년)	기민-기사연합 (33.8)+자민당 (14.6)	메르켈
제9대 (1980년)	사민당(42.9)+자민 당(10.6)	슈미트, 콜(1982 년 이후)	제18대 (2013년)	연합정부 구성 협의 중	미정

점으로 변화되기 시작했다. 이는 전후 '라인강의 기적'을 배경으로 한 사회, 경제적 발전과 그에 따른 국민들의 가치변화 등과 밀접한 관계가 있다는 설명이 지배적이다. 이와 관련해 독일 정치사회 변화의 중심에 새롭게 등장한 녹색당을 주목해야 한다.[1] 1970년대 이후의 독일 녹색당에

1   탈물질주의론에 기초한 정당 분립론의 이론적 적실성을 입증시키는 데 동원된 사례는 독일의 녹색당이었다. 독일의 녹색당이 바로 탈물질주의론의 가치 정향에 기반을 둔 정당 분립에 대한 설명과 관련해 가장 적합한 대상이었기 때문이다. 탈물질주의론자들은 후기산업사회로의 이행에 따른 일련의 구조적인 사회 변화가 생명과 생태계를 근본적으로 위협하는 위기를 낳았고 이러한 위기에 대한 인식은 자연환경의 변화와 지속가능한 개발이라는

대한 이해는 독일 정당정치와 정당분립 과정을 이해하는 데 핵심 사항
이다. 1970년대 독일에서 새롭게 조성된 정당정치와 신사회운동 그리고
환경정치의 상징으로 등장한 녹색당은 서구민주주의와 정당정치 이론에
커다란 영향을 미쳤고, 이는 1920년대 이래로 진보와 보수라는 좌-우의
이념을 중심으로 편성되어 있던 서구 국가들의 정당체제를 근본적으로
뒤흔드는 새로운 정치세력이 진입했음을 의미했다.[2] 1961년부터 1983
년까지 독일 연방 의회에는 단지 3개의 정파(기민/기사련(CDU/CSU),
사민당(SPD) 그리고 자유민주당(FDP))만이 있었다. 이 구도는 국가와
시장, 자본과 노동의 균열구조에 기초한 서구 산업사회에서 나타난 전형
적인 정치지형과 정당체제의 모습이었다. 이러한 상황에서 등장한 녹색
당의 성공적 안착은 현대 독일 정당체제의 발전 과정에서 새로운 것으로
평가받기에 충분했다(김면회 2009, 202-204).

　　정치적 요구로 연결되어 나타났으며, 이러한 새로운 요구의 등장이 독일의 경우 녹색당으
　　로 상징되는 환경정치세력의 출현을 재촉했다고 본다. 후기산업사회의 경제적 풍요와 안정
　　감은 시민들로 하여금 분배나 성장과 같은 물질주의적 가치보다는 자연환경의 보호, 삶의
　　질, 직접적인 참여와 같은 탈물질주의적 가치를 선호하는 심리적 경향을 형성했고, 이러한
　　탈물질주의적 가치의 등장은 자연환경의 보호라는 정치적 요구를 내건 녹색당 성장의 심
　　리적 배경을 제공했다는 것이 탈물질주의이론에 기반을 둔 독일 정당분립이론의 핵심이다
　　(Inglehart, 2008).
2　　이와 달리 녹색당의 등장과 발전을 1945년 냉전 이후 조성된 분단 독일(서독)의 특수한 정
　　치환경과 관련해 설명하는 입장이 있다. 즉, 제2차 세계대전 전범국인 독일이 패전 이후 분
　　단된 상황에서 서독의 정치환경은 유럽의 다른 국가들에 비해 반공산주의적 성향을 강하
　　게 가질 수밖에 없었고, 때문에 서독에 잔존하고 있던 '정통' 좌파 정치세력의 제도권 진
　　입은 원천적으로 봉쇄되어 있었다는 것이다. 제도권 내에 진입한 '좌파' 세력으로서 사회
　　민주당(SPD)은 1959년의 고테스베르크 강령 이후 급격히 실용주의 노선으로 변신했고,
　　1966년 기민련(CDU)과의 대연정 참여와 연이은 1969년 이후의 집권 성공은 사민당을 더
　　욱더 우편향의 길로 내몰았다는 것이다. 이러한 사민당의 모습에 실망한 서독 내의 좌파 정
　　치인 및 지지자들은 그들의 입장을 보다 적극적으로 대변할 정치세력을 결집하고자 했고,
　　그 결과가 1970년대 말과 1980년대 초 모습을 드러낸 녹색당이라는 것이다. 이러한 접근
　　법과 해석은 후기산업사회의 도래와 탈물질적 가치 변화에 따른 정당 분립 명제를 강변하
　　는 입장과는 다른 것이다(제프 일리/유강은 역 2008, 753-764).

　　정당체제의 재편성 이론은 정당체제 변화를 세 단계로 나누어 설명한다. 선거가 일상적으로 치러지면서 기존에 형성된 정당체제가 안정적으로 유지되는 안정적인 편성(stable alignment of party system)단계에서 사회적 균열과 정치적 균열 사이의 격차가 커짐에 따라 정당체제의 안정적 편성이 동요 내지 해체되는 단계로 들어서는 정당편성의 해체(partisan dealignment)단계를 거쳐 마지막 단계인 정당체제의 재편성 단계로 진입한다는 것이다. 이 단계에서 사회적 균열과 정치적 균열 사이의 불일치는 새로운 정당체제의 등장으로 다시 크게 줄어들면서 지금까지 정당에 소속감을 갖고 있지 않았던 많은 유권자들이 정당에 유대감을 갖게 된다고 본다(정진민 2008, 29-58). 이 구도에서 1970-80년대에 제도권에 새롭게 등극한 녹색당은 1949년 이후 독일 정당체제의 변화 과정에서 중요한 전환점을 이끌어 냈고, 아울러 기존의 사회균열 반영 논리로는 설명할 수 없는 새로운 정치지형을 만들어 냈다. 동시에 이 과정은 기존의 사민당과의 결합이라는 형태가 아니라 일탈한 독립화 과정이었다는 점에서 독일 현대정치에서 좌파 정치세력의 첫 번째 분립기에 해당된다(김면회 2009, 204-205). 결국 독일 정당체제는 초기의 다당제 체제에서 1980년대까지 2.5당 체제로, 그리고 1980년대 녹색당 편입 이후에는 보다 복잡한 모습으로 변화하게 되었다.

　　이러한 독일 정당체제는 1990년 통일 이후 또 한 번 급격한 변화를 맞이하게 된다. 변화의 핵심 요인을 이루는 것은 크게 두 가지이다. 1989년 베를린 장벽 해체 1년 후에 공식화된 통일과 그 이후 전개된 사회경제적 재편 작업에서 뚜렷이 부각된 '구 동독이라는 정체성'에 기반을 둔 지역적 요인이 하나이고, 1990년 이후 통일 과정의 시기와 결부되어 진행된 세계화와 신자유주의적인 사회경제적 재편 작업과 이에 적응하는 새로운 정치적 대응 과정에서 형성된 사회경제적 요인이 또 다른 하나이다. 독일 통일은 공식적으로 1990년 10월 3일에 이루어진다. 그런 한에서 구 동독 사회경제의 재편은 1990년대 서독자본주의와의 접맥 속에서 진행되었다. 다시 말하면, 세계자본주의에서 차지하는 서독(자본)자본주의의 위상과 그 내적 논리가 구 동독지역 재편의 준거 틀이 되었으며, 자본제적 사회체제로의 전격적인 전환과 1990년대 세계경제로의 적응, 즉 신자유주의적 사회 적응 전략이라는 두 가지 기본 틀에서 구 동독지역 재편 작업은 진행되었다.

　두 가지 요인, 즉 구 동독이라는 정체성에 기반을 둔 지역적 요인과 경제 세계화에 조응하는 신자유주의적 사회 재편이라는 요인은 통일 독일사회 20년에 새로운 균열구조를 재촉했고, 이에 근거해 독일 정치지형의 새로운 꼴이 형성되었으며 그리고 진행되는 중이다. 하지만 이 두 요인은 시공간적으로 각각 분리되어 진행된 것이 아니라, 상호 밀접하게 연결되어 진행되었다는 점에 특징이 있다. 지역적 통합의 성격과 아울러 사회 계층 간 통합이라는 두 성격이 중층적으로 작동하면서 통일 독일 사회의 사회균열구조를 새롭게 조성했던 것이다. 이러한 사회균열의 재편 과정은 통일 독일의 정치지형 변화에 그대로 반영되어 나타난다. 이를 입증하기 위해 이하에서는 1990년과 2009년 연방하원 선거에서 나타난 정치지형의 변화를 집중적으로 추적하고, 이후 통일 독일의 대표적인 주 의회 선거에서 나타난 정치지형의 모습을 정리, 분석한다.

III. 통일 독일과 연방 차원의 정치지형 변화

통일 이후 독일 정치지형의 변화와 관련해 주목할 사항 중 핵심은 구 동독지역을 중심으로 정치세력화에 성공한 좌파당(Die Linke)의 등장과 성장에 있다. 구 동독 집권정당인 사회통일당(SED)의 후신으로 등장한 민사당(PDS)이 1990년 통일 이후 치러진 연방하원 선거에서 얻은 결과는 괄목할 만한 것이었다. 통일 독일의 첫 번째 선거였던 1990년 선거에서 전국적으로는 2.4%의 득표율을 그리고 구 동독지역에서는 11.1%의 득표율에 머물렀던 민사당은 좌파당으로 통합 창당해 참여한 2009년 선거에서 전국적으로 11.9%의 득표율을 보였고, 구 동독지역에서는 28.5%를 획득해 강력한 정치세력으로 성장했음을 보여 주었다. 이는 통일 이후 20년 사이 좌파당의 지지율이 전국적으로 약 다섯 배 그리고 구 동독지역에서는 약 세 배 가까이 급속히 상승했음을 의미한다.

이러한 연방하원 선거 결과는 통일 독일 이후 전개된 제 상황들의 반영물이다. 통일 이슈가 지배한 1990년 선거에서 민사당은 자신의 정치적 아성으로 여겨 온 구 동독지역에서도 기민련(CDU, 41.8%)과 사민당(24.3%)은 물론 군소 정당인 자민당(FDP, 12.9%)에도 뒤진 11.1%의 득표율에 머물렀다. 당시 구 서독지역에서 민사당의 득표율은 〈표 3〉에서 알 수 있듯 0.3%로 그 존재감을 부각시키기에 턱없이 모자란 수준이었다. 통일 초창기의 흥분이 가라앉은 4년 후 총선 결과는 이전과 다른 모습을 보였다. 1994년 선거에서 민사당은 구 동·서독 양 지역에서 모두 득표율의 급격한 상승을 가져와(구 서독지역 1.0%, 구 동독지역 19.8%) 연방 전체에서 4.4%의 득표율을 획득했다. 이러한 득표율 상승 곡선은 1998년 선거에도 이어졌다. 이는 1990년 선거와 달리, 1994년과 1998년 선거 공간에서 동·서독 지역의 격차 문제와 통일 당시 약속된 사항들이 제대로 이행되지 않는 것에 대한 구 동독지역민들의 실망감 표출로 풀이된다.

민사당은 1993년 강령을 통해 구 동독지역을 대변할 것임을 공식화했다. 물론 이는 통일 당시에 약속했던 것과 달리 지체되고 있던 사회경

표 3. 통일 독일 연방의회 선거결과(단위: %)

연도	기민/기사련	사민당	자민당	동맹90/녹색당	민사당/좌파당	기타
1990	43.8	33.5	11.0	5.1	2.4	4.2
1994	41.5	36.4	6.9	7.3	4.4	3.5
1998	35.1	40.9	6.2	6.7	5.1	6.0
2002	38.5	38.5	7.4	8.6	4.3	2.7
2005	35.2	34.2	9.8	8.1	8.7	4.0
2009	33.8	23.0	14.6	10.9	11.9	5.8
구 서독지역과 서베를린						
1990	44.3	35.7	10.6	4.8	0.3	4.3
1994	42.1	37.5	7.7	7.9	1.0	3.8
1998	37.1	42.3	7.0	7.3	1.2	5.1
2002	40.8	38.3	7.6	9.4	1.1	2.8
2005	37.5	35.1	10.2	8.8	4.9	3.5
2009	34.6	24.1	15.4	11.5	8.3	6.1
구 동독지역과 동베를린						
1990	41.8	24.3	12.9	6.2	11.1	3.7
1994	38.5	31.5	3.5	4.3	19.8	2.4
1998	27.3	35.1	3.3	4.1	21.6	8.6
2002	28.3	39.7	6.4	4.7	16.9	4.0
2005	25.3	30.4	8.0	5.2	25.3	5.8
2009	29.8	17.9	10.6	6.8	28.5	6.4

출처: http://www.bundeswahlleiter.de 자료를 재구성함(2013년 9월 28일 검색)

제적 통합 과정이 구 동독주민의 가장 큰 현안으로 등장했기 때문이다. 구 서독지역에 비해 상대적으로 높게 나타난 구 동독지역의 실업률과 1994년 말까지 매듭짓기로 약속한 임금동일화 과정이 계속 연기된 것 등은 통일 당시 희망에 찼던 구 동독민의 기대에 반하는 것이었고, 이는 구 서독의 정치엘리트에 의해 주도되던 통일 독일 현실정치에 대한 반감으로 이어졌다. 그 결과는 자연스럽게 구 동독주민의 이해를 대변할 것을 선언한 민사당으로의 정치적 응집으로 나타났다. 〈표 3〉에서 알 수 있듯, 2002년 선거에서 잠시 주춤했던 민사당의 정치적 성장 속도는 이후 전개된 2005년과 2009년의 연방하원 과정에서 괄목할 만한 것이었다.

통일 이후 연방 차원의 정치지형 변화를 통합 과정에서 나타난 구 동·서독 사이의 지역적 격차 요인에만 의존해 설명할 수는 없다. 구 동독지역을 배경으로 새롭게 탄생한 정치세력의 정치적 정체성에 대한 이해와 아울러 구 동독지역의 새로운 정치세력의 등장과 성장이 전체 독일의 기존 정치지형, 특히 정체성을 둘러싼 경쟁관계에 놓인 정치세력에 미치는 영향과의 상관관계를 종합적으로 접근할 때만이 통일 이후 전체 독일 정치지형 변화에 대한 종합적 이해가 가능하다. 이러한 의미에서 통일 당시 그리고 이후 전개된 전체 독일의 정치경제적 상황 변화에 대한 정리가 보완되어야 한다. 이와 관련해 주목할 부분은 냉전의 해체와 함께 본격화된 전 지구적 차원에서 심화된 경제 세계화와 각 국가가 마련한 대응전략의 내용에 대한 파악이다.

오늘을 세계화(Globalisierung) 시대로 규정짓는 데 강한 이의를 제기하는 사람은 없다. 세계화는 이제 우리 주위를 결정짓는 객관적 사실로 새로운 정치경제적 틀이다. 경제 세계화라는 담론의 이면에는 개별국가의 정치 행위주체들 사이의 차이가 엄존하고, 그들 사이의 경쟁 또한 심화되고 있는 모습이 일반적이다. 신자유주의적 경제 세계화라는 외부 환경에 대한 각 정치 세력의 대응전략은 정치적 이념 및 정체성에 따라 상이한 모습을 보이고 있다. 독일의 경우에도 이러한 모습은 확연하고, 그 결과는 새로운 정당분립 과정으로 이어지고 있다. 이와 관련해 기존 거대 정당 중 하나인 사회민주당과 좌파당의 관계가 주목받는다.

1982년 이후 오랜 기간의 야당 생활을 마치고 1998년에 집권 정당으로 등장한 사민당이 채택한 '신중도노선(Neue Mitte)'은 신자유주의적 경제 세계화에 대한 '순응적'이고 '현실 가능한' 영역 내에서 선택한 실용주의자 슈뢰더의 응답이었고, 앤서니 기든스(Anthony Giddens)에 의해 기안된 20세기 말 유럽 좌파의 '제3의 길'의 독일적 선택이었다(김면회 2005). 슈뢰더의 신중도노선은 독일 현대정치에서 사회적 약자의 입장을 대변한다는 자신들의 기본강령 내용과 경제 세계화라는 새로운 환경의 도래 속에서 선택된 절충안이었다. 추진 내용의 핵심은 정치와 국가의 영역보다는 시장과 경제에 비중을 두는 정책이었고, 이는 다분히 전통적 지지층인 노동세력의 비판과 저항으로 나타났다(김면회 2006; 2008, 7-12).

1998년 이후 사민당과의 연합정부 형태로 최초로 집권 세력으로 등극한 녹색당의 입장도 이러한 흐름에서 크게 자유롭지 못했다. 신자유주의적 경제 세계화의 흐름에 대해 자신들이 줄곧 주창해 온 정체성에 기반을 둔 선명한 대응전략이 부재함으로써 새로운 정치 환경에 능동적으로 대처하는 정치세력으로서 존재감을 각인시키는 데 실패했다는 판단이다. 이러한 상황은 기존 정치지형에 대한 근본적인 비판으로 이어졌고, 곧이어 독일 정당체제의 변화를 추동하는 요인으로 작동했다. 경제 세계화에 대한 대응 전략의 차이가 제도권 정치지형에 변화를 재촉한 것이다. 사민당이나 녹색당과 달리 새롭게 등장한 또 다른 '좌파' 정치세력인 민사당의 발전적 계승 세력인 좌파당의 경우 신자유주의적 세계화에 대한 입장이 기존 제도권 내의 '좌파' 정치세력과 사뭇 달랐고, 그 결과는 또다시 독일 현대정치 전개 과정에서 좌파 정치세력의 분립으로 이어지게 되었다.

좌파당은 1998년 이후 슈뢰더 적-녹연정의 개혁정책, 이른바 신중도 노선으로 더욱 어려움에 처한 사회 취약 계층을 대변하기 위해 분산되어 있던 동서독 지역의 '좌파' 정치세력들이 통합해 탄생한 전국 정당이다. 좌파당의 탄생과 제도권에의 연착륙에 결정적인 공헌을 한 것은 집권 사민당 주도의 노동시장 구조조정정책인 〈하르츠 IV〉를 앞장서서 비판한 사민당 전 대표였던 라퐁텐(Lafontaine)이다. 2005년 연방하원

선거에서 유력한 정치세력으로 응집되어 나타난 좌파당은 사회복지단
체 및 노동조합들과의 연대를 통해 2005년 이후 '흑-적(schwarz-rot; 기
민련-사민당)대연정'에 대한 대항 활동을 강화했다. 신자유주의적 대응전
략에 대한 전면적인 비판을 앞세운 좌파당은 독일의 미래, 특히 소위 '독
일병' 해소와 신자유주의적 세계화 대응 전략의 일방적 추진에 제동을
거는 것을 주요 정책 목표로 내세웠다(김면회 2008, 15-20).

　좌파당의 창립과 발전 과정에서 슈뢰더의 신자유수의에 경도된 신
중도노선에 실망한 사민당 당원들은 사민당을 떠나 대안 정치세력으
로 선거대안 노동과 사회적 정의(WASG, Wahlalternative Arbeit und
soziale Gerechtigkeit)를 창설했고, 이후 WASG는 2005년 연방 의회
선거에 구 동독지역에 자리 잡고 있던 민주사회당(PDS)과 함께 좌파.민
사당(die Linke.PDS)이라는 선거연합을 구성해 8.7%의 지지율을 획득
하기에 이르렀다. 이후 2007년 6월 16일 WASG와 PDS는 좌파당(Die
Linke)으로 통합되었다. 좌파당은 연대, 사회정의, 분배를 강조하면서,
신자유주의적 재편 과정에서 불이익을 받는 계층들의 입장을 대변한다
는 목표하에 사민당에 비해 경제적 배분과 물질적 형평에 비중을 두고
있다. 좌파당은 슈뢰더를 중심으로 한 사민당 실용주의 노선이 견지해
온 신자유주의적 정책에 반기를 들고, 시장경제 우위의 맹목적인 세계화
에 저항할 것이라는 점을 분명히 밝히면서 성장과 아울러 분배의 문제
를, 그리고 시장개방과 규제완화에 매진하는 것보다는 기존 사회안전망
의 온전한 복구와 국가와 사회의 적극적인 역할을 강조하는 세력이다.
2005년 9월 연방하원 선거 이후 반(反)신자유주의에 대항하는 결집체로
서 좌파당은 노동조합과 시민사회의 적극적인 지지를 기반으로 독일 전
지역에서 강력한 세력으로 자리 잡아 가고 있다.

　반(反)신자유주의를 내걸고 경제 세계화라는 조건 속에서 보다 더

표 4. 2009년 총선에 나타난 좌파당의 주별 득표율 및 증가율(2005년 대비)

주(州)명	득표율(%)	증가율(%)	주(州)명	득표율(%)	증가율(%)
작센-안할트	32.4	5.8	함부르크	11.2	4.9
메클렌부르크-포어폼머른	29.0	5.3	라인란트-팔츠	9.4	3.8
튀링겐	28.8	2.7	헤센	8.5	3.2
브란덴부르크	28.5	1.9	노르트라인-베스트팔렌	8.4	3.2
작센	24.5	1.7	니더 작센	8.6	4.3
자르란트	21.2	2.7	슐레스비히-홀슈타인	7.9	3.3
베를린	20.2	3.9	바덴-뷔르템베르크	7.2	3.4
브레멘	14.3	5.8	바이에른	6.5	3.0

출처: Stefan Berg/Markus Deggerrich/Frank Hornig 2009, 23.

우경화된 모습을 보여 온 사민당을 비판하면서 급속한 성장세를 보인 좌파당은 2009년 9월의 총선을 통해 한층 더 가파른 상승 곡선을 그리고 있다. 〈표 1〉과 〈표 3〉에서 알 수 있듯, 2005년 총선에 이어 2009년 총선에서 좌파당은 녹색당을 앞지르는 세력으로 등극했고, 득표율도 11.9%를 얻으면서 의석수에서도 2005년에 비해 22석이나 많게 되었다. 보다 중요한 현상은 좌파당은 구 서독지방에서도 득표율을 골고루 높였다는 사실이다. 〈표 4〉에서 알 수 있듯, 좌파당은 2009년 총선에서 전국적으로 고른 상승세를 보이고 있다. 브레멘의 5.8%나 니더작센의 4.3% 성장은 구 동독지역의 증가율과 유사하거나 오히려 높다. 보다 더 눈여겨볼 대목은 독일 현대 정치에서 전통적으로 보수적인 성향을 보여 온 바덴-뷔르템베르크와 바이에른 주에서도 각각 7.2%와 6.5%를 획득해 독일 정치에서 심리적 장애물 높이로 여겨져 온 5% 벽을 넘었다는 점이다. 2005년 총선에 비해 각각 3.4%와 3%를 더 획득함에 따라 좌파당은 명실상부한 전국 정당의 면모를 갖추게 되었다.

이런 흐름은 결국 현대 독일 정당정치를 특징지었던 2.5당 체제의

종말을 알리는 동시에 불안정한 정당체제로의 진입을 의미한다. 앞의
〈표 1〉에서도 알 수 있듯, 이제 독일 총선에서 40% 이상을 확보하는 거
대 정당은 불가능하게 되었고, 10% 선의 지지율 획득을 둘러싸고 군소
정당, 즉 자유민주당과 녹색당 그리고 좌파당 간의 경쟁은 더욱 치열해
지고 있다. 이런 의미에서 독일 정당체제는 이제 5당 체제로의 전환 과
정으로 진행되고 있다는 표현도 타당하다. 이러한 상황은 지금까지 양대
정당과 군소 정당 간의 소련성을 매개로 안정된 국정운영을 가능케 했던
정치지형이 유지되기가 힘들게 되었음을 의미하고, 때문에 효율성과 안
정성을 내세워 왔던 독일 정당정치의 시대는 더 이상 가능하지 않게 되
었다는 주장에까지 이르게 되었다(김면회 2009, 213-215).

결국 경제 세계화와 신자유주의적 대응 방식을 둘러싼 각 정당 간
대응전략의 차이는 독일의 기존 정당체제의 변화를 가속시키고 있다. 경
제 세계화라는 구조적 압력 속에서 일반화되고 있는 신자유주의 정책에
대한 분명한 비판과 아울러 세계화에 따른 사회 양극화에 대항하는 독
일 시민사회와 강한 연대를 통해 좌파당은 독일 현실정치 영역에서 승승
장구하고 있다. 이러한 좌파당의 세력 확대는 독일 정치에서 기존 정치
지형을 대체하는 새로운 정치지형을 가능하게 하고 있고, 이는 현대 독
일 정당정치의 새로운 개막을 알리는 역할을 하고 있다고 판단된다. 구
동독지역의 지역성에 기초한 좌파당은 신자유주의적 대응전략을 둘러
싼 정치세력 간의 이합집산이라는 요인과 함께 독일의 기존 정당체제의
해체와 새로운 체제의 등장에서 주요한 행위자로 등장하고 있는 것이다.
통일 이후 연방 차원의 정치지형은 분명 새 모습이다.

IV. 통일 이후 주 차원의 정치지형 변화

독일 통일 이후 진행된 정치지형의 변화가 비단 연방 차원에서만 있었던
것은 아니다. 연방제를 채택하고 있는 독일 정치에서 지방의회 권력의
장악이 의미하는 바는 남다르다. 그런 의미에서 통일 독일의 정치지형
변화에 대한 체계적 이해를 위해서는 통일 직후에 조성되었던 주 차원의
정치지형과 20여 년이 지난 상황의 상호 비교가 이루어져야 한다.

   2009년 연방하원 선거 전부터 주 의회 선거에서 두각을 나타내기
시작한 좌파당은 2005년 연방 의회 선거 이후 실시된 2006년 작센-안할
트 주 선거에서 24.1%를 획득, 주 내에서 제2의 정치세력으로 입지를 확
고히 했다. 브레멘 시의 8.4%에 이어 헤센 주와 니더-작센 주에서도 연
속적으로 주 의회 진입에 성공한 좌파당은 함부르크 선거에서도 6.4%
의 득표율을 기록하며 전국 정당의 입지를 확고히 했다. 2009년 총선과
동시에 실시된 브란덴부르크 주와 슐레스비히-홀슈타인 주 의회 선거에
서도 좌파당은 각각 27.2%와 6.0%를 획득해 주 의회 입성에 성공했다.
좌파당의 승승장구는 주 정부 구성의 문제로까지 확산되기에 이르렀다.
2008년 12월 헤센(Hessen) 주 의회 선거 이후 사민당은 녹색당 및 좌파
당과 비스바덴(Wiesbaden)에서 공동정부 구성에 합의했었지만, 좌파당
과의 연정을 바라지 않는 사민당 소속 네 의원들의 일탈행위(Abweich-
ler)로 합의를 파기한 후 2009년 1월 18일 재선거하기로 결정했다(Mat-
thias Bartsch 2008, 43). 이러한 흐름은 결국 좌파당이 연방뿐만 아니라
주 차원에서 유력한 정치세력으로 군건한 입지를 확보하기에 이르렀음
을 방증한다.

   주 차원의 정치지형 변화는 통일 이후 전개된 각 주 의회 선거 결과
의 추이를 추적, 분석하면 보다 더 잘 읽어 낼 수 있다. 전통적으로 보수

표 5. 주 의회 선거의 좌파당 득표율(2004~2009)

주(州)명	득표율	주(州)명	득표율
브란덴부르크	27.2%	헤센	5.1%(5.4%)
튀링엔	26.1%	니더작센	7.1%
작센-안할트	24.1%	함부르크	6.4%
브레멘	8.4%	슐레스비히-홀슈타인	6.0%

출처: http://www.bundeswahlleiter.de 자료를 재구성함(2010년 5월 20일 검색)

적인 색채가 강한 구 서독 남부지역의 대표적인 주인 바덴-뷔템베르크와 바이에른의 경우, 통일을 전후로 한 시기의 정치지형은 기민-기사련의 뚜렷한 우위 속에 사민당이 두 번째의 위상을 그리고 자민당과 녹색당이 그 뒤를 이은 모습으로 연방하원의 축소판이었다. 하지만 2006년과 2008년의 주 의회 선거에서는 정치적 '좌파'를 대변하는 WASG와 좌파당(Die Linke)이 주 의회에 입성하지는 못했지만(바덴-뷔템베르크 3.1%, 바이에른 4.1%), 존재감을 찾을 수 없었던 통일 초기에 비해 지지율 획득에서 괄목할 만한 진전이 있음을 알 수 있다. 결국, 통일 독일 20년을 맞은 구 서독지역의 주 의회에서도 연방 차원에서 진행되고 있는 정치지형 변화의 흔적이 유사하게 진행되고 있음을 발견할 수 있다.

전통적으로 제조업 분야의 노동자층이 운집해 사회민주당의 아성으로 일컬어진 노르트라인-베스트팔렌 주의 선거 결과도 통일 당시의 정치지형에 비해 좌파당의 뚜렷한 약진을 목격할 수 있다. 통일 당시 0%의 득표율을 보여 정치적 영향력을 찾을 수 없었던 '좌파' 정치세력은 최근의 2010년 5월 9일 주 의회 선거에서 5.6%를 획득해 11명의 의원을 원내에 진입시키는 데 성공했다. 〈표 8〉에서는 최근 사민당의 정치적 비중이 통일 초기에 비해 급격히 쇠락한 반면, 좌파당의 위상은 급격히 높아졌음을 읽을 수 있다. 사민당은 1990년 당시 50%의 득표율에 육박했으나, 이제는 그보다 15% 정도 낮은 득표율로 주 의회에서도 두 번째의 지

표 6. 바덴-뷔템베르크 주 의회 선거 결과

선거 연도	투표율(%)/총 의석수(명)	정당	득표율(%)	의석수(명)
1992.04.05	70.1/146	기민련	39.6	64
		사민당	29.4	46
		REP	10.9	15
		녹색당	9.5	13
		자민당/DVP	5.9	8
		DKP	0.0	0
2006.03.26	53.4/139	기민련	44.2	69
		사민당	25.2	38
		녹색당	11.7	17
		자민당	10.7	15
		WASG	3.1	0

자료: http://www.bundeswahlleiter.de/de/bundestagswahlen/BTW_BUND_09/veroeffentlichun-gen/BTW09_Heft1_Gesamt_Internet.pdf(2010년 5월 20일 검색)

표 7. 바이에른 주 의회 선거 결과

선거 연도	투표율(%)/총 의석수(명)	정당	득표율(%)	의석수(명)
1990.10.14	65.9/204	기사련	54.9	127
		사민당	26.0	58
		녹색당	6.4	12
		자민당	5.2	7
		REP	4.9	0
2008.09.21	57.9/187	기사련	43.4	92
		사민당	18.6	39
		FW Freie Wähler	10.2	21
		녹색당	9.4	19
		자민당	8.0	16
		좌파당	4.4	0

자료: http://www.bundeswahlleiter.de/de/bundestagswahlen/BTW_BUND_09/veroeffentlichun-gen /BTW09_Heft1_Gesamt_Internet.pdf(2010년 5월 20일 검색)

위에 머물고 있다. 〈표 4〉에서 알 수 있듯, 2010년 총선에서도 좌파당이 노르트라인-베스트팔렌 주에서 얻은 득표율은 2005년 총선에 비해 3.2% 나 높아진 8.4%에 이르렀다. 주 의회 선거에서는 비록 총선 득표율 수준

표 8. 노르트라인-베스트팔렌 주 의회 선거 결과

선거 연도	투표율(%)/총 의석수(명)	정당	득표율(%)	의석수(명)
1990.05.13	71.8/239	사민당	50.0	123
		기민련	36.7	90
		자민당	5.8	14
		녹색당	5.0	12
		REP	1.8	0
		DKP	0.0	0
2010.05.09	59.3/181	기민련	34.6	67
		사민당	34.5	67
		녹색당	12.1	23
		자민당	6.7	13
		좌파당	5.6	11

자료: http://www.bundeswahlleiter.de/de/bundestagswahlen/BTW_BUND_09/veroef-fentlichungen /BTW09_Heft1_Gesamt_Internet.pdf; http://www.spiegel.de/politik/deutsch-land/0,1518,693683,00.html(2010년 5월 20일 검색)

까지 오르지는 못했지만(5.6%), 1,800여만 명에 이르는 유권자로 독일에서 가장 큰 주인 노르트라인-베스트팔렌에서 좌파당의 정치적 영향력이 확대되었다는 점은 부인할 수가 없다.

구 동독지역인 브란덴부르크 주의 경우에도 통일 당시와 통일 20년 후의 정치지형을 비교해 보았을 때 변화된 모습을 감지할 수 있다. 통일 당시 제3의 정치세력이었던 민사당(PDS)은 이제 좌파당으로 조직적 확대를 거쳐 두 번째의 위치로 자리를 옮겼고, 사회민주당과 함께 브란덴부르크 연합정부를 구성하기에 이르렀다. 득표율에서도 13.4%에서 27.2%로 거의 두 배 정도 높아졌으며, 제1당인 사회민주당을 바로 추격하고 있는 형국이다. 주 차원의 연합정부의 일원으로 연방상원(Bundesrat)에도 일정 지분을 확보해 영향력을 행사하고 있음 또한 달라진 위상을 보여 주는 대목이다.

구 동독지역에 위치해 있는 작센 주의 경우, 통일 당시 민사당 계열이 10.2%의 득표율로 제3의 세력이었으나, 현재는 이의 계승자로서 좌

표 9. 브란덴부르크 주 의회 선거 결과

선거 연도	투표율(%)/총 의석수(명)	정당	득표율(%)	의석수(명)
1990.10.14	67.1/88	사민당	38.2	36
		기민련	29.4	27
		민사당-LL	13.4	13
		자민당	6.6	6
		연맹 90	6.4	6
		녹색당	2.8	0
2009.09.27	67.0/88	사민당	33.0	31
		좌파당	27.2	26
		기민연	19.8	19
		녹색당/연맹 90	5.7	5
		자민당	7.2	7
		DKP	0.2	0

자료: http://www.bundeswahlleiter.de/de/bundestagswahlen/BTW_BUND_09/veroeffentlichun-gen /BTW09_Heft1_Gesamt_Internet.pdf; http://www.bundeswahlleiter.de/de/landtagswahlen/ergebni -sse/downloads/ lwbrandenburg2009.pdf(2010년 5월 20일 검색)

표 10. 작센 주 의회 선거 결과

선거 연도	투표율(%)/총 의석수(명)	정당	득표율(%)	의석수(명)
1990.10.14	72.8/160	기민련	53.8	92
		사민당	19.1	32
		LL-민사당	10.2	17
		FORUM	5.6	10
		자민당	5.3	9
		DSU	3.6	0
2009.08.30	52.2/132	기민련	40.2	58
		좌파당	20.6	29
		사민당	10.4	14
		자민당	10.0	14
		녹색당	6.4	9
		NPD	5.6	8

자료: http://www.bundeswahlleiter.de/de/bundestagswahlen/BTW_BUND_09/veroeffentlichun-gen/ BTW09_Heft1_Gesamt_Internet.pdf; http://www.bundeswahlleiter.de/de/ landtagswahlen/erge- bnisse/downloads/lwsachsen2009.pdf(2010년 5월 20일 검색)

표 11. 베를린 시 의회 선거 결과

선거 연도	투표율(%)/총 의석수(명)	정당	득표율(%)	의석수(명)
1990.12.02	80.8/241	기민련	40.4	101
		사민당	30.4	76
		민사당	9.2	23
		자민당	5.2	18
		녹색당/AL	7.1	12
		연맹90/녹색당/UFV	4.4	11
2006.09.17	58.0/149	사민당	30.8	53
		기민련	21.3	37
		좌파당	13.4	23
		녹색당	13.1	23
		자민당	7.6	13
		WASG	2.9	0

자료: http://www.bundeswahlleiter.de/de/bundestagswahlen/BTW_BUND_09/veroeffentlichungen /BTW09_Heft1_Gesamt_Internet.pdf(2010년 5월 20일 검색)

파당이 사회민주당을 두 배 이상 앞서며 기민련에 이어 두 번째 정치세력으로 등극했다. 브란덴부르크 주와 같이 좌파당이 구 동독지역에서 20% 이상의 높은 지지율을 얻고 있는 정치세력임을 확인시켜주고 있다.

구 동·서독의 접점지역에 위치한 베를린 시의 경우도 통일 당시와 20년이 지난 지금 모습에서 변화된 정치지형의 모습을 읽을 수 있다. 통일 당시 9.2% 지지율로 군소 정당의 모습을 보였던 좌파당의 전신 민사당(PDS)은 20년이 지난 지금에는 전통적인 양대 정당으로 일컬어지는 사민당, 기민련 세력과 큰 차이를 보이지 않으면서 수도 베를린에서 3당 체제를 만들어 내고 있다. 2010년 현재 좌파당은 베를린 시에서 사민당과 연합정부를 구성하고 있으며, 브란덴부르크 주처럼 시를 대표해 연방 상원에 영향력을 행사하고 있다. 2011년 9월의 베를린 시 의회 선거 결과 좌파당은 사민당과의 연합정부를 연장하지는 못했지만, 11.7%의 득표율을 획득해 유력한 정치세력으로서의 위상을 굳건히 지키고 있다.[3]

표 12. 연방상원(Bundesrat) 참여 주 정부와 주별 표 배분 현황(2009년 9월 30일 현재)

주(州) 명	주지사	표 수	지방정부 참여 정당	주(州) 명	주지사	표 수	지방정부 참여 정당
바덴-뷔템베르크	Mappus	6	CDU/FDP	니더작센	Wulff	6	CDU/FDP
바이에른	Seehofer	6	CSU/FDP	노르트라인-베스트팔렌	Kraft	6	SPD/B 90/ Die Grünen
베를린	Wowereit	4	SPD/ Die LINKE	라인란트-팔츠	Beck	4	SPD
브란덴부르크	Platzeck	4	SPD/ Die LINKE	자르란트	Müller	3	CDU/FDP/ Bündnis 90/ Die Grünen
브레멘	Böhrnsen	3	SPD/ Bündnis 90/ Die Grünen	작센	Tillich	4	CDU/ FDP
함부르크	von Beust	3	CDU/GAL	작센-안할트	Böhmer	4	CDU/SPD
헤센	Koch	5	CDU/FDP	슐레스비히-홀슈타인	Carstensen	4	CDU/FDP
메클렌부르크-포어폼머른	Stellering	3	SPD/CDU	튀링겐	Lieberknecht	4	CDU/SPD

자료: http://www.bundesrat.de/nn_8328/DE/struktur/stimmenverteilung/stimmenverteilung-node.html?_nnn=true(2010년 5월 20일 검색)

구 서독지역에 비해 구 동독지역의 주들과 구 동·서독의 접경지역에 놓인 베를린 시의 경우 구 동독지역의 대표성과 신자유주의에 대항하는 정치세력으로서의 정체성을 견지하고 있는 좌파당의 견고한 입지가 앞으로도 지속될 것이라는 판단이 우세하다.

주 의회 차원의 정치지형 변화는 곧바로 연방 차원에서는 연방상원의 세력 편제로 직결되어 나타난다. 〈표 12〉는 통일 이후 변천해 온 주 의회의 세력 재편에 따라 연방상원에 나타나고 있는 정당별 영향력을 보여 주는 세력 편제 현황이다. 정당체제의 변천에 따라 이제 통일 독일의 각 주에서는 다양한 연합정부 형태가 출현하고 있고, 이는 바로 연방상

3   이에 대한 보다 자세한 내용은 http://www.bundeswahlleiter.de/de/landtagswahlen/ergebnisse/downloads/lwberlin2011.pdf(2013년 9월 29일 검색)를 참고하시오.

원의 구성과 운영에도 새로운 모습을 초래하고 있으며, 결과적으로 새로운 정치지형의 현주소를 보여 주고 있다.[4]

V. 결론

한 나라의 정치지형 변화는 기본적으로 사회균열 구조의 반영물이다. 통일 독일 20년 기간에 변화한 사회적 균열구조의 변화는 새롭게 조성된 통일 독일의 정치지형에 투영되어 나타난다. 제2차 세계대전의 전범국으로 맞이한 분단 독일 기간을 거쳐 이룬 통일 국가에서는 분단 45년간 형성된 지역적 요인과 통일 독일사회가 당면한 경제 세계화라는 환경하에 추진된 신자유주의적 대응전략이라는 요인이 중층적으로 접합되는 상황에서 정치지형상의 새로운 변화 모습이 나타나고 있다. 구 동독지역을 배경으로 유력한 정치세력으로 자리 잡은 동시에 구 서독지역으로까지 그 영향력을 확대하고 있는 좌파당의 모습이 바로 그 방증자료이다. 통일 이후 20여 년에 걸쳐 새롭게 조성된 독일의 정치지형은 앞으로도 당분간 지속될 것으로 보인다. 이는 새로운 정치지형이 우연적이고 단순

---

4   이 장이 본격적으로 이루어진 2010년 이후 치러진 주 의회 선거에서 좌파당이 지속적으로 상승곡선을 그린 것만은 아니다. 경우에 따라서는 5%의 벽을 넘지 못해 주 의회에 진입하지 못한 경우도 발생했다. 특히 2011~12년도 구 서독지역의 선거에서 좌파당은 신생정당 해적당(Piraten)의 상승세에 눌려 퇴조의 길을 걸은 것이 사실이다. 때문에 한때는 독일정치에서 좌파당의 종말론이 대세를 이룬 적도 있었다. 하지만 2013년 9월 말에 실시된 제18대 총선에서 획득한 8.6%의 득표율에서도 나타나듯(〈표 1〉 참조), 통일 이후 변화된 사회균열구조에 따라 제도권 정치 내에 안착한 좌파당의 생명력은 여전하다는 판단이 보다 더 적확해 보인다. 더욱이 독일 정치에서 오랫동안 제3의 정당으로 자리 잡아 온 자유민주당(FDP)이 5%의 장벽을 넘지 못하고 연방하원에서 퇴출된 것에 비해, 신생 군소 정당 좌파당의 득표율은 오히려 괄목할 만한 성적으로 평가된다. 분명 좌파당은 통일 독일 20년 동안에 변화한 독일 정치지형의 상징물이다.

한 요인으로 파생된 부산물이 아니라 사회균열이라는 구조적 요인의 반영물이기 때문이다.

새로운 정치세력의 등극은 기존 정치지형의 변화를 몰고 온다. 통일 독일의 경우, 좌파당의 등장은 안정성과 효율성을 내세웠던 독일 현대 정당정치의 기본적 특징에 변화를 몰고 왔고, 정상적인 국정 운영을 위해서는 보다 복잡한 요인들을 고려해야만 가능하게 되었다. 통일 독일에서 새로운 정치지형은 비단 연방 차원에서만 진행된 것이 아니다. 구동·서독 지역의 주 의회에서 진행된 지난 20여 년간의 선거 결과를 분석할 때, 동·서독 지역 구분 없이 좌파당의 득세는 주요한 정치 현상 중 하나로 나타나고 있다. 그 결과 다른 선진 국가에 비해 상대적으로 단순화된 정당체제를 고수해 온 독일 정치에서 거대 정당의 약화와 다수의 군소 정당 득세는 이전과 상이한 정치질서의 도래를 의미하게 되었다. 2013년 9월 말에 실시된 제18대 연방하원 선거 결과도 예외는 아니다. 정당체제 변화 이론에 따르면 독일의 현재 상황은 두 번째 단계, 즉 정당 편성이 해체단계에서 세 번째 단계인 재편성단계로 진입하는 것으로 판단된다.

통일 과정은 종합예술행위에 비유될 수 있다. 인위적으로 분단된 사회체제의 계획적인 통합작업은 상당 기간에 걸친 다차원적 해법이 동원돼야만 가능한 일이기 때문이다. 분단에서 통일로의 이행 과정에는 경제적, 물질적인 부문에서부터 정치, 사회제도적인 측면 및 사회 심리적인 부문에 이르기까지 한 사회의 모든 영역이 입체적으로 총동원돼야 하는 고차방정식의 풀이 과정이다. 1945년 분단 이래 45년간 상이한 체제를 고수하며 나뉘어 살던 동·서독사회의 통일작업도 예외는 아니다. 동일한 사회체제로의 재편 작업과 균일한 정치 사회적 규범이 통용되는 정치 공동체를 수립하려는 작업은 45년간의 분단 경험을 거친 독일사회에서도 단순하고 손쉬운 일만은 아니다.

통일 사회를 꿈꾸는 우리에게 통일 독일 20년의 정치지형 변화가 시사하는 바는 자못 크다. 불안정한 모습을 보이는 우리의 정당정치에 미래 통일국가의 통합 과정에서 추가적으로 나타날 균열 요인에 기초한 혼돈스런 정치지형은 우리의 마음을 더욱 무겁게 하는 것이 사실이다. 이와 관련해 통일 이전부터 사회통합에 기반을 둔 '합리적인' 정치지형을 조성해 나가는 일은 통일 대비책 마련 작업과 관련 없는 일이 아닐 것이다.

참고문헌

김면회. 2005. "독일 총선과 정체성 논쟁: 사회민주당을 중심으로." 『유럽연구』 제22권 제2호,
　1-24.
＿＿＿. 2007. "독일사회민주당(SPD) 기본강령 개정 논의 연구: 주요 내용과 전망." 『유럽연구』
　제24권, 1-26.
＿＿＿. 2008. "경제 세계화에 대한 독일 정당의 대응 비교 연구: 사회민주당과 좌파당을
　중심으로." 『유럽연구』 제26권 제2호, 1-28.
＿＿＿. 2009. "독일의 정당 분화 연구: 신자유주의와 정치지형의 변화." 경남대학교
　극동문제연구소. 『동북아연구』 제14권 제2호, 193-221.
김영태. 2004. "독일의 정치제도와 정치과정." 유럽정치연구회 편. 『유럽정치』. 서울: 백산서당,
　41-66.
심익섭. 2009. "독일의 국가체제: 정치행정체제." 심익섭 · M. 치멕 공편. 『독일연방공화국 60년:
　1949~2009 분단국가에서 민주통일국가로』. 서울: 오름, 69-131.
안병직. 2009. "독일연방공화국 60년: 역사적 개관." 심익섭 · M. 치멕 공편. 『독일연방공화국
　60년: 1949~2009 분단국가에서 민주통일국가로』. 서울: 오름, 19-68.
장훈. 1996. "후기산업사회의 정당정치 – 서구 녹색당 성장의 사회적 기원과 정치, 제도적 요인."
　『한국정치학회보』 제30권 제1호, 321-343.
정진민. 1998. 『후기 산업사회 정당정치와 한국의 정당발전』. 서울: 한울.
＿＿＿. 2008. "유권자 이념성향 변화와 정당정치." 『한국의 정당정치와 대통령제 민주주의』.
　서울: 인간사랑, 29-58.
제프 일리. 유강은 역. 2008. 『The Left 1848-2000: 미완의 기획, 유럽좌파의 역사』. 서울:
　뿌리와 이파리.

Bartsch, Matthias. 2008. "Bruderkrieg statt Einheit." *Der Spiegel* 49/2008.
Berg, Stefan & Deggerrich, Markus and Hornig, Frank. 2009. "Das Vergiftete Erbe." *Der
　Spiegel* 43/2009.
Inglehart, R. 2008. "Changing Values among Western Publics from 1970 to 2006." *West
　European Politics*. Vol. 31. Nr. 1-2, 130-146.
Die Linke. 2007. Programmatische Eckpunkte. Berlin.
Olzog, Günter. Hans-J. Liese. 1996. *Die Politischen Parteien in Deutschland*. Günter
　Olzog Verlag.
Rudzio, Wolfgang. 1991. *Das politische System der Bundesrepublik Deutschland*. Leske
　+ Budrich.
Tempel, Karl G. 1990. *Die Parteien in der Bundesrepublik Deutschland*. Landeszentrale
　für politische Bildungsarbeit.

http://www.bundeswahlleiter.de/de/bundestagswahlen/BTW_BUND_09/
veroeffentlichungen/BTW09_Heft1_Gesamt_Internet.pdf(검색일: 2010. 5. 20)

http://www.bundeswahlleiter.de/de/landtagswahlen/ergebnisse/downloads/
lwbrandenburg2009.pdf(검색일: 2010. 5. 20)

http://www.bundeswahlleiter.de/de/landtagswahlen/ergebnisse/downloads/
lwsachsen2009.pdf(검색일: 2010. 5. 20)

http://www.bundesrat.de/nn_8328/DE/struktur/stimmenverteilung/stimmenverteilung-
node.html?_nnn=true(검색일: 2010. 5. 20)

http://www.bundeswahlleiter.de/de/landtagswahlen/ergebnisse/downloads/
lwbrandenburg2009. pdf(검색일: 2010. 5. 20)

http://www.bundeswahlleiter.de/de/landtagswahlen/ergebnisse/downloads/
lwberlin2011.pdf(검색일: 2013. 9. 29)

자유 민주주의의 역기능, 네덜란드 '고향의 정치'*

이옥연(서울대학교)

I. 서론

이 장은 네덜란드 합의제 정당정치가 사회-경제 계층 간 갈등을 봉합했지만 역설적으로 새로운 정치-문화적 균열구조를 첨예화시킨 결과, 단일한 정체성을 규정하려는 공공담론에 선점되어 동화주의를 지향하는 이민 통합정책으로 굴절되는 배경에 초점을 맞추고자 한다. 구체적으로 이장은 기존 문헌이 지적한 네덜란드의 극우파 정당 부상에 초점을 맞추나, 기존 문헌과 차별해 네덜란드 합의제 정당정치의 이면에 주목하고자 한다. 관용과 개방을 상징하는 네덜란드마저 1990년대를 거치며 이주자, 특히 무슬림 집단이 증가하면서 국가 정체성의 재발견, 즉 본토출신 선주민이 더 이상 고향이라고 부를 수 없을 정도로 변모한 국가에 대한 상실감을 만회한다는 명분을 내세우며 타지출신 이주민의 동화를 강

---

* 이 장은 "이민 통합과 굴절된 네덜란드 합의제 정당정치." 『국제정치논총』 53(3), 503-545를 이 책에 맞게 수정했음.

요했다. 따라서 이 장은 극심한 사회-경제적 균열구조 간 갈등을 극복하며 다원성에 기반을 둔 네덜란드의 합의제 정당정치가 어떻게 문화적 타자 또는 이질 집단(cultural others)을 배제하는 소위 '고향'의 정치로 굴절될 수 있는지 논의하고자 한다.[1]

1848년의 무혈 의거는 네덜란드 국정 운영의 책임 소재지를 군주로부터 의회로 이동시켜 입법부 다수당 또는 다수 연립에게 통치의 합법성을 부여했다.[2] 그러나 19세기 말까지 네덜란드의 모든 정당은 진보, 보수 또는 반혁명 등 이념적 성향의 차이에도 불구하고 당파성(partisanship)을 표명하길 거부하는 "무당파(independent)"를 자처했다. 이는 사회 통합을 달성하기 위해, 극명하게 양분된 구교와 신교 간 종교적 분열(cleavage)을 표출하지 못하도록 강구한 고육지책이었다. 왜냐하면 균열구조에 호소하여 지지층을 구축하려는 정치 엘리트는 필연적으로 국론 분열을 조장한다고 불신했기 때문에 자유 민주주의의 필수 미덕인 정당 간 경합을 지양했다. 대신 상상의 공동체(imagined community)로서

---

1   소위 '고향의 정치'를 네덜란드식 다문화주의 모델과 연계해 설명한 장으로 Jan Willem Duyvendak and Peter Scholten, "Deconstructing the Dutch Multicultural Model: A Frame Perspective on Dutch Immigrant Integration Policymaking," *Comparative European Politics* 10-3 (2012), pp. 266-282와 Rogier van Reekum and Jan Willem Duyvendak, "Running from Our Shadows: the Performative Impact of Policy Diagnoses in Dutch Debates on Immigrant Integration," *Patterns of Prejudice* 46-5 (2012), pp. 445-466을 참조하기 바란다. 이 장의 주요 취지는 경험적 연구 분석의 틀을 개발하기 이전 단계의 초기 작업 결과물로서 문화사회학 분야에서 개진한 담론을 중심으로 기존의 제도주의 분석틀을 보완하는 관점을 제기하는 데 있다.

2   1848년 네덜란드 왕국 기본법을 작성했고 이후 세 차례 수상을 역임한 요한 루돌프 토르베커(Johan Rudolph Thorbecke)는 신앙(faith)과 정치(politics) 간 유기적 관계를 중시한 칼뱅(Calvin)파였다. 그가 성공적으로 안착시킨 의회민주주의의 배경에는 이 유기적 관계를 구현한 공동체가 전제되었다. 따라서 이념 체계를 바탕으로 지지층을 구축하는 대중 영합적 정당정치를 불신한 결과, 향후 150여 년간 최소한 표면적으로는 당파성의 중립을 표방하는 의원내각제가 지속되었다.

열린 정치 체제를 지향하는 무당파적 정당정치에 기반을 두는 통치체제를 건설하려고 노력했다.

그러나 150여 년이 지난 후, 2002년 선거에서 부상한 극우파 정당 LPF는 연립내각 참여를 통해 네덜란드를 상징하는 관용과 개방의 전통을 깨트렸다. 비록 핌 포르투완의 분신인 LPF는 자체 분해되었으나 그가 주창한 "핌의 정신(de geest van Pim)"이나 "핌의 생각(het ge-dachtegoed van Pim)"은 기존 정당의 정강 일부에서 부활했다. 결국 다양성 존중을 자부하던 네덜란드에서도 공공담론의 장에서 합의된 금기에 대한 족쇄가 완전히 풀렸다. 무엇보다 1980년대부터 시작한 네덜란드의 단일한 정체성에 대한 대중 영합적 열광은 극우 및 극좌파뿐 아니라 중도파에게 선명한 성공의 기억으로 건재하다.[3] 다만 네덜란드의 정신이나 생각까지 핌과 그 추종 세력에게 완전히 점령당했다고 속단하기는 이르다. 2012년 하원선거 결과 PVV는 가까스로 제3정당의 지위를 지켰으나 다시 군소정당으로 위축된 사실이 이러한 판단의 유보를 가능케 한다.[4]

네덜란드의 극우파 정당도 다른 유럽의 극우파 정당과 유사하게 기존 제도권 내 정당의 부패와 타락을 비난하며 정치권의 개혁을 요구하는 대중 영합적 요소를 지닌다. 그리고 정당의 주요 정강에서 '모국

---

3 비록 핌 포르투완(Pim Fortuyn) 당대표의 암살 이후 LPF는 내분으로 군소정당으로 전락했다가 해체됐지만, 곧 후계자를 자처한 PVV가 창설되어 제3정당의 지위를 확보했다. 게다가 기존 정당인 중도우파 VVD나 우파 CDA가 LPF의 정치적 탐험을 일부 재생산했다. 이하 언급된 정당 명칭은 〈표 2〉를 참조하기 바란다.

4 PVV는 2012년 선거 의제가 이민제한이 아닌 유로 사태로 인한 유로존 탈퇴 여부에 초점이 맞춰졌다고 항변했다. 심지어 유로존 탈퇴를 내세운 PVV 대신 친유로 행보를 주창한 VVD와 PvdA를 선택한 유권자가 기만당했다고 변명했다. 또한 이민과 사회통합 문제는 여전히 PVV가 독보적으로 주도한다고 강조했다. 그러나 분명한 사실은 공공담론의 장에서 경합을 벌인 결과 극단적 주장으로 일관된 PVV의 정강을 유권자가 마침내 거부했다는 점이다.

(heartland)'을 보존하는 구체적 실현방안으로 이민 제한과 복지국가 수혜 자격론을 제안한다. 따라서 국가 정체성과 국민의 자질 논의를 근간으로 사회통합 정책을 지지한다. 또한 이러한 배타적 민족국가관과 유럽통합의 심화로 인한 민족국가 주권의 침식에 대한 거부 반응을 공공담론으로 취합해, 유럽통합 프로젝트에 대한 심판의 준거로 활용하기도 한다 (van Gorp 2012, 66).[5] 특이한 점은 네덜란드 대중 영합적 정당 대다수는 사회-경제식 균열구조와 별도로 정치 문화적 균열구조에 근거해 기존 합의제 정당정치에 도전하기보다 합의제 정당정치의 공백을 채우는 전략을 구사하며 지지층을 확보하는 데 성공했다는 사실이다. 이들 대중 영합적 국소정당은 복수 정당제와 비례선거제에서 선거 결과에 따라 권력 기반을 상실할 수도, 확대할 수도 있다. 특히 의회 다수당의 단독집권이 어려운 네덜란드의 합의제 정당정치와 연립내각 정부 구조에서 공공담론 장(場)의 기공(pore)이 크다. 따라서 만약 배타적 정치-문화적 균열구조가 선거의제로서 현저성(salience)을 더하고 소수 대중 영합적 정당이 국정운영에서 핵심 역할을 하는 중추 정당(pivot party)으로 입지를 굳히는 경우, 공공담론을 주도할 가능성이 증대한다.

이에 이 장은 우선 네덜란드의 정당체계 변화를 검토하며 기존 제도주의 설명 틀의 이론적 기여를 정리하고, 1980년대 이후 자리 매김한 네덜란드의 정치 변동을 보다 체계적으로 설명할 수 있는 담론 제도주의를 논의하며 보완하고자 한다. 이어서 담론 제도주의 관점에서 어떻게 소규모의 대중 영합적 정당이 집권연립에 참여해 수상을 배출한 다수당을 공공담론의 장(場)에서 선점할 수 있는지 정당제의 발전 경로에 주목하여 추론하고자 한다. 이어 1980년대 이후 기존 정당이 이민 문제의 담론을

---

5   실제로 '고향의 정치(politics of home)'라는 용어를 사용한 학자는 두와펜닥(Jan Willem Duyvendak, 2011)이다.

주도하지 못한 결과 국소 정당에게 선점당한 경로를 부연 설명하며 이민 통합정책의 변동을 분석하고자 한다. 그리고 결론에서 열린 정치 공간을 표명하는 공공담론이 때로는 갈등 조정의 작동기제를 굴절시켜 새로운 경계 짓기의 폐단을 낳을 수 있는 '고향'의 정치(politics of home) 사례로서 이민 증가와 사회통합이라는 과제를 풀어가는 네덜란드를 조망하며, 다문화사회로 진입한 우리에게 던지는 함의를 논하고자 한다(Duyvendak 2011, 22).

II. 네덜란드 정당정치 역사와 제도주의 설명 틀 비교

1. 네덜란드 정당정치 역사

대체로 현대 네덜란드의 정당체계는 2차 대전 후부터 1967년까지, 1967년 이후부터 1977년까지, 1977년 이후부터 2002년까지, 그리고 2002년 이후 등 네 단계로 분류된다. 네덜란드는 20세기 초 종교적 균열구조와 정치 이념적 균열구조가 병렬된 네덜란드식 균열구조화(pillarization, *verzuiling*)가 사회 안정을 제고했다. 그 결과 네덜란드 사회는 가톨릭계, 네덜란드 신교도계, 보수계, 진보계로 분리되어, 각 집단을 대변하는 주요 정당은 각 집단에 고유한 주거, 고용, 교육, 문화, 복지, 대중매체 등을 운영할 수 있는 재정지원을 중앙정부로부터 받으며 상호 격리된, 동등한 균열구조(pillars)를 유지했다. 그 결과 균열구조에 기반을 두는 정체성과 연대 의식이 형성되었고, 균열구조 간 교류나 접촉은 최소화해 충돌의 소지를 사전에 차단했다(Uitermark 2012, 62-3). 이러한 권력구조를 존속하기 위해서는 집단 간 권력을 독차지하려는 경합보다 협의를 통해 권력 관계의 조정을 도모하는 합의제 정당정치와 다양한 이견을 수용하고 심지어 극소수의 요구도 반영하는 선거제도가 필요했다. 더불어 네덜란드에서는 지속적으로 연립정부를 통해 정권이 창출되었다.

그러나 1960년대 세속화가 가속화되자, 공공 서비스를 제공하던 사적 구호단체의 업무를 중앙정부가 관장하면서 균열구조가 해체되기 시작했다. 결국 균열구조 해체(depillarization)가 표면으로 드러난 1967년 선거는 균열구조에 기반을 둔 첫 번째 정당체계와 이를 덜피하려는 두 번째 정당체계 간 분기점이었다. 특히 사회자유주의 노선을 표방하는 D66(Democrats 66)이 신당으로 창설되어 총 7개의 하원의석과 의석점유율 4.7%를 확보한 쾌거를 올렸다.[6] 이후 보수파인 KVP, ARP, CHU가 합쳐 CDA(Christian Democratic Appeal)를 창설하고, 1977년 선거에서 보수파 CD와 중도우파 VVD가 연립내각을 형성하면서 세 번째 정당체계로 전환되었다.[7] 따라서 세 번째 정당체계는 보수파와 진보파로 양분된 정치 세력의 결집이 이뤄진 시기였다. 마침내 21세기 들어 최초로 치른 2002년 선거에서는 우파 군소정당 RPF(Reformatory Political Federation)와 GPV(Reformed Political League)가 합쳐 Christen-Unie를 창설하면서 네 번째 정당체계로 전환했다. 더구나 극우파 LPF(List Pim Fortuyn)가 창설되자마자 연립내각에 참여하는 기염을 토했다.[8] 결

---

6   그 결과 당시 초기 진보파인 PvdA(Labor Party)와 보수파인 KVP(Catholic People's Party)와 ARP(Anti-Revolutionary Party)로 형성된 거대연립내각은 PvdA의 반발로 해체되었다. 곧 KVP와 ARP 간 과도기 소수 연립내각이 형성되었고, 이어 보수파인 KVP, ARP, CHU(Christian Historical Union)와 중도 우파인 VVD(People's Party for Freedom and Democrats)가 연립내각을 형성했다. 이후 이러한 우파 연립내각은 1972년 진보파 PvdA와 보수파인 KVP 및 ARP가 거대연립내각을 형성할 때까지 이어졌다.

7   1989년 선거에서는 좌파 군소정당 CPN(Communist Party of the Netherlands)과 PSP(Pacifist Socialist Party), PPR(Political Party of Radicals), EVP(Evangelical People's Party)가 합쳐 Groen-Links를 창설했다.

8   1971년부터 2010년까지 선거결과는 http://www.ipu.org/parline-e/reports/2231_arc.

과적으로 현재 진행형인 네 번째 정당체계는 보수파 중에서도 한층 우파
성향이 강한 군소정당들이 정치 세력을 결집한 시기였다.

그렇다면 두 번째 정당체계에서 세 번째 정당체계로, 다시 세 번째
정당체계에서 네 번째 정당체계로 전환된 정치 발전을 어떻게 설명할 수
있을까? 특히 공식적으로는 다원성을 표명하는 합의제 정당정치가 지
속되었으나, 결국 세 번째 정당체계로 전환한 1980년대 이후 이민 문제
가 공론화되면서 역으로 문화적 타자(cultural others)인 이민자, 특히
무슬림 집단에게 단일한 네덜란드의 정체성에로 동화하도록 제도적 절
차를 구비한 이민 통합정책으로 귀결되었다(Entzinger 2006, 177-201;
Joppke 2007, 1-22; Scholten 2011, 278-81). 표면적으로 나타나는 상호
배제의 관계에도 불구하고, 어떻게 공식적 다원주의(pluralism)와 실질
적 단일주의(monism)를 아우를 수 있는 정치 발전이 네덜란드에서 가
능해졌을까?[9]

그 연원을 균열구조화(pillarization)와 연이은 균열구조 해체(de-
pillarization)로 점철된 네덜란드 정치 발전 과정에서 찾을 수 있다. 비
록 균열구조 자체는 표면적으로 소멸되었으나, 균열구조에 근거해 형성
된 공공담론의 장(場)과 합의제 정당정치 간 역학에 남긴 족적은 여전히
유효하다고 볼 수 있다. 우선 균열구조화 여파로 종교적 소수집단은 균
열구조의 전통에 준해 여전히 중앙정부로부터 종교 기관뿐 아니라 고유
의 종파 교리에 충실한 교육기관이나 언론-방송매체에 대한 재정지원을
요구할 권리를 지녔다. 더불어 국가가 단일 선거구역인 네덜란드에서는

---

htm, 이전 선거결과는 http://psephos.adam-carr.net/countries/n/netherlands/neth-
erlandsindex2.shtml을 참조했다.

9   반레쿰과 두와펜닥은 "공식적 다문화주의의 그늘에서 '인종적 하층계급(ethnic under-
class)'이 버젓이 자랐다(van Reekum and Duyvendak 2012, 446)"라는 Joppke의 논의
를 인용했다.

0.67퍼센트의 득표하한선을 채택한 선거제도로 인해 신생정당도 용이하게 의회정당으로 진출했다. 이는 다른 서유럽국가와 비교해서 월등하게 많은 무슬림 교육 기관의 설립을 가능하게 했을 뿐 아니라, 이에 대한 재정을 중앙정부가 주로 지원했다.

흥미로운 현상은 1960년대의 반체제 혁신운동이 성공한 후 이를 1990년대에 불거진 국가정체성 논의에서 활용한 극소정당의 돌풍이다. 균열구조 해체가 진행되면서, 서로 다른 균열구조 간 상호 교류와 의견 충돌이 증가하기 시작했다. 비록 합의제 정당정치의 전통이 전면적 대결로 치닫지 않도록 명맥을 유지했으나, 균열구조 내 소통에 충실하던 언론-방송매체가 균열구조 해체로 인해 일반 구독자를 대상으로 넓히면서 전국적 공공담론의 장을 제공했다. 그 결과 1960년대 말기까지 지속된 혁신운동은 여성의 권리 신장, 이혼이나 동성애 인정, 주택 보조, 실업 수당 지급, 종교와 표현의 자유 보장 등 사회정책의 변혁을 주창하는 공공담론의 형성에 기여했고, 이는 궁극적으로 다수가 수용하는 보편적 네덜란드의 정신으로 정립되었다(Duyvendak 2011, 88; Uitermark 2012, 65).

동시에 1970년대와 1980년대에 이르기까지 이민 문제는 전통적 방식인 균열구조에 충실해 중앙정부의 재정지원으로 사회통합정책에 일률적으로 편입되기 시작했다. 이민자 집단의 다양한 속성을 무시하고 네덜란드 국가의 구성원을 본토출신 선주민(*autochtonen*)과 본토 출생이나 시민권 소지 여부와 관계없이 타지출신 이주민(*allochtonen*)으로 구별하는 이분법적 공공담론이 바로 이 무렵 형성되었다. 문제는 다문화주의를 주창하면서 네덜란드의 정신과 배치되는 이질적 요소를 포기해야 이민 통합이 가능하다고 전제했다는 점이다.[10] 그러나 타지출신 이주민들이 정치적 발언권과 더불어 중앙정부로부터 재정적 지원을 보장받는 권리를 향유하면서 정작 네덜란드의 정체성을 구성하는 가치관 및 규범을 거부하는 데 선주민의 반발이 불거지기 시작했고 이러한 반발은 공공담론의 장에서 드러났다.

달리 말하자면, 네덜란드의 다문화주의는 역설적으로 국가, 민족 및 국민을 총괄하는 단일한 사회통합을 전제하기 때문에 가능하다는 발상에 근거했다. 균열구조화 시기를 거치며 문화 다원주의가 사회규범으로 정착되면서, 그 연장선에서 이민자 집단의 이질적 문화에 대한 개방과 관용이 사회통합의 주요 관건이라고 간주한 다문화정책을 상정했다. 그러나 일부 학자는 일관된 이민 통합정책 기조로서 다문화주의 모델은 네덜란드의 사회통합을 반영하는 실상이 아니라고 반박한다(Duyvendak and Scholten 2012, 268). 왜냐하면 국가 차원에서 부여된 단일한 이민 통합 모델은 사회 구성원들이 이민 문제를 규정하거나, 대상 집단을 임의로 특정 사회계층으로 분류하거나, 이민 문제와 그 해결책 간 인과관계를 성립시키는 이론이나 설명 틀을 설정하거나, 연관된 가치관이나 규범을 선별하는 이견 조정과 공론 집결의 과정에서 형성된 인위적 결과물이기 때문이다. 결과적으로 네덜란드의 다원사회에서 집단적 정체성에 대한 논의가 진행되면서 정치–문화적 분열 간극이 오히려 심화되었다. 그리고 그 작동기제가 바로 합의제 정당정치였으며, 1960년대 반체제 혁신운동에 기여한 전국적 망에 기반을 둔 언론–방송매체가 1990년대 이민 문제를 둘러싼 공공담론의 장(場)을 제공했다는 점은 아이러니다.

---

10 예컨대 노동당 소속 케머나데(Jos van Kemenade) 교육부 장관은 "네덜란드 사회와 헌법에 위배되는 신체 형벌, 일부다처제, 미성년자 강제 결혼, 여성 탄압, 의무 교육 회피 등은 비록 이민자 집단의 고유한 규범이더라도 보존될 가치가 없다. 네덜란드 가치관 체계로의 동화가 우선시되어야 한다."라고 역설했다.

2. 제도주의 설명 틀 비교

네덜란드의 정치발전을 설명하려면, 대체로 복수정당이 난립하면서도 비교적 안정된 정국운영이 구현된 합의제 정당정치와 연립내각 정부에 초점을 맞춘다. 제도주의 관점은 결정적 전기(critical juncture) 전후로 정당제도의 변천 시기를 구분해 접근한다. 특히 결정적 전기는 정치 조경의 유지 또는 변화 여부를 판별할 수 있는 주요 준서로서, 정치발진의 경로를 추적할 수 있다. 그 결과 제도주의는 결정적 전기를 전후로 어떤 요건이 작용했는지, 어떠한 결과가 나타났는지, 또는 이러한 변화나 지속성이 사회 구성원과 조직에 어떠한 파장효과를 불러왔는지 설명할 수 있는 틀을 제공한다. 그러나 결정적 전기가 어떻게 작동하는지에 대한 이견이 제도주의 분파 간 존재한다.

제도주의는 크게 역사 제도주의, 합리적 선택 이론 또는 신제도주의 및 담론 제도주의로 분류된다. 이 중 역사 제도주의 설명 틀은 정치 엘리트가 주도한 제도의 변혁이 발생하기까지 제도는 안정적으로 유지된다고 가정한다. 그리고 행위자인 정치 엘리트가 주동해서 한 정당체계에서 다른 정당체계로 전환시킨 결과, 정치 발전이 이뤄진다고 상정한다. 더불어 전환된 새로운 정당체계가 안정되는 단계로 진입하면, 다른 경로로 이탈하거나 방향전환은 거의 불가능하다고 상정한다. 따라서 이러한 경로 의존성을 강조하는 역사 제도주의는 제도 전환점까지 제도가 행위자의 이해관계를 규정한다고 강조한다. 즉 한 정당체계가 지속되는 동안 정치 엘리트 간 권력분포가 특정 정책에 지대한 영향을 미친다는 결론에 이른다.

이 역사 제도주의를 네덜란드의 정치발전에 적용하면, 앞서 순차적으로 4개로 분류한 정당체계를 합의제 정부시대(2차 대전 후~1967년),

세속화 시대(1967년 이후~1977년), 합의제 정부의 복귀 시대(1978년 이후~2002년), 그리고 극심한 분극화 시대(2002년 이후~현재)로 명명할 수 있다. 이 장은 그 분기점에서 이민 문제를 공론화한 결과물로서 이민 통합정책의 기조가 형성되었다는 점에 동의한다. 다만 이민 문제는 극심한 분극화 시대를 연 2002년보다 훨씬 먼저 1990년대부터 갈등 요소를 내포한 정치 의제로 등장했다(ter Wal 2007, 249-62).[11] 그러나 역사 제도주의 이론은 행위자가 제도 변동을 주도해 분기점이 형성되었는지 여부를 강조하는 데 그친다. 실제로 그 분기점이 형성된 이후 변화된 제도는 다시 행위자의 행동반경에 영향을 끼칠 수 있고, 그 결과 방향 전환이나 심지어 다른 역사 경로로의 이탈까지 가능하다. 결국 1960년대와 1990년대 간 네덜란드의 정치발전을 역사 제도주의 관점에 경도해 설명하는 데 한계가 있다.

이러한 역사 제도주의의 취약점인 행위자 관점에 주력해, 정당제도의 진화를 간결하게 설명하는 합리적 선택 이론 및 신제도주의는 유권자의 기대에 부응하지 못한 정당이 도태되고 새로운 정당이 창설된 결과, 정당체계가 전환한다고 주장한다(Ignazi 2006, 22-6). 그러나 신제도주의는 특정 정당이 유권자에 응답하지 못하는 대가를 숙지하면서도 결과적으로 왜 유권자를 만족시키지 못했는지 충분한 설명을 내놓지 못한다(김민정 · 홍지영 2012, 197-232; 고상두 · 기주옥 2013, 185-220).[12] 예컨

---

11 심지어 중도우파 VVD 당수인 프리츠 볼컨스타인(Frits Bolkenstein)은 거센 비난에도 불구하고 무슬림 문제나 이민 정책을 1994년이나 1998년에 주요 선거 의제로 활용했다.

12 김민정 · 홍지영(2012)은 유권자가 극우정당을 지지하는 원인이 각 국가마다 다양하다고 지적한다. 그러나 좌우 균열의 이념적 동기와 유권자 개인의 교육 수준은 공통적으로 중요하며, 덴마크에서처럼 경우에 따라 문화적 차원의 균열과 같은 새로운 요소로 인한 영향도 가능하다고 거론한다. 고상두 · 기주옥(2013)도 스페인에서 사회-경제적 및 정치-제도적 여건이 충족되지만 극우정당이 성공하지 못하는 원인을 정치-문화적 특성에 기인한다고 강조한다.

대 1990년대 이후 이민 통합정책 등 사회-문화 의제의 중요성이 증대했고, 이를 인지한 많은 정당은 부산하게 움직였다. 극우 LPF, PVV 및 좌파 SP, 중도 좌파 D66 등은 신속히 이민과 통합정책에 대한 요구에 부응해 정당강령에서 우위를 점하는 정책안을 제시했다. 이와 대조적으로 우파 CDA, 중도우파 VVD 및 좌파 PvdA 등은 신속한 대응의 절실함을 인지했음에도 불구하고 결국 내분에 휩싸여 지지층을 잠식당하는 수모를 겪었다(Erk 2009, 73-86).

이는 정당을 분류하는 기본 축이 비단 사회-경제 측면에 제한되지 않고 정치-문화 측면을 포함하며, 나아가 두 측면이 반드시 일치하지 않을 뿐더러 이를 활용하는 정당 내부의 수렴 능력 차이에 따라 정치적 자산이 되기도 하고 역으로 정치적 부담이 되는 경우도 발생하기 때문이다. 특히 합의제 정부 전통으로 복귀한 이후에 오히려 첨예한 양극화가 전개된 배경을 설명하기 위해서는 정치적 지각변동을 통감한 정당이 어떤 경우에 성공적으로 대응하는지 보완해야 한다. 역사 제도주의나 신제도주의 이론뿐 아니라 사회 제도주의도 2002년 선거에서 약진한 LPF의 뒤늦은 성공 배경에 관해서 충분히 설명하지 못한다. 예컨대 오스트리아, 벨기에, 프랑스, 덴마크, 노르웨이 등 서유럽 국가에서는 극우정당이 1980년대에 본격적으로 정치 무대에 등장하여 1990년대에 급성장했다.[13] 그러나 네덜란드에서는 CP나 CD 등 극우 성향의 군소정당이 나타났다가 자취를 감췄다.[14] 이러한 예외적 현상에 대해 일부 학자들은 다

---

13 이들 극우 정당 대다수는 21세기에도 득표율에서 약진을 지속했다. 오스트리아 자유당은 17.54%(2008년), 덴마크 민중당은 13.86%(2007년), 노르웨이의 진보당은 22.91%(2009년)를 얻었다.

14 네덜란드에서 극우 성향의 정당이 출현한 데에 경악한 대다수 정당은 두 정당의 선동적 언행으로 인해 정치권이 전염되지 않도록 이민 문제의 노골적 공략을 금지하는 '차단선(cordon sanitaire)' 조치를 내렸다.

른 서유럽 국가와 달리 '국가 중심적 전통'이 결여된 덕분이라든가, 2차 대전 중 나치의 유태인 박해에 조력한 전력에 대한 '통한의 역사 또는 문화'로 인해 극우 정당이 다른 서유럽 국가처럼 성공하지 못한다고 진단했다(van Gorp 2012, 30). 그런데 불과 10여 년 후 2002년 선거에서 선전한 극우파 LPF는 연립내각에 참여하는 이변을 일으켰다.[15]

사회 제도주의는 구성주의적 관점에서 행위자의 행위 원인을 문화 또는 규범에 의거해 해석하는 이점을 지니지만, 이렇게 사회적으로 구성된 관념조차 근본적으로 문화 상대주의의 취약점을 극복하지 못한다는 사실을 네덜란드의 극우 정당 사례가 보여준다. 즉, '국가 중심적 전통'이 결여되거나 2차 대전에서 유래한 '통한의 문화'가 자리매김한 역사 경험에도 불구하고, 네덜란드에서도 극우 정당은 상당한 지지층을 구축하고 나아가 집권에 참여하는 위업을 달성했다. 사회 제도주의는 바로 이러한 네덜란드의 돌발적 변신이 어떻게, 왜 가능한지 충분히 설명하지 못한다.

담론 제도주의(discursive institutionalism)는 바로 이러한 한계를 극복할 수 있다. 구체적으로 담론은 ① 정치 발전 과정의 연결 고리를 구축하기 위해 정치 엘리트를 포함한 지식층이 정책 구상에 대해 상호 협의하면서 구성되는 '조정담론(coordinative discourse)'과 ② 지식층과 일반 유권자 간 정책의 유효적절성에 관해 의사를 전달하는 과정에서 구성되는 '소통담론(communicative discourse)'으로 나뉜다. 더불어 네덜란드 총무부 산하 독립 연구소인 정부정책 과학심의회(WRR, *Weten-*

---

15 LPF는 2002년 선거 후 26개 하원의석을 점유한 비중 있는 소정당에서 2003년 선거 후 8개 의석만 확보해 군소정당으로 전락했다. 그러나 2006년 선거에서 PVV로 병합되어 9개 의석을 확보했고, 이어 2010년에 24개 의석을 확보했으나 연립내각에 참여하지 않는다고 선언하면서 네덜란드의 정국 변동에 결정적 영향력을 발휘할 수 있는 제2 원내정당으로 등극했다.

표 1. 공공담론의 형성

공공담론1	의사결정 구조	
	단층 의사결정 구조	**복층 의사결정 구조**
조정담론 〉 소통담론	단선식	복합적
조정담론 〈 소통담론	복합적	단선식

출처: van Gorp (2012), p. 33 Table 1.3을 논지에 맞게 공공담론의 관계를 추가해 재정리함.

schappelijke Raad voor het Regeringsbeleid)의 보고서나 이에 대한 여야 정당의 공식적 소견 발표, 그리고 학계의 연구결과물 등은 조정담론이 형성되는 과정을 추론할 수 있는 증빙자료다. 반면 다양한 언론매체나 단체를 거쳐 공적 또는 사적 공간에서 회자되는 여론뿐 아니라, 정부나 정당에서 직접 발표하는 대국민 회견 등은 소통담론이 정립되는 과정을 추적할 수 있는 자료다. 조정담론과 소통담론 간 관계는 각 담론의 상대적 강도와 의사결정자의 수 및 의사결정 구조에 의해 〈표 1〉에서 보듯이 네 가지 유형의 조합이 가능하다(van Gorp 2012, 32-4).

예컨대 강한 '조정담론'과 약한 '소통담론'이 단층 의사결정 구조에서 결합되거나 또는 약한 '조정담론'과 강한 '소통담론'이 복층 의사결정 구조에서 결합되면, 정치 발전이 단선적으로 진행되는 경향이 크다. 전자의 경우 지식층 간 상호협의로 형성된 '조정담론'이 강한 반면 지식층과 일반 유권자 간 의사전달로 형성된 '소통담론'이 약한 조건에서 의사결정 구조마저 단층이라면, 이는 하향식(top-down) 변화를 가리킨다. 반면 지식층 간 '조정담론'이 약하지만 지식층과 일반 유권자 간 '소통담론'이 강한 후자의 경우, 복층 의사결정 구조를 활용한 상향식(bottom-up) 변화가 훨씬 용이하다. 결국 어떤 경우든 정치 발전은 단선적으로 진행될 소지가 크다. 이와 대조적으로 강한 '조정담론'과 약한 '소통담론'이 복층 의사결정 구조에서 결합되거나 또는 약한 '조정담론'과 강한 '소통담론'이 단층 의사결정 구조에서 결합되면, 정치 발전의 양상이 복합적 성향을 띠기 쉽다. 이 중 후자의 경우는 변화에 대한 요구가 지나치게 정치화하면서 혁명이나 체제 전복으로 치달을 가능성이 농후하다.

네덜란드는 강한 '조정담론'과 약한 '소통담론'이 복수 의사결정 구조에서 결합된 복합 정치체(compound polity)로서 그 공공담론이 복합적 성향을 띤다. 특히 연립내각이 이어진 집권 역사를 비추어 보면, 지식층 간 협의는 구체적 내용보다 추상적 원론에 대한 합의에 중점을 두었다. 더불어 연립내각의 구성원이 빈번하게 바뀌었기 때문에, 원내 야당도 구체적 내용을 거론하기보다 추상적 원론에 대한 모호한 반대 입장을 표명하는 데 그쳤다. 구체적으로 열린 상상의 공동체를 전제한 이민 문제에서 1970년대까지 "네덜란드 정체성," "시민권," "본토출신 또는 토종" 등 용어는 거의 사용되지 않았다(Hurenkamp et al. 2011, 206).[16] 그러나 1980년대에 산발적으로 정치권에 회자되면서 1990년대부터 정치권, 정부 부처, 학계뿐 아니라 일반 시민도 빈번하게 개념 정의와 그 준거 및 명분에 대한 논의에 심취했다. 무엇보다 앞서 지적했듯이 전국적 망을 구축한 언론-방송매체는 전국적 공공담론을 부추기며 체제 변혁의 발판을 제공했다. 이러한 현상을 단순하게 극우파 정당의 출현이나 사회경제 여건의 변화만으로 설명하기에 부족하다.

모든 정치체에서는 선거 전후로 '소통담론'의 중요성이 상대적으로 증가하기 마련이다. 그런데 특히 복합 정치체에서 '조정담론'이 결렬되면, '소통담론'은 무소불위의 절대적 영향력을 발휘할 수 있다(Schmidt 2006, 202).[17] 왜냐하면 복합 정치체의 경우, 결집력이 높은 군소정당은

---

16 1990년부터 2006년까지 "시민권"이라는 단어가 언급된 횟수를 비교한 〈Figure 1〉에 의하면, 5대 주요 신문의 경우 1990년 초반부에는 거의 없지만 1996년 총 100회, 2004년 총 280여 회로 폭증했다.

17 테오 반고흐 살인 사건 이후 암스테르담 근교에 어떤 정치적 파란이 발생했는지 관찰한 Uitermark and Gielen(2010)의 연구를 일례로 들 수 있다. 우선 언론매체는 범인이 무슬

선거철이 아닌 기간에도 이전 선거에서 결렬된 '조정담론'을 빌미로 국론을 양분시킬 정도의 위력으로 '소통담론'을 주도하거나, 반대로 '소통담론'의 선점효과를 근거로 장래의 '조정담론'을 조작할 수 있는 여지가 크기 때문이다. 더불어 통합정책을 둘러싼 정치-문화적 균열구조가 좌우 이념적 균열구조보다 더 중대한 현저성(salience)을 지니면, 주요 현안인 이민 문제에 관한 담론은 분명 사회통합 제도의 대변동을 초래할 만한 영향력을 지닌다.[10] 문제는 일부 군소정당이 이러한 이점을 충분히 활용할 수 있는 반면에, 상대적으로 규모가 큰 정당은 내홍으로 인해 이점을 제대로 살리지 못한다는 점이다. 이는 특정 제도가 담론 형성에 득이 될 수도 있고 해가 될 수도 있다는 의미이며, 나아가 이렇게 형성된 담론이 제도 속에서 구체화될 수 있다는 의미다(Béland and Lecours 2008).

네덜란드 합의제 정부의 최대 수혜자인 일부 큰 정당은 그 유업이 족쇄가 되어 이민 통합정책 담론을 주도하기보다 공세적 담론을 퍼붓는 일부 군소정당에 대한 방어나 부분 모방에 급급했다. 게다가 유럽통합이 심화되고 네덜란드 국가 내 거주인구의 다양성이 동시에 증가하는 시점에 네덜란드의 국가-민족 인식이 고양되는 가운데 정체성과 다면성을 모두 포용해야 하는 압박감이 증폭되었다(Hunter 2002). 사회 구성의 이질성이 증대하면, "문화적으로 내재된 정체성(culturally embedded identity)", 즉 문화 정체성은 언어나 종교 등 표면적으로 드러나는 차이점보

림이라는 점을 강조해 무슬림 집단을 네덜란드의 주류 문화에 동화되지 않으려고 저항하는 반발 세력으로 규정했다. 그리고 극우파 정당은 반발 세력인 무슬림 집단의 극단적 행동을 규제하기 위한 정부의 개입을 정당화하는 데 앞장섰다. 더불어 네덜란드 언어 능력 습득 및 자격시험 조건을 부과하는 등 동화주의를 지향하는 이민 통합정책에 대한 지지를 천명했다.

18 대표적 사례가 LPF의 후신인 PVV이다. 연립내각에 참여하지 않기 때문에, 이민 문제와 통합정책에 관한 논의에서 협의를 도출하기 위한 표현의 절제를 우려하지 않아도 된다는 이점을 활용한다.

다 "특정 집단이 세상과 자신 간 관계를 설정한" 관념과 그를 실행하는 단계에서 발생하는 간극 때문에 형성된다는 사실을 주시해야 한다(이옥연 2011, 133). 따라서 리쎄(Risse)는 기존의 사회-경제적 균열구조보다 정치-문화적 균열구조에 의한 대립 상황이 훨씬 한층 크고 깊은 파장 폭을 조장한다고 우려한다.[19] 다음 절에서는 네덜란드 정치의 지각 변동을 검토하면서 이민 문제와 통합정책을 둘러싼 공적 담론의 추이에 초점을 맞추고자 한다.

III. 정치-문화적 균열구조의 부상과 합의제 정당정치의 이면

1960년대 이전에는 사회-경제적 균열구조와 더불어 종교적 균열구조가 유권자의 지지층을 형성하는 주요 축으로 작동한 균열구조화 시기로 합의제 정부에 의해서 국정운영이 안정되었다.[20] 그러나 1960년 이후 병렬된 균열구조가 그 결집력을 상실하면서 세속화가 가속화했고, 좌우 이념 대립에 더해 제도권에 대한 반발로 분극화가 심화되었다. 이후 1977년부터 약 십여 년간 PvdA, VVD, CDA 등 3개 대정당과 중대규모의 중간정당인 D66의 좌우에 포진한 군소정당들로 구성된 가운데 합의제 정부가 복귀했다. 그런데 바로 이 잠재기를 거치며 1980년대 후반부에 1960

---

19 이를 도식화한 이옥연(2011, 140)의 각주 24를 참조하면, 대중영합(populist) 정당은 극좌와 극우에 포진하여 좌우 대립에도 불구하고 정치-문화적 균열구조에 따른 국론 분열을 조장하기 때문에 갈등과 이해 조정을 심의를 통해 도출하는 민주주의의 근간마저 흔들 가능성이 농후하다.

20 네덜란드는 1956년에 최저득표율(threshold)을 1퍼센트에서 0.6666퍼센트로 내린 동시에 하원의석 수를 100개에서 150개로 늘렸다. 이후 7개부터 14개에 이르는 복수 다당제가 정착했으나, 1967년까지는 5개의 정당이 90퍼센트의 하원의석을 점유한 제1정당체계가 지속했다.

년대 이후 상실된 사회-경제적 균열구조를 대체하는 새로운 정치-문화적 균열구조를 갈구하는 정치 시장이 서서히 형성되었다. 또한 이민 증가가 동시에 진행되면서, 이민 문제와 통합정책이 문화적 균열구조에 근거한 핵심 정치 의제로 부상했다(Green 2009, 41-60). 1960년대 반체제 혁신운동의 결과로 네덜란드의 정체성은 진보성향의 공감대에 명분을 두었고, 이는 탈종교, 탈권위, 동질의 문화 관습으로 수렴되는 문화적 동질화가 발생했다. 이 소절에서는 1970년대 이후 이민자 집단 중 특히 빠른 속도로 증가한 무슬림 집단이 종교, 이념 및 문화 가치관의 세 영역에서 모두 네덜란드의 정체성에 중대한 위협을 가할 이질성을 고수한다는 경계심을 자극했다는 점에 초점을 맞추고자 한다.

신제도주의 분석 틀에 의거해 좌우 이념 순으로 단순하게 배열된 정당별 총 의석점유율은 어떻게, 그리고 왜 정당체계의 변화가 일어났는지 파악하는 분석 도구로서 한계를 드러낸다. 이러한 제약은 연립내각의 참여정당 규모, 참여정당의 사회-경제적 균열구조상 이념노선의 위치 및 수상을 배출한 정당 입지를 보여주는 〈표 2〉를 통해 일부 해소할 수 있다. 네덜란드의 수상은 다른 의원내각제에 비교해 복수 다당제하 연립내각의 총수라는 취약점으로 강력한 조직 장악력과 정책 추동력이 부족하다(Bertossi 2010, 235-51). 그럼에도 수상이 소속된 정당이 중추 정당(pivot party)인지 여부에 따라 정치 엘리트 간 협의가 얼마나 용이했는지 총괄적으로 확인할 수 있다.[21] 중추 행위자인 75번째 의원의 좌우 양편에 동등한 수의 의원들이 배치되므로, 과반수 의석을 확보하고 정국을 주도하기 위해서는 그 가상의 중추 행위자가 소속된 정당 또는 중추 정당이 최소한 국정 운영의 방향을 결정하는 공공담론을 주도할 가능성이

---

21 더불어 선거 결과만큼 중요한 연립내각 구성에 핵심적 역할을 하는 다수당의 당수이자 장래 총리후보(formateur)로서 역할이 있다.

표 2. 연립내각의 이념 분포, 1981-2012[1]

	(좌)	(좌)	(중간)	(중간)	(우)	(우)
1981		PvdA(44)	D66(17)		*CDA*(48)*	
1982[2]				VVD(36)	*CDA*(45)*	
1986				VVD(27)	*CDA*(54)*	
(1989)		PvdA(49)		[VVD(22)]	*CDA*(54)*	
1994		*PvdA*(37)*	D66(24)	VVD(31)		
1998		*PvdA*(45)*	D66(14)	VVD(38)		
2002	LPF(26)			VVD(24)		*CDA*(43)*
2003			D66(6)	VVD(28)	*CDA*(44)*	
(2006)[3]	C-U(6)	PvdA(33)			[VVD(22)]	*CDA*(41)*
2010[4]	[PVV(24)]			*VVD*(31)*		CDA(21)
2012[5]		PvdA(38)		*VVD*(41)*		

출처: http://www.ipu.org/parline-e/reports/2231_arc.htm, 해당 선거연도 자료를 취합했다.

1. 수상을 배출한 정당은 **굵은 *이탤릭체***로 표기하고 별표(*)를 붙였다. 의사결정을 번복할 수 있는 가상의 중추 행위자(pivot player)인 75번째 의원이 소속된 중추 정당은 외곽선으로 처리했다. 〈표 3〉과 결합해 만약 이 중추 정당이 수상을 배출한 정당과 다를 경우, 밑줄 그은 외곽선으로 처리했다. 1982년, 1986년, 2002년, 2003년에는 중추 정당이 수상 소속 정당의 왼쪽에 위치했고, 1994년과 1998년에는 오른쪽에 위치했다. 1989년과 2006년에는 연립내각에서 제외된 중추 정당이 수상 소속 정당의 왼쪽에 위치했다.
2. 1982년 5월 29일 하원선거 이후 CDA-D66 주축의 과도 소수연립내각이 11월 4일까지 지속했다.
3. 2006년 7월 7일 하원선거 이후 CDA-VVD 주축의 과도 소수연립내각이 2007년 2월 22일까지 지속했다.
4. 2010년 6월 9일 하원선거 결과 VVD-CDA 주축으로 소수연립내각이 성립되었고, PVV는 입법과정의 공조를 약조했으나 연립내각에는 참여하지 않았다.
5. 2012년 9월 12일 하원선거 이후 VVD-PvdA 주축으로 연립내각을 구축했다.
6. 정당의 영문표기는 다음과 같다.
   - CDA: Christian Democratic Appeal
   - PvdA: Labor Party
   - VVD: People's Party for Freedom and Democrats
   - D66: Democrats '66
   - LPF: List Pim Fortuyn
   - C-U: Christian Union
   - PVV: Party for Freedom

크다. 특히 엘리트 간 합의를 우선시하는 정당정치의 틈새를 활용해 약화된 조정담론을 위압하는 소통담론을 창출할 수 있다면, 성공률이 더욱 높다.

〈표 2〉를 살펴보면 1981년 선거부터 1989년 선거까지 이 가상의 중
추 행위자가 수상을 배출한 정당에 소속되어 있지만, 1994년과 1998년
선거에서는 수상 소속 정당보다 훨씬 이념상 오른쪽에 위치했다. 구체적
으로 PvdA 수상 소속 정당보다 훨씬 오른쪽에 중추 정당(D66)과 VVD
가 소재했다. 2002년 선거에서는 수상 소속 정당(CDA)이 이념상 오른
쪽으로 접근했지만, 연립내각 내 수상 소속 정당보다 오른쪽에 극우파
LPF가 위치했다. 2003년 선거에서 이 극우파 LPF가 연립내각에서 제외
되지만, 최근 2006년 선거를 거쳐 2010년 선거에서 다시 수상 소속 정
당(VVD)보다 훨씬 이념상 오른쪽에 극우파 PVV가 입법공조를 약조하
며 위치했다. 특히 이 극우파 PVV는 수상 소속 정당에 이어 제2정당의
지위를 확보했음에도 연립내각에는 불참을 선언했다. 이는 역으로 PVV
가 사회-경제 균열구조보다 사회-문화 균열구조에 근거한 주요 의제인
이민 문제와 통합정책에 관해 여과되지 않은 담론을 형성할 수 있는 맹
점을 의미한다(Sunier and van Ginkel 2006, 107-24). 무엇보다 이는 무
슬림에 대한 반감이 유럽국가 중에서도 높은 편에 속하는 네덜란드의 정
서에 부합하는 선거 책략이기 때문이다.[22]

원내 국소정당의 전체 이념상 배치를 보여주는 〈표 3〉과 〈표 2〉를 병
렬해 더불어 검토하면, 다음과 같은 결론을 내릴 수 있다. 첫째, 좌우 이
념상 중추 정당과 수상 소속 정당이 다르면, 정당이 대변하지 못하는 정
치적 기공(pore)이 발생하며 그를 채우려는 새로운 정당의 출현이나 단
일의제 정당 강령의 흡입을 예시한다(McDonald 2006, 218-36). 실제로
1981년부터 2012년 하원선거 결과에 의하면, 1981년과 2012년을 제외
하고 중추 정당이 수상 소속 정당보다 좌측 또는 우측에 위치하며 좌파

---

22   2005년 Pew Research Center의 설문조사 결과에 의하면 무슬림에 대한 반감이 영국
      12%, 프랑스 34%인 데 비해 독일 47%, 네덜란드 51%에 달한다.

표 3. 군소정당의 이념 분포, 1981-현재[1]

	〈좌〉		〈중간〉			〈우〉
1981	PPR(3) PSP(3) CPN(3)				(VVD(26))	SGP(3) GPV(1) RPF(2)
1982	PPR(2) PSP(3) CPN(3)	EVP(1) (PvdA(47))	D66(6)			CP(1) SGP(3) GPV(1) RPF(2)
1986	PPR(2) PSP(1)	(PvdA(52))	D66(9)			SGP(3) GPV(1) RPF(1)
1989	G-L(6)		D66(12)		(VVD(22))	CD(1) SGP(3) GPV(2) RPF(1)
1994	SP(2) G-L(5)	AOV(6) Unie55+(1)			(CDA(34))	CD(3) SGP(2) GPV(2) RPF(3)
1998	SP(5) G-L(11)				(CDA(29))	SGP(3) GPV(2) RPF(3)
2002	SP(9) G-L(10)	(PvdA(23))	D66(7)		LN(2)	SGP(2) C-U(4)
2003	SP(9) G-L(8)	(PvdA(42))				SGP(2) C-U(3) LPF(8)
2006	SP(25) G-L(7)		D66(3)	(VVD(22)) PvdD(2)		SGP(2) PVV(9)
2010	SP(15) G-L(10)	(PvdA(30))	D66(10)	PvdD(2)		SGP(2) C-U(5)
2012	SP(15) G-L(4)		D66(12) 50+(2)	CDA(13) PvdD(2)		SGP(3) C-U(5) PVV(15)

1. 정당의 영문표기는 다음과 같다.

   G-L(Green Links), SP(Socialist Party), SGP(Reformed Political Party), GPV(Reformed Political League), RPF(Reformatory Political Federation), PSP(Pacifist Socialist Party), PPR(Political Party of Radicals), CPN(Communist Party of the Netherlands), EVP(Evangelical People's Party), CD(Center Democrats), CP(Center Party), AOV(General Elderly Alliance), U55+(Union 55+), PvdD(Party for the Animals), 50+(50 Plus), LN(Northern League)

2. 군소정당이 아니나 연립내각에서 제외되거나 참여하지 않은 정당을 (괄호) 안에 넣었다.

또는 우파 국소정당의 출현이나 반향으로 국소정당의 결집이 이뤄졌다.
둘째, 좌우 이념상 중추 정당과 수상 소속 정당이 다를 뿐 아니라 수상
소속 정당이 통합된 정책 입지를 표명하지 못한다면, '조정담론,' '소통
담론' 또는 양자 모두 심각하게 결여된다. 예컨대 1982년과 1986년 선
거 결과 의석점유율이 높은 CDA에서 수상을 배출하며 중도 우파 VVD
와 연립내각을 형성했지만, 수상 소속 정당인 CDA나 연립내각에 참여
하는 이념상 중추 정당인 VVD 모두 정치-문화석 균열구조를 핵심 축으
로 하는 이민과 통합정책에 관해 정당의 통합된 입지를 표명하지 못했
다.[23] 게다가 1989년 선거 결과 제3정당인 VVD를 제외하고 거대연립내
각을 결성한 좌파 PvdA와 수상 소속 정당인 CDA 간 '조정담론'에서도
반무슬림 국민정서에 입각한 정책 입지를 도출하는 데 실패했다. 또한
좌파가 요구하는 정치-문화적 균열구조에 충실한 이민과 통합정책, 즉
이민 제한과 조건부 복지 서비스 수혜를 정책으로 제안하지 못한 PvdA
에 대한 반발로 좌파 군소정당이 결집해 Groen Links가 출범했다. 따라
서 비교적 장기간 연립내각이 지속되었으나, 실제로 정국이 안정되었다
기보다 정치적 지각변동을 예고하는 잠복기라고 볼 수 있다.

　　1994년 선거에서 좌파 단일 의제 정당인 AOV와 Unie 55＋가 출
범하면서 좌파의 정치적 기반이 증대했다.[24] 우파에서도 일부가 CDA를
이탈해 이념상 우측으로 군소정당의 지지 기반을 넓혔다. 더불어 연립

23　예외적으로 VVD 당수 프리쯔 볼켄슈타인은 출신국가의 정체성을 소지한 채 이주국가로
　　의 통합 정책은 가망성이 없다고 일축했다. 따라서 무슬림 학교의 설립을 반대하고 정부의
　　재정 지원을 적극적으로 저지했다. 나아가 네덜란드의 정신인 정교분리, 표현의 자유 등을
　　강조하는 문명이 우월하다고 강조했다. 이러한 이민 문제에 관한 강경한 어조로 인해 정치
　　의제로서 이민 문제를 거론하길 주저하는 CDA 간 이견이 심화되어 연립정부의 공식적 통
　　합정책 노선을 제시하기 어려웠다.

24　게다가 베아트릭스 여왕은 자유당 당수를 천거한 임시총리(informateur)의 제안을 거부
　　하고 사회당 당수를 총리후보(formateur)로 임명하여 좌파의 정치 입지가 확고해졌다.

내각에 중도를 표명하는 D66이 1981년 선거로 연립내각에 참여하면서 PvdA-D66-VVD 간 거대 연립내각이 형성되었고, 이는 1994년과 1998년 선거로 재연되었다. 그러나 이 거대 연립내각은 정권 재창출에 성공했음에도 불구하고, 근본적으로 정치-문화적 균열구조의 변화에 민첩하게 대응하지 못하고 이민과 통합정책에 관한 일관된 정책 지침을 제시하지 못했다(Lahav 2004, 1151-83). 게다가 거대 연립내각에 참여한 대가로 D66의 지지 기반이 줄어들어, 좌파의 신정당을 영입하며 세력을 확장한 Groen Links와 중도 우파 VVD에게 잠식당했다.

그 결과 2002년 선거에서 D66는 군소정당으로 위축되면서 연립내각에서도 제외되었으며, 좌파가 요구하는 정치-문화적 균열구조의 기대를 충족시키지 못한 PvdA는 규모가 반감되는 수모를 겪었다. 중도우파의 타격이 큰 반면에 우파 CDA의 세력은 확장되었으며, 극우파 신생 군소정당인 LN과 Christien Unie가 출범했을 뿐 아니라 공공연하게 '민족국가 중심주의(neo-nationalism)'를 주창하는 LPF가 제2정당으로서 연립내각에 참여하는 이변을 일으켰다.[25] 이러한 2002년의 이변은 이념상 중추 정당을 다시 VVD로 돌려놓아 공공담론이 우측으로 이동했고, 이후 2003년 선거에서 극우파 LPF의 약진으로 더욱더 강경해졌다. 그리고 2006년 선거에서는 그를 계승한 PVV의 출범과 우파 단일 의제 정당인 PvdD의 출현으로 나타났다. 마침내 2010년 선거에서 제3정당으로 등극한 극우파 PVV는 연립내각 참여를 거부하고 이민과 통합정책에 주력

---

25 LPF의 전신에 해당하는 CD(Centrum Democrats)은 "네덜란드는 오직 네덜란드인을 위한 나라"를 주창하여 1984년에는 '차단선(cordon sanitaire)' 조치에 의해 연립내각에 참여하지 못했지만, 2002년에는 그러한 차단 기제를 무시하고 LPF의 연립내각 참여가 성사되었다. 비록 연립내각에는 참여하지 않았지만, 2010년 이후에는 LPF의 상속자인 PVV가 마침내 소수 연립내각에서 입법과정의 동반자로서 활보했고 최근 2012년 선거에서 지지기반을 다소 상실했으나 아직도 제3정당으로서 건재하다.

해 국정 운영의 방향을 주도하는 공공담론을 장악했다.[26]

2002년 선거 이후 또 다른 변화는 좌파와 극좌파의 세력 확장과 주요 좌파 정당인 PvdA의 지지 기반의 요동 및 연립내각의 배제다. 이는 일면 우파와 마찬가지로 정치-문화적 균열구조에 부합하는 통합된 이민과 통합정책을 제시하지 못하는 주요 좌파 정당에 대한 반발이라고 볼 수 있다. 이러한 극좌파의 약진은 극우파의 득세보다 크거나 또는 그에 버금갈 정도의 정치적 시사 변동을 가리킨다. 특히 이후 극우파 징딩이 정강에서 극좌파의 '민족국가 중심주의'를 전면에 내세운 이유는 극좌파 정당의 반이민정서가 일반 유권자에게 강렬한 호소력을 지녔다는 학습 효과 때문이다.

실제로 이주 노동자의 귀국 비율이 1970년대에는 터키 출신 30.5퍼센트, 모로코 출신 16.3퍼센트로 비교적 높았으나, 불과 십년 후에는 터키 출신 15.8퍼센트, 모로코 출신 6.2퍼센트로 급감했다. 또한 이러한 변화는 실업률이 폭증한 1970년대부터 1990년까지 지속되었다(van Gorp 2012, 151).[27] 이에 따라 반이민정서는 이민 축소와 이민자의 복지국가 수혜 제한에 대한 요구로 구체화되었고, 이는 '평범한 시민(man of the street)'의 불만을 대변해주는 정치 과제로 등장했다. 그러나 좌파 주요 정당인 PvdA가 이를 대변하길 주저하면서 극좌파는 새로운 '대중영합주의(populism)'의 대변자로 급부상했고, 바로 이 정치시장에서의 조우

---

26   실례로 극우파 PVV 당수인 헤르트 빌데르스(Geert Wilders)와 전직 이민부 장관인 리타 페르동크(Rita Verdonk)는 무슬림 이주자들을 지목하여 꾸란을 버리고 네덜란드의 역사와 문화를 배워 익혀야 한다고 강조했다.

27   1970년 초 2퍼센트 미만이던 실업률이 1980년 초에는 11퍼센트까지 치솟았다가 이후 1990년대에 6퍼센트 내외로 감소했지만 1970년대 이전의 수준으로 회복되지 않았다. http://statline.cbs.nl/StatWeb/selection/?DM=SLEN&PA=71882ENG&LA=EN&VW=T (검색일: 2013. 6. 30).

를 통해 극우파에게 강렬한 인상을 남겼다(Duyvenvak 2011, 93).[28] 결국 약한 '조정담론'이 시민권을 감성적으로 주류 문화에 접목한 강한 '소통담론'에 밀리면서 극단적 성향 세력이 주도해 '조정담론'을 재구성한 결과, 네덜란드의 정치 조경에 파격적 변신이 가능했다.

따라서 좌우 이념상 정당별 분포에만 제한해 극우파의 득세를 강조하는 경우, 2002년 선거를 전후한 네덜란드 정치 풍경의 변화를 체계적으로 설명할 수 없다. 대체로 대중 영합적 극우파의 출현 배경으로 실업률과 이민의 변동 폭 증가, 선거제도 차이, 기존 대정당의 대응, 정당조직의 중요성 및 국가별 역사 등을 들 수 있다(Ignazi 2006; Caldwell 2009). 네덜란드도 1960년대 '균열구조화' 시대가 종식하면서 1970년대부터 이민의 폭증을 경험했다. 그러나 다른 서유럽국가와 달리 1990년대에 이르러서야 극우파 정당이 본격적으로 정치 풍경에 등장한 이유를 설명하기 위해서 또 다른 설명 변수를 요구한다. 왜냐하면 네덜란드의 합의제 정부 전통이 복귀한 후 오히려 분극화가 심화되었으며, 그 배경에 이민 문제와 사회통합정책을 둘러싼 정치–문화적 균열구조가 사회–경제적 균열구조를 대체하는 축을 형성하며 정치 풍경을 재편성하는 데 성공했기 때문이다.

다음 〈그림 1〉은 정치–문화적 균열구조가 구체적으로 어떻게 다원사회인 네덜란드를 변질시키는지 유권자 설문조사와 정당 정강의 가치관 분포도를 통해 보여준다. 유권자 설문조사와 정당 정강에서 공통적으로 발견되는 점은 1980년대를 기점으로 전통적 도덕–가치관에서 간극은 감소했다. 특히 네덜란드는 문화적 균열구조에서 진보 성향의 도덕–가치

---

28 극좌파 사회당 당수인 얀 마리엔니센(Jan Marijnissen)은 '정치적 무슬림(political Muslim)'과 같은 극단적 요소를 배척하고 네덜란드 헌법 정신에 준해 자녀 교육을 실행해야 하며, 만약 이러한 요구에 반발한다면 소속감을 느끼는 소재지를 물색해 이주하라고 권고했다.

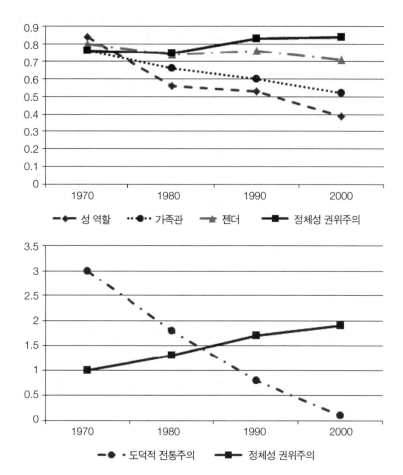

그림 1. 전통 가치관과 정체성 권위주의 변화, 1970-2000

출처: Duyvendak (2011), Figure 5.1 & Figure 5.2, pp. 89 & 91을 재구성함.

첫 번째 그림은 유권자 대상으로 3개의 전통주의 가치관(성적 취향, 가족관, 젠더)과 권위주의적 가치관(정체성)에서 간극을 0부터 1까지 지표화한 결과다. 1에 가까울수록 가치관이 수렴된다. 예컨대 가족관에서 1에 가까울수록 "어린이는 부모를 공경해야 한다."는 데 동의한다. 정체성 권위주의란 "전통적 생활양식으로 돌아간다면 양질의 삶을 구현할 수 있다."는 데 공감하는 정도를 가리킨다.

두 번째 그림은 정당 매니페스토, 즉 정당의 정강에 언급된 정책 순위도에 근거해 0부터 5까지 등급을 책정한 결과다. 5에 가까울수록 정책 순위도에서 우위를 차지한다. 예컨대 1970년대에 정당들은 도덕적 전통 가치관을 권위주의적 가치관(정체성)보다 강조한 반면, 1980년대를 거치며 권위주의적 가치관(정체성)을 도덕적 전통 가치관보다 강조하기 시작했다.

관으로 수렴되는 동질화를 보였다. 이러한 유권자의 정치적 DNA 변이
는 정당 정강의 정책 순위도 변화로 연결되어 단일한 정체성에 대한 대
중 영합적 열광으로 구현되었고 궁극적으로 단일한 정체성을 강요하는
정책 변화로 반영되었다는 점을 뒷받침한다. 그러나 이러한 문화적 균
열구조의 지각 변동을 활용해 극단적 경향의 국소정당이 주도한 '토종주
의'를 주창한 '소통담론'은 중도파 정당의 지지 기반을 파고들어 관용과
개방에 집착하던 '조정담론'을 선점하기에 이르렀다. 이는 역설적으로
정치적 의견의 다양성을 존중하려는 자유 민주주의 체제도 도덕-가치관
에서 예외적일 수 있다는 딜레마를 낳았다.

따라서 합의제 정당정치가 변화하는 이면에 작동하는 이민 문제에
관한 공공담론의 역학을 주시해야 한다. 이민 문제와 통합정책을 다룬
기존 연구는 이주, 피난, 디아스포라 등 이주국의 주류 사회 변방에 머무
는 이주민의 정착 과정과 그 결과에 초점을 맞춰 이주민의 유입으로 변
화된 환경과 이주민의 적응 문제를 강조한다. 그러나 본 장은 환경 변화
자체보다 그러한 변화를 인지한 선주민 또는 본토출신 '토종'이 느끼는
상실감과 반발의 원인에 초점을 맞춘다. 이에 따라 다음 절에서는 탈근
대 유럽의 자유 민주주의 체제에서 합의제라는 전통을 구축한 네덜란드
가 왜 다분히 근대적인 '진정한 국민의 자격'에 연연하며 기존의 '권리의
정치(politics of rights)'보다 일탈한 '고향의 정치(politics of home)'에
집착하는지 이해하고자 한다.

IV. 네덜란드식 정체성의 정치: 이민 문제와 통합정책

두와펜닥은 네덜란드를 포함한 서구 유럽 국가에서 선주민 또는 본토출

신 유권자가 자신의 국가에 더 이상 소속감을 느끼지 못하는 박탈감에
노출된 배경에 이민자 증가나 그로 인한 복지 손실 또는 고용 불안 자체
보다 이질적 이민자 집단의 문화적 '일탈(deviance)'을 정치적으로 활용
하는 데 성공한 정치 풍경을 주요 요인으로 지적한다(Duyvendak 2011,
84). 대의 민주주의체제에서 기존 정당이 그에 대응하는 통합된 지침을
제시하지 못하면, 기존 정당을 보완하거나 심지어 대체할 새로운 정당이
공공담론을 선점하며 정치 소경의 변화를 소대일 수 있다. 힙의세 징부
로 국정 운영 기조를 정립한 네덜란드의 경우, 거대정당이나 수상 소속
정당이라는 이점에도 불구하고 연립내각의 구성과 운영에 필요한 정치
적 협약을 성공적으로 이끌어내고 유지할 수 있는 정치적 자산인 '조정
담론'을 주도하지 못한다. 또한 '조정담론'을 효율적으로 도출하는 데 실
패하면, 이는 궁극적으로 유권자와의 '소통담론'을 구축하는 데 치명적
결격 사유가 될 수 있다. 그렇다면 1970년대 이전에는 정치 시장에서 거
론되지 않은 정체성 논의가 1990년대 이후 언급 횟수가 폭증한 이유는
무엇일까?

III절이 이민과 사회통합에 관한 공공담론을 굴절시키는 합의제 정
당정치의 이면에 초점을 맞췄다면, 이번 절에서는 굴절된 공공담론이 정
책으로 반영된 네덜란드 국적법의 변천 과정에 주목하고자 한다. 네덜란
드 국적법은 속인주의에 근거하므로 주거지와 관계없이 부모의 혈통에
의해 국적이 부여된다. 흥미로운 점은 네덜란드 통계국(CBS, Centraal
Bureau voor de Statistiek)의 거주인구 분류 방식이다. 부모 중 한 쪽이
라도 네덜란드 국민이 아니라면, 설령 그 후손에게 네덜란드 국적을 부
여해도 '타지출신 또는 외래종(allochtoon)'으로 분류한다. 따라서 네덜
란드에서 출생한 2세대도 '타지출신'으로 분류되며, 오로지 네덜란드 혈
통의 부모를 둔 배우자와 더불어 3세대가 탄생하면 비로소 '본토출신 또

는 토종(autochtoon)'으로 분류된다. 문제는 이 '타지출신' 대다수가 '본
토출신'보다 평균적으로 교육이나 경제 수준이 낮고 범죄율이 높을 뿐
아니라, '본토출신'에 반발한다는 우려가 크다는 인식이 증가한다는 데
있다(van Gorp 2012, 163). 특히 사회통합을 거부하는 '타지출신'에 대
한 반감은 이질적 이민자 집단에 대한 혐오감을 대신해 '본토출신 우위
론 또는 토종주의(autochtony)'라는 정치 쟁점으로 등장했고, 1990년대
이후부터는 합의제 정부 전통마저 근본적으로 흔들어 놓을 정도의 파괴
력을 지녔다(Geschiere 2009).

　이 정치적 지각 변동은 '네덜란드인이란 누구인가'에 대한 개념 정
의를 요구하거나 제공하는 정치 시장을 창출했다. 실제로 네덜란드는 다
른 서구국가와 대조적으로 종교적 구성에서도 '네덜란드인'의 근간을 이
루는 실질적 국가 종교 또는 종파가 다수를 형성하지 않는다.[29] 그러나
역설적으로 이러한 네덜란드의 단일한 정체성 부재는 '네덜란드답지 못
한 네덜란드인은 누구인가'에 대한 논란으로 변질되어 공공담론의 장
(場)에서 주요 쟁점으로 부상했다. 그 결과 이민과 귀화를 포괄한 사회통
합을 일갈하는 정체성 논의가 네덜란드의 미래를 제시하는 핵심 논제로
자리매김했다. 특히 이러한 공공담론의 장에서 새로운 틀 짜기는 2005
년 유럽헌법조약의 인준을 거부한 즈음에 심화되는 유럽통합 속에서 네
덜란드의 국시를 재천명할 필요가 있다는 요구와도 맞물려 있었다. 주목
할 점은 기존 정당은 이러한 정치적 지각 변동으로 인한 이민 통합정책
의 변화가 불가피하다는 점을 인지하면서도 적극적으로 입장을 표명하
길 꺼려했다. 이와 대조적으로 좌우노선 분포에서 중추 정당으로 부상한
극단적 성향의 정당은 공세적으로 반이민 정서를 피력하며 공공담론의

29　현재 네덜란드의 인구구성을 종교 또는 종파로 분류하면, 가톨릭 32%, 네덜란드 개신교
　　17%, 이슬람 6% 및 무종교-비종파 38%, 기타 등이다.

여백을 채웠다.

그렇다면 이러한 정치 풍경의 변화는 이민자 통합 정책에 어떻게 반영되었을까? 1960년대에는 비이민 국가를 표명하는 대다수의 유럽 국가처럼 네덜란드도 이주자 대다수는 한시적 거주자일 뿐 궁극적으로 본국으로 영구 귀국한다는 전제하에 국적은 철저하게 속인주의 원칙에 의거해 부여되었다. 또한 이주자는 한시적 거주에도 불구하고 영구 귀국을 전제했다. 따라서 이주자와 그 가족 구성원은 영구 귀국 후 재정착을 도모하기 위해 한시적 거주국으로의 통합보다 본국의 언어, 문화 및 종교를 그대로 유지하길 독려했고, 이질적 문화에 관대했다(van Oers et al. 2012, 402-3). 더불어 네덜란드는 1960년대까지 이민 유입국이라기보다 이민 유출국이었으므로, 유입 인구에 대한 네덜란드 내 통합을 정책으로 구상할 필요성을 인지하지 않았다.

그런데 1970년대부터는 이주민을 대상으로 하는 정책은 추가적으로 네덜란드 사회로의 통합을 목표로 설정해 "문화적 정체성의 보존과 병렬한 통합"이라는 이중성을 띠기 시작했다. 그리고 마침내 1979년에 정부정책과학위원회(WRR)가 네덜란드에 거주하는 소수 인종집단에 관한 보고서에서 대다수 이주자와 가족 구성원이 네덜란드에 영구 정착한다는 사실을 수용하고 동등한 네덜란드 사회 구성원의 역할을 수행할 수 있도록 도모하는 통합 정책을 촉구했다. 이는 이전의 '다문화정책'을 정책 실패로 규정하기보다 정책목표 설정 오류로 판단해 방향 전환을 시도하려는 정책 변화의 일환이었다.

이에 따라 1980년대에는 두 방향으로 이민과 통합정책이 진행되었다. 이민 정책을 강화하는 한편 귀화 정책을 완화하고, 네덜란드 혈통과 비(非)네덜란드 혈통 간 법적·정책적 차별을 폐지했다. 그리하여 이민을 통한 유입인구를 줄이는 동시에 귀화한 이주자를 신속하고 효율적으로 네덜란드 사회의 구성원으로 정착하도록 도모했다(Vertovec and Susanne Wessendort 2010). 이러한 일련의 정책 전환은 네덜란드를 이주자 국가로 자리매김하려는 발상으로부터 출발했다. 그러나 그 발상은 오히려 일반 유권자의 반발을 불러일으켜 정치 시장에서 서서히 이를 대체할 대안을 모색하는 산발적 움직임으로 나타났다. 무엇보다 사회 구성원의 변화와 그로 인한 정부 대응책에 대한 유권자의 불편한 심리가 포착되면서 이를 기존 정당이 정확하게 대변하지 못한다는 사실을 인지한 정치엘리트의 행보가 정치-문화적 균열구조의 부상과 더불어 빨라졌다(Andeweg and Irwin 2002, 35).[30]

〈그림 2〉는 1960년부터 2010년까지 네덜란드 유입인구의 구성 변화를 보여준다. 1960년과 1970년 사이 가장 큰 변화는 벨기에와 독일로부터 유입인구는 줄어든 반면, 스페인과 이탈리아, 그리고 구 유고슬라비아로부터 유입인구가 늘었다. 무엇보다 모로코와 터키로부터 유입인구가 100배 가까이 폭증했다. 그렇다면 비(非)네덜란드 혈통의 유입인구 증가 중에서도 비유럽 혈통이고 비(非)기독교 문화권인 무슬림 유입인구의 폭증에 대한 경각심이 정치 시장에서 공공담론을 도출하는 데 즉각적으로 활용되었는가? 1970년부터 1980년을 거쳐 1990년에 이르기까지 유입인구의 구성 변화를 보면, 스페인, 이탈리아 및 구 유고슬라비아로부터 유입인구는 보합세를 유지한 반면 모로코와 터키로부터 유입인구는 꾸준히 증가했다. 이러한 지속적 유입인구의 증가와 더불어 장기 체류자의 증가는 비단 네덜란드에만 제한된 현상이 아니었다(Bade 2003; Robyn 2007). 그런데 다른 유럽국가와 비교해, 네덜란드에서는 유독 반이민 정서를 핵심 의제를 내세운 극단적 정치성향의 군소정당 출현

---

30 1967년 선거 이후 하원의석의 정당별 점유율은 급격하게 변동하였고 그 과정에서 다양한 신생 군소정당이 "네덜란드 정치의 가을 풍경 속에 버섯처럼 솟아났다가 사라졌다."

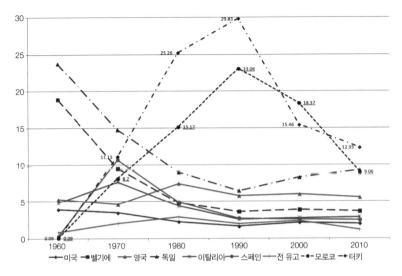

그림 2. 네덜란드 거주 외국인, 1960-2010[1]

출처: http://statline.cbs.nl/StatWeb/publication/?VW=T&DM=SLEN&PA=37556eng&D1=0-
44&D2=1,11,21,31,41,51,61,71,81,91,101,I&HD=120318-0643&LA=EN&HDR=G1&
STB=T (검색일: 2013. 6. 30)

1. 네덜란드 내 거주하는 외국 국적 소지자를 가리키며, 1970년 자료는 1960년 자료를 바탕으로 추정한
   수치이다.
2. 총 거주 외국인은 각 연대별로 107000, 212100, 473400, 641900, 651500, 735200명으로 증가했
   다. 기타 국적 외국인은 각 연대별로 41.96, 27.91, 23.68, 22.18, 37.97, 51.52 퍼센트였다.
3. 모로코 국적 외국인의 퍼센트는 표식 오른쪽에 밑줄 그은 수치로, 터키 국적 외국인의 퍼센트 수치는 표
   식 왼쪽에 삽입했다.

하지 못했기 때문이다. 또한 그러한 고민을 해결해주겠다고 공약한 신생
군소정당은 미흡한 대응으로 고전하는 기존 정당의 노선으로 교묘하게
근접해서 정책입지를 표명하여 유권자의 혼동을 가중시키며 호소하는
데 성공했다. 예컨대 CD 당수 발커넨데(Balkenende) 및 휘징하-허링하
(Huizinga-Heringa)는 다원주의를 표명하는 다문화정책을 비판하며 복
수의 문화로 구성된 사회란 있을 수 없고 정부와 정치권은 정체성의 개
념을 정의할 책임을 지닌다고 주장했다(Duyvendak 2011, 100). 즉 엇
나가는 '조정담론'을 비난하며 '소통담론'을 주도한 신생 군소정당이 궁

극적으로 무용지물이 된 기존의 '조정담론'을 차단하거나 때로는 도전적 내용을 담은 '조정담론'을 기획하여 전파했다. 그 공공담론의 장에서 기존의 좌우 이념노선에 근거한 사회-경제적 균열구조와 별도로 진정한 네덜란드인을 규정하려는 정치-문화적 균열구조가 형성되었다. 그 결과 네덜란드의 정치 조경은 새로운 형태의 극심한 분극화로 변모했다.

리쎄(Risse)는 이러한 양 축의 분리로 인해 새로운 경계 짓기에 정치-문화적 균열구조가 과장된 형태로 정치 시장에 동원되는 현상을 우려한다(Risse 2010, 239). 실제로 네덜란드를 포함해 서유럽국가 내 유입인구가 증가하기 시작한 1970년대부터, 유럽인은 무슬림 집단을 경제적 이유로 체류하는 소수 인종 집단이 아니라 영구 귀국 대신 영구 정착을 택한 문화적으로 이질적인 소수 집단 중 하나로 인식하기 시작했다. 따라서 다문화정책의 취지가 이민자에게 독자적 문화 정체성을 보존하면서 거주 국가로의 통합을 도모하는 데 있기 때문에 과도기적 통합정책이라는 정부의 입장 표명에 대해, 정치권과 유권자는 어정쩡한 태도로 인해 실패한 통합정책이라고 혹평했다(Howard 2010; Scholten 2011).[31] 그렇다면 1970년대부터 증가한 이민자 집단에 대해 1990년대에 이르러서야 고향(home)을 박탈한 책임을 묻는 정치 공작이 네덜란드로의 동화를 강조하는 이민과 사회통합정책 기조의 전환으로 성공한 이유는 무엇인가.

네덜란드는 엘리트 간 '조정담론'의 형성 과정에서 다른 서구사회에서는 합의가 극히 어려운 젠더, 가족, 성 역할 등 가치관에 관해 1960년대 이후 진보적 가치관으로 수렴하는 기적에 가까운 성과를 도출했다. 그러나 이러한 성공은 다수가 수용하는 진보적 가치관을 거부하는 소수

---

31 예컨대 1976년 국적법 개정은 귀화 후 개명을 허용하는 조항을 포함했으나, 이는 역으로 이주민 집단이나 네덜란드 혈통 시민 모두로부터 강한 반발을 불러일으켰다.

를 배척하는 역효과를 낳았다. 두와펜닥은 호우투만 등을 인용해 정치 이념적으로는 다원적으로 안정된 합의제 정당정치를 구현하는 네덜란드가 문화 가치관에서는 오히려 일원화된 양면성을 지적한다(Duyvendak 2011, 84-94).[32] 일례로 무슬림을 포함한 소수 인종 집단 내 자생 조직을 통합정책의 운용 기구로 활용해 사회통합을 도모하면, 이 조직은 자연적으로 소멸한다는 정부 기획안으로 인해 역설적으로 사회 내 이질적 조직의 존재를 재발견하는 부작용을 초래했다(Klausen 2005; Mügge 2009) 무엇보다 이러한 재발견은 과장되거나 근거 없는 불안감을 조성하는 역효과를 냈다. 그 결과 모로코, 터키 등으로부터의 유입인구를 단순하게 무슬림 집단으로 명명하며 이질감을 부각시키는 편가르기에 충실한 정치-문화적 균열구조가 기존의 좌우 이념 노선에 근거한 사회-경제적 균열구조를 대체하기에 이르렀다.[33] 게다가 기존 정당 PvdA, VVD, CDA는 하나의 목소리로 협의를 도출하지 못할 뿐 아니라, 일반 유권자의 불안감을 부추기는 단일 의제 군소정당에 대해 방어적 자세를 취하는 데 급급했다(Ignazi 2006, 162). 기존 정당의 심화된 내홍과 유권자와의 소통 부족은 결과적으로 기존 정당의 총합 득표율을 1960년대 이전의 90퍼센트에서 점차 1970년대와 1980년대에 80퍼센트, 1990년대에 70퍼센트, 그리고 마침내 2000년대에는 60퍼센트까지 끌어내렸다(van Gorp

---

32 따라서 유로바로미터(Euro-barometer), European Social Survey, European Values Study, International Social Survey Program 등에 나타난 네덜란드의 다양성은 허상이라고 비판한다. 네덜란드는 미국을 포함한 다른 서구 국가와 대조적으로 젠더, 가족, 성적 지향 등 주요 가치관에서 양분되기보다 진보적 성향으로 수렴되는 문화적 동질성을 나타낸다. 두와펜닥이 인용한 자료는 네덜란드어로 집필된 Dick Houtman, Peter Achterberg, and Jan Willem Duyvendak, "The heated political culture of a de-pillarized society[De verhitte politieke cultuur van een ontzuilde samenleving] (Amsterdam: Uitgeverij SWP, 2008), pp. 61-79를 참조하기 바란다.

33 흥미로운 점은 이주자와 출신 국가 간 유대관계를 유지하는 초국가적 네트워크의 효용성에 대해 무슬림 집단 내부의 이견도 심하다는 사실이다.

2012, 216).[34]

결과적으로 이민과 사회통합 담론의 장에서 기공(pore)을 발굴한 군소정당은 기존 정당이 상실한 지지 기반을 차지하는 데 성공했을 뿐 아니라, 이 정치적 지각 변동은 궁극적으로 이민 문제와 통합정책의 방향 전환을 심화시켰다. 〈표 4〉는 국적법의 변화와 그 배경을 보여준다. 네덜란드 헌법에는 시민권에 관한 명시가 부재하고 대신 네덜란드 국적법에 의해 시민권이 규정된다. 최초의 네덜란드 국적법이 제정된 1892년 이후 네덜란드 국적은 부계를 중심으로 부여되었다. 이러한 부계 중심의 속인주의는 1984년 신 국적법에 의해 남녀 간 평등을 적용하며 모계 중심의 속인주의도 채택되었다. 더불어 네덜란드에서 출생한 이주자 자손이 네덜란드 국적을 취득할 수 있는 선택권을 부여했다.

무엇보다 네덜란드의 외국 국적 유입인구 대다수가 영구 거주할 의사를 가졌다는 현실을 수긍하고, 이 소수 인종 집단이 소외계층으로 전락하지 않도록 통합을 가속화하기 위해 귀화 절차를 간소화했다(van Oers et al. 2012, 426). 이렇듯 귀화 절차의 간소화는 장기 체류 이주민의 법적 지위를 네덜란드 혈통 시민과 동등하게 격상시키는 취지로 추진되었다. 그런데 이주민의 귀화를 도모하자는 맥락에서 이주민의 원 국적 포기 조항을 유예시킨 1991년의 정부 조치는 우파 CDA의 내홍을 극대화시켰다.[35] 귀화를 신청한 장기 체류자 이주민이 증가하자, 이를 통합정책의 성공으로 간주하지 않고 오히려 원 국적을 포기하지 않는 가장 이질적인 소수 인종 집단에게는 귀화를 허용하지 않아야 한다고 반발했다

---

34 특히 CDA의 경우 정당 투표자는 1960년의 1/10 수준으로 격감했다.

35 1982년부터 1994년까지 장기간 연립내각 총리를 역임한 CDA 당수인 루드 루버스(Rudd Rubbers)는 이민 문제의 비정치화라는 금기를 깬 최초의 정치인이다. 그럼에도 불구하고 루버스 총리는 네덜란드의 복지국가 정책 재편성 과정에서 국내 거주 이민자 집단의 수혜 제한에 초점을 맞춘 반면, 이민자 통합 자체에 대한 정치적 공방은 자제했다.

(Scholten 2011, 150-152). 결국 이 혼란을 틈타 1994년 선거에서 중도
우파 VVD가 우파 CDA를 연립내각에서 밀어내며 D66과 손잡고 PvdA
와 더불어 연립내각을 형성했다. 이후 원 국적 포기 조항이 재도입되어
국적 취득 절차는 원래대로 복원되었다.

결국 1991년 조치는 이주자의 귀화를 사회통합의 시발점으로 상
정한 진보적 시각에서 출발했으나, 이주자의 귀화를 사회통합의 귀결점
으로 규정하려는 보수적 시각에 밀린 부산물이었다. 그 과정에서 네덜
란드 사회와의 감성적 연대의식을 강조하는 '민족국가 중심주의(neo-
nationalism)' 관점이 정치엘리트 간 '조정담론'과 엘리트와 일반 대중
간 '소통담론'을 주도했다. 또한 이러한 맥락에서 네덜란드 사회로의 동
화를 가장 거부한다고 인식되는 무슬림 이주민에 대한 재발견과 이를 둘
러싼 정치쟁점화가 심화되었다(Sunier 2010, 214-34; Triandafyllidou
2010). 이러한 정치 조경의 변화 속에서 국적법은 민족국가를 배타적 개
념으로 규정하는 틀에 의거한 제한적 조치를 강화했다. 그리고 마침내
2003년, 2006년 및 2007년에 언어와 사회 영역의 시험을 입국 전후로
장기 체류 외국인에게 의무화하기에 이르렀다. 이러한 제한적 조치는 이
주자를 문화적 소수 집단으로 보호하면서 통합을 도모한다는 다문화주
의의 허상에 대한 반발 때문에 가능했다. 그 대안으로 국적 취득을 제한
하는 대신 귀화한 외국 출생 이주민에게는 경제적 자립을 독려하는 통
합교육을 강화했다(고상두 2012, 245).[36] 그러나 그 이면에는 외국인 이
주자에게 네덜란드 국적은 상당한 노력과 비용을 들여 확보해야 하는
"1등상(first prize)"이라는 인식을 강요하는 정체성의 정치가 작동했다

---

36   고상두(2012)는 이러한 이주자 사회통합모델을 가리켜 다문화주의에 대비되지만 현실적
      동화를 강조한 유럽연합이 다문화주의에 대한 대안으로 제시한 상호문화주의를 인용한다.
      또한 이러한 접근방법의 변화는 시민권에 대한 관점 변화를 동반했다는 점을 지적한다.

표 4. 2차 대전 이후 네덜란드 국적법의 변천

	법안/문서	변화 내용
1949	인도네시아와 네덜란드 간 시민권 배분 조약	-인도네시아 독립 -인도네시아 거주민에게 시민권을 부여하기로 협정함
1953	1953년 국적법	-'이중 속지주의': 네덜란드 거주 어머니가 출산한 아이가 부모가 되어 출산한 3세는 탄생과 동시에 네덜란드 국적 취득
1964	1963년 국적법	-네덜란드 여성과 외국 국적 남성이 결혼해도 네덜란드 여성의 시민권 유지 -네덜란드 남성과 외국 국적 여성이 결혼하면 자동적으로 시민권을 부여하는 조항 소멸 -외국 국적 부부의 동시 귀화 조항 소멸
1975	수리남과 네덜란드 간 시민권 배분 조약	-수리남 독립 -수리남 거주민에게 시민권을 부여하기로 협정함
1977	1976년 국적법	-최초 국적법 1892년의 마지막 개정 -의회 입법예고가 아닌 시행령으로 2세와 네덜란드 원 국적 소지자 귀화 가능
1977	법무부 내부 문건	-귀화조건과 원 국적 포기 요건 공표
1985	1984년 신 국적법	-네덜란드 여성이 출산한 신생아도 자동적으로 네덜란드 국적 취득 -이주민의 2세가 네덜란드에서 출생하면 네덜란드 국적 취득할 수 있는 선택권 부여 (3세의 자동 국적 취득 유지) -이중 국적자가 네덜란드를 10년 이상 떠나 다른 국적지에서 거주하면 자동적으로 네덜란드 시민권 상실
1985	스트라스부르 조약 인준법	다중 국적자 감축 조치
1992	1991년 내부 문서	원 국적 포기 요건 폐기
1996	1996년 국적법	스트라스부르 조약 인준법 발효
1997	내부 문건	원 국적 포기 요건 재도입
2000	유럽 국적 협정 인준 및 신 네덜란드 국적법 채택	유럽 국적 협정 인준으로 인한 네덜란드 국적법의 개정
2001		1984년 신 국적법으로 해외 장기거주에 의해 네덜란드 국적 상실한 사람에게 국적 회복
2003	1985년 국적법 개정 발효	-귀화 조건으로 언어 및 통합 시험 도입 -국적법을 외국인 등록법으로 적용 -네덜란드 남성과 외국인 여성 간 혼외 출생한 신생아가 자동적으로 네덜란드 국적 취득할 수 있는 선택권 소멸 -10년 이상 해외 거주한 이중 국적자의 자동적 네덜란드 국적 상실 폐기
2006	2006년 해외사회통합법	장기 체류비자 발급 조건으로 입국 전 네덜란드 재외공관에서 통합시험 의무화 (호주, 뉴질랜드, 캐나다, 미국, 일본 시민은 면제)
2007	2007년 외국인 거주자 사회통합법	노동허가가 필요한 장기 체류 외국인 대상 사회통합시험 의무화 (기한 내 합격에 실패하면 체류허가 제한, 벌금 등 제재 가능)

출처: van Oers et al.(2005, 427-429)를 정리함. 2006년과 2007년 법령은 Ministry of the Interior and Kingdom Relations(2010)을 참조한 고상두(2012, 249-250)를 재인용함.

(Scholten 2011, 210).[37]

V. 결론

1980년대를 거치며 네덜란드는 다른 유럽 국가와 마찬가지로 이민자 증
가와 유럽통합 심화를 경험했다. 특히 2002년 선거는 네덜란드의 협의
주의 신화를 파기하는 정치 혁명이었다. 관용과 개방을 상징하는 네덜
란드에서조차 이주자, 특히 무슬림 집단에게 네덜란드 사회로의 포괄이
아닌 배제를 정책에 반영했다. 그리고 국가 정체성의 재발견, 즉 본토출
신 선주민이 더 이상 고향이라고 부를 수 없을 정도로 변모한 국가에 대
한 상실감을 만회하려는 명분으로 타지출신 이주민의 동화를 강요했다
(Vigdor 2011).[38] 이 장은 1980년대를 기점으로 정치적 무장해제가 정치
적 총력전으로 비화한 네덜란드의 정치 풍경을 공공담론 장에서 전개된
굴절된 정치 과정에 초점을 맞춰 조명했다. 구체적으로 합의제 정부를
기반으로 한 자유 민주주의 체제에서 다원성을 존중하는 공식적 통치 원
칙에도 불구하고 다수가 공감하는 정치–문화적 균열구조에서 이탈한 이
질적 집단에 대한 실질적 배제가 가능한 배경을 담론 제도주의를 보완해
검토했다.

　네덜란드 기본법 1조는 1848년 네덜란드 왕국 기본법을 채택한 이

37　WRR과 대조적으로 SCP(Social and Cultural Planning Office) 소수집단 보고서에서 천
　　명된 통합정책의 새로운 기조('new style')가 가리키는 핵심 내용이 바로 후일 공공담론의
　　기저인 "네덜란드 국적＝1등상"이다.

38　숄튼(Scholten 2011)에 의하면, 조정담론과 소통담론의 연결 고리는 바로 통합을 정의하
　　는 '중요한 틀 반영(critical frame reflection)'의 성공 여부에 달려 있기 때문에 정치 시장
　　에서 경계 짓기에 광적으로 집착하면 결국 건강한 틀 반영 자체를 봉쇄할 수 있다.

후부터 수상과 연립내각이 실질적으로 국정을 운영하는 네덜란드의 통치 원칙을 축약한다.[39] 이 통치원칙은 18세기 말부터 전파된 관대하고 개방적인 네덜란드의 자화상으로 정립되었고, 이후 균열구조화 시대를 거치면서 엘리트 간 합의제 정부 체제로 구현되었다. 특히 합의제 정부(consensual government)는 정치 지도층이 전면에 나서기보다, 각 균열구조의 구성원이 소수 집단임을 자처하며 경합을 통한 이익 대변보다 상호 이해 갈등을 조정하고, 협상을 통해 구성원 모두에게 인정받는 절충안을 이끌어내는 정치적 발명품이다(Andeweg and Irwin 2002, 27-31). 이어 균열구조의 해체 또는 세속화 시대에는 첨예한 갈등의 소지가 있는 의제를 표면으로 드러내지 않은 채, 복수 정당제를 통해 관용, 참여, 포괄을 표명하는 협의 민주주의 체제로 형상화되었다. 이러한 정치 시장의 변화 속에서도 네덜란드의 합의제 정부는 소수의 의견을 최대한 반영하는 의사결정 방식을 제도화하면서 안정된 정당정치를 구현하는 이상적 민주주의 체제로 공인되었다(선학태 2012, 369-93). 더불어 국정 운영의 주체인 내각도 복수의 정당 간 공조하는 연립내각으로 이어져, 네덜란드의 기능적 협의에 의한 정책결정 구조를 가리켜 "지휘자가 없는 관현악단"에 비유했다(Gladdish 1991, 144).

정당은 근본적으로 유권자와 정치인 간 소통 통로인 동시에 신인 정치인을 모집하고 엘리트 간 조정을 통해 국정 운영의 방향을 설정하는 역할을 수행한다. 1960년대 말기에는 균열구조(pillar)를 와해시키는 세속화 과정이 진행되면서 기존 정당에 반발하는 새로운 정당이 출현했다. 그러나 1990년대 대다수 네덜란드 정당은 국가 정체성과 그 구성원의 자격을 문화적 감성에 호소해 규정하려는 대중 영합적 유혹을 극복하지

---

39   "네덜란드에 거주하는 모든 사람은 평등한 조건에서 평등하게 대우받는다. 종교, 신념, 정견, 인종, 성별 또는 어떠한 준거에 의한 차별도 용인되지 않는다."

못했다. 상실한 고향에 대한 그리움, 즉 친숙한 네덜란드에 대한 향수가
네덜란드의 정체성을 발굴하려는 거국적 움직임으로 전개되었다.[40] 결국
협의를 통해 갈등을 회피하는 길이 최상의 문제 해결법이라는 네덜란드
도 '토종' 우위론을 주창하며 배타적 네덜란드 정체성을 구축하려는 대
중 영합적 정당의 출현을 막지 못했다. 대다수 정당은 급변하는 네덜란
드의 정치 수요를 생산적으로 대변하기보다 대중 영합적 정당에 자발적
으로 정치적 인질이 되어, 소통과 조정의 역할 대신 정치 시장에서 경계
짓기에 집착해 사회통합의 자양분이 될 건강한 담론의 장(場)을 마비시
켰다(van Gorp 2012, 2-3).[41]

　이 장은 기존 문헌이 협의의 정치 발전에 제어되어 공식적으로는 다
원성을 표명하는 합의제 정당정치가 지속되었으나 1980년대 이후 이민
문제가 공론화되면서 역으로 문화적 타자(cultural others)인 이민자, 특
히 무슬림 집단에게 단일한 네덜란드의 정체성으로 동화할 수 있도록 제
도적 절차를 강화한 배경을 충분히 설명하지 못했다고 지적했다. 이에
개방과 관용을 표명하는 합의제 정당정치의 이면에 작동하는 공공담론
의 전개에 초점을 맞춰 분석했다.[42] 1980년대 이후 열린 상상의 공동체

40　극우 성향 발언으로 인해 무슬림에게 살해된 핌 포르투완(Pim Fortuyn) 사회학 교수가 예
　　외다. 그는 무슬림 집단의 증가로 인한 내적 위험을 해소하기 위해 이민을 제한하고, 유럽
　　연합의 심화와 확대로 인한 피해로부터 네덜란드의 국익을 보호해야 한다는 전제하에 극
　　단적 민족주의를 강조했다. 그러나 동성애, 대마초 허용, 매춘 합법화 등 선별적으로 사회
　　적 가치관에 대해 관용하는 정치문화가 진정한 네덜란드의 국가정체성을 구성한다고 편파
　　적으로 주장하기도 했다.
41　극우 성향의 PVV 당수는 "그럴싸하게 포장된, 그러나 정치적 위험부담을 모면하려는 다분
　　히 정치적 계산이 깔린 헛소리"라고 혹평했다. 우파 VVD 정당 대변인도 "네덜란드의 가치
　　관과 규범을 내팽개쳐서는 안 된다"라고 가세했고, 보수 성향의 한 CDA 의원은 비록 네덜
　　란드가 다문화 국가로 변모했지만 네덜란드의 정체성은 여전히 존재하며 집합적 상징물과
　　역사가 그 정체성의 일부라고 역설했다.
42　이러한 네덜란드의 암명을 보여주는 일례로 2007년 "네덜란드와 한몸되기(Identificatie
　　met Nederland)"라는 제목의 WWR 보고서와 그로 인한 정치적 파장을 들 수 있다. 당시

를 공식적으로 표방하는 정치과정이 지나치게 경직되어 위로부터의 함구령에 대한 반발이 오히려 여과 없이 표출되어 네덜란드 사회를 정치-문화적 균열구조에서 주류와 비주류로 분류하는 소모적 공공담론이 조성되었다는 사실은 충격이다. 더구나 이 공공담론은 다원성과 관용을 중시하는 공식적 명분과 사회적 비주류인 문화적 이질 집단 또는 타자인 이민자, 특히 무슬림 집단에게 네덜란드 사회로의 동화를 압박하는 정책적 배제를 전제하는 이중성을 띤다는 점에서 경종을 울린다.

이 장은 네덜란드의 이민과 사회통합 사례를 통해 공공담론의 장을 마비시키는 논쟁이 정당정치의 존재 이유를 상쇄하는 조건으로서 타협과 절충을 봉쇄하는 정치-문화적 균열구조의 군집화, 즉 주류와 비주류 간 차별을 부각시킨 정치쟁점화뿐 아니라 비주류에 대한 정책적 배제 조치를 제시했다. 비록 네덜란드 '토종주의'의 역습이 2012년 선거로 극우파 세력이 축소되어 잠시 주춤했으나, 여전히 잠재한다는 불편한 진실은 다문화사회가 진행 중인 우리에게 함의가 크다. 특히 정당을 분류하는 기본 축이 비단 사회-경제 측면에 제한되지 않고 정치-문화 측면을 포함하며, 나아가 두 측면이 반드시 일치하지 않을 뿐더러 이를 활용하는 정당 내부의 수렴 능력의 차이에 따라 정치적 자산이 되기도 하고 역으로 정치적 부담이 되는 경우도 발생한다는 사실은 대통령제라는 이중적 정통성(dual legitimacy) 문제를 지닌 우리 정당정치의 발전에도 시사점

이 보고서를 발표한 막시마(Maxima) 황태자비는 아르헨티나와 네덜란드 국적을 동시에 소지한 자신의 실례를 통해 "유일한 네덜란드의 정체성이란 없다"라고 평했다. 그러나 이를 접한 정치권은 좌우를 막론하고 다문화사회를 수용해야 하는 개방된 네덜란드의 현실을 직시하는 것과 통합된 '네덜란드의 정체성'이라는 규범의 존재가치를 전면적으로 부인하는 것은 별개의 문제라며 거세게 반발했다. 2007년 보고서는 단일한 정체성을 배제한다는 의도에서 'identity'라는 명사 대신 'identify'라는 동사의 명사형을 선택했다. 국문 번역으로 '네덜란드와 한몸되기'를 제안한 양승태선생님께 사의를 표한다.

이 크다.[43] 더불어 정치 엘리트 간 정책 구상을 협의하는 과정에 생성되는 '조정담론'과 엘리트-유권자 간 정책의 유효적절성 여부를 전달하는 과정에 생성되는 '소통담론' 간 관계가 의사결정구조와 조합해 국정운영 방향을 굴절시킬 수 있는 조건을 규명하는 작업은 네덜란드라는 단일 사례에 국한되지 않고 우리를 포함해 비교 사례연구 대상이 될 수 있다.

---

43 직선에 의해 선출된 집행부 수장인 대통령과 입법부 구성원 간 국민을 대표하는 대변자로서의 정통성을 각기 주창하는 대통령제는 복합적 의사결정구조를 더욱 복잡하게 만들 소지가 크다.

참고문헌

고상두. 2012. "이주자 사회통합모델의 비교분석: 네덜란드, 독일, 한국의 사례."
『한국정치학회보』 제46집 2호, 241-64.

고상두 · 기주옥. 2013. "극우정당 출현의 제약요인 분석: 스페인 사례연구." 『한국정치학회보』
제47집 1호, 185-220.

김민정 · 홍지영. 2012. "서유럽 극우정당 지지 동기 분석." 『국제정치논총』 제52집 2호, 197-
232.

선학태. 2012. "네덜란드 민주주의 동학: 합의제 정당정치와 조합주의 정치의 연계."
『한국정치연구』 제21집 3호, 369-393.

이옥연. 2011. "종교적 정체성, 정치적 정체성, 유럽의 정체성." 『한국정치연구』 제20집 1호,
121-54.

Andeweg, Rudy, and Galen Irwin. 2002. *Governance and Politics of the Netherlands.*
Houndsmill: Palgrave Macmillan.

Bade, Klaus. Trans. by Allison Brown. 2003. *Migration in European History (Making of
Europe)* [Kindle Edition].

Banks, Marcus, and Andre Gingrich. 2006. "Neo-Nationalism in Europe and Beyond." In
Andre Gingrich, and Marcus Banks, eds. *Neo-Nationalism in Europe & Beyond,*
1-28. New York: Bergham Books.

Béland, Daniel, and André Lecours. 2008. *Nationalism and Social Policy: The Politics of
Territorial Solidarity* [Kindle Edition].

Bertossi, Christophe. 2010. "Mistaken Models of Integration? A Critical Perspective
on the Crisis of Multiculturalism in Europe." In Alessandro Silj, ed. *European
Multiculturalism Revisited,* 235-251. London: Zedbooks.

Caldwell, Christopher. 2009. *Reflections on the Revolution in Europe: Immigration,
Islam and the West* [Kindle Edition].

Cherribi, Sam. 2010. *In the House of War: Dutch Islam Observed.* New York: Oxford
University Press.

Duyvendak, Jan Willem. 2011. *The Politics of Home: Belonging and Nostalgia in
Western Europe and the United States.* New York: Palgrave Macmillan.

_____, and Peter Scholten. 2012. "Deconstructing the Dutch Multicultural Model: A
Frame Perspective on Dutch Immigrant Integration Policymaking." *Comparative
European Politics* 10-3, 266-282.

Entzinger, Hans. 2006. "The Parallel Decline of Multiculturalism and the Welfare State in
the Netherlands." In Keith Banting and Will Kymlicka, eds. *Multicultualism and
the Welfare State: Recognition and Redistribution in Contemporary Democracies,*

177–201. Boston: Oxford University Press.

Erk, Jan. 2009. "Red, White and Orange: Dominant Nationalism in France and the Netherlands Compared." In André Lecours and Geneviéve Nootens, eds. *Dominant Nationalism, Dominant Ethnicity: Identity, Federalism and Democracy*, 73–86. Brussels: Peter Lang.

Geschiere, Peter. 2009. *The Perils of Belonging: Autochthony, Citizenship, and Exclusion in Africa and Europe* [Kindle Edition].

Gladdish, Ken. 1991. *Governing from the Centre: Politics and Policy-making in the Netherlands*. London: Hurst.

Green, Eva. 2009. "Who Can Enter? A Multilevel Analysis on Public Support for Immigration Criteria across 20 European Countries." *Group Processes & Intergroup Relations* 12–1, 41–60.

Howard, Marc. 2010. *The Politics of Citizenship in Europe* [Kindle Edition].

Hunter, Shireen. 2002. *Islam, Europe's Second Religion: The New Social, Cultural, and Political Landscape* [Kindle Edition].

Hurenkamp, Menno, Evelien Tonkens, and Jan Willem Duyvendak. 2011. "Citizenship in the Netherlands: Locally Produced, Nationally Contested." *Citizenship Studies* 15–2, 205–225.

Ignazi, Piero. 2006. *Extreme Right Parties in Western Europe*. Oxford: Oxford University Press.

Joppke, Christian. 2007. "Beyond National Models: Civic Integration Policies for Immigrants in Western Europe." *West European Politics* 30–1, 1–22.

Lahav, Gallya. 2004. "Public Opinion toward Immigration in the European Union: Does It Matter?" *Comparative Political Studies* 37–10, 1151–1183.

Laible, Janet. 2008. *Separatism and Sovereignty in the New Europe: Party Politics and the Meanings of Statehood in a Supranational Context*. New York: Palgrave Macmillan.

Klausen, Jytte. 2005. *The Islamic Challenge: Politics and Religion in Western Europe* [Kindle Edition].

McDonald, Maryon. 2006. "New Nationalism in the EU: Occupying the Available Space." In Gingrich and Banks, 218–236.

Mügge, Liza. 2009. *Beyond Dutch Borders: Transnational Politics among Colonial Migrants, Guest Workers and the Second Generation*. Amsterdam: Amsterdam University Press.

Risse, Thomas. 2010. *A Community of Europeans? Transnational Identities and Public Sphere*. Cambridge: Cambridge University Press.

Robyn, Richard. 2007. *Changing Face of European Identity* [Kindle Edition].

Schmidt, Vivien. 2006. *Democracy in Europe: The EU and National Policies*. New York: Oxford University Press.

Scholten, Peter. 2011. *Framing Immigrant Integration: Dutch Research-Policy Dialogues in Comparative Perspective.* Amsterdam: Amsterdam University Press.

Sunier, Thijl. 2010. "Assimilation by Conviction or by Coercion? Integration Policies in the Netherlands." In Silj, 214-234.

Sunier, Thijl, and Rob van Ginkel. 2006. "At Your Service': Reflections on the Rise of Neo-nationalism in the Netherlands." In Gingrich and Banks, 107-124.

ter Wal, Jessika. 2007. "The Netherlands." In Anna Triandafyllidou and Ruby Gropas, eds. *European Immigration: A Sourcebook,* 249-262. Burlington: Ashgate.

Triandafyllidou, Anna. 2010. *Muslims in 21st Century Europe: Structural and Cultural Perspectives* [Kindle Edition].

Uitermark, Justus. 2012. *Dynamics of Power in Dutch Integration Politics: From Accommodation to Confrontation.* Amsterdam: Amsterdam University Press.

_____, and Amy-Jane Gielen. 2010. "Islam in the Spotlight: the Mediatisation of Politics in an Amsterdam Neighborhood." *Urban Studies* 47-6, 1325-1342.

van Gorp, Johannes. 2012. "Party System Change in the Netherlands: Intra-Party Cohesion, Discourse, and the Socio-Cultural Cleavage." Ph. D. Diss., Boston University.

van Oers, Ricky, Betty de Hart, and Kees Groenendijk. 2006. "Netherlands." In Rainer Bauböck, Eva Ersbøll, Kees Groenendijk, and Harald Waldraugh, eds. *Acquisition and Loss of Nationality, Volume 2: Country Analyses: Policies and Trends in 15 European Countries,* 391-434. Amsterdam: Amsterdam University Press.

van Reekum, Rogier. 2012. "As Nation, People and Public Collide: Enacting Dutchness in Public Discourse." *Nations and Nationalism* 18-4, 583-602.

_____, and Jan Willem Duyvandak. 2012. "Running from Our Shadows: the Performative Impact of Policy Diagnoses in Dutch Debates on Immigrant Integration." *Patterns of Prejudice* 46-5, 445-466.

Vertovec, Steven, and Susanne Wessendorf. Eds. 2010. *The Multiculturalism Backlash: European Discourses, Policies and Practices* [Kindle Edition].

Vigdor, Jacob. 2011. *Comparing Immigrant Assimilation in North America and Europe.* New York City: Center for State and Local Leadership at the Manhattan Institute.

http://www.ipu.org/parline-e/reports/2231_arc.htm (검색일: 2013. 6. 30)
http://statline.cbs.nl/StatWeb/publication/?VW=T&DM=SLEN&PA=37556 eng&D1=0-44&D2=1,11,21,31,41,51,61,71,81,91,101,l&HD=120318-0643&LA=EN&HDR=G1&STB=T (검색일: 2013. 6. 30)
http://statline.cbs.nl/StatWeb/selection/?DM=SLEN&PA=71882ENG&LA=EN&VW=T (검색일: 2013. 6. 30)
http://www.wrr.nl/fileadmin/nl/publicaties/PDF-Rapporten/Identificatie_met_Nederland.pdf (검색일: 2013. 6. 30)

페미니즘과 다문화주의의 (불편한) 만남?: 영국에서의 강제결혼[*]

황영주(부산외국어대학교)

I. 서론

이 장은 페미니즘과 다문화주의의 충돌과 교차점에 대해 검토하면서 이론적 영역의 논쟁을 실제 현실에서 분석하고자 영국의 강제결혼을 그 대상으로 삼고 있다.

이 장은 크게 두 가지 점을 부각시키고자 한다. 첫째, 페미니즘과 다문화주의의 갈등 또는 화해에 대해 다루고자 한다. 일부 페미니즘 진영에서는 다문화주의의 자체 성격이 여성에 대한 억압을 정당화시키는 방향으로 작동하는 점에 우려를 표했다. 페미니즘의 다른 진영은 이를 다문화주의의 원래 의미를 제대로 해석하지 못한 주장으로 치부한다. 이들은 페미니즘과 다문화주의에는 다양성을 주장하는 공통의 임무가 있다고 생각한다. 또 다른 페미니즘 진영은 서구 사회에서 살고 있는 제3세

* 이 장은 "페미니즘과 다문화주의의 (불편한) 만남?: 영국에서의 강제결혼." 『국제지역연구』 17(1), 163-184를 부분적으로 수정하였음.

계 여성에 대한 억압을 이해하기 위해서는 중첩된 모순을 이해해야 한다
고 주장한다. 이들은 교차성(intesectionality)을 강조한다. 해당 여성이
갖는 여성으로서의 지위뿐만 아니라 인종, 종교, 민족성도 함께 검토해
야 한다는 것이다. 이 장에서는 이와 관련된 다양한 논쟁들을 정리하고
자 한다. 둘째, 이 장은 이론적으로 검토된 내용이 어떻게 현실에서 적용
될 수 있는지에 대한 사례연구를 실시하고자 한다. 영국에서 여성의 보
편적 권리와 다문화주의가 충돌하는 영역은 강제결혼(forced marriage),
명예범죄(honour crimes), 여성성기절단(female genital cutting), 이슬
람전통의상(headscarves) 등이다(Dustin and Phillips 2008, 8-23).[1] 이
장에서는 강제결혼에 주목해 페미니즘과 다문화주의의 교차점에 대해
구체적으로 검토하고자 한다. 영국에서의 강제결혼에 대한 정부의 각종
정책과 법률적 조치에 대한 검토는 페미니즘과 다문화주의 간의 논쟁이
이론적 차원에서뿐만 아니라 현실에서 어떻게 적용되고 있는지를 구체
화시키는 바로미터가 될 것이다. 달리 표현하면 여성에 대한 억압을 해
소하고 여성의 지위를 보호하기 위한 실제 정책 또는 법률 검토 및 적용
에 대한 구체적 분석을 통해 페미니즘과 다문화주의의 성격을 알 수 있
게 되는 것이다.

---

1   Moria Dustin and Anne Phillips(2008), "Whose agenda is it? Abuses of women and
     abuses of 'culture' in Britain," Ethnicities 8(3), pp. 405-424이 원래 발표된 논문이다.
     하지만 이 장에서 사용되는 논문은 LSE Research Online에 게시된 Accepted Version이다.

II. 페미니즘과 다문화주의의 갈등

1. 페미니즘에서의 다문화주의

겉으로 보기에 페미니즘과 다문화주의는 상당히 유사한 요소가 많다. 두 이론 모두 소수자(minority)를 위한 이론이기 때문이다. 하지만 오 킨은 "다문화주의는 페미니즘에 해로운가(Is Multiculturalism Bad for Women)?"라는 도발적인 제목의 논문을 통해 페미니즘과 다문화주의 가 쉽게 양립가능하다고(compatible) 믿는 것은 문제가 있다고 주장한 다. "내가 생각하기에―스스로가 진보적이라고 여기거나 또는 모든 형 태의 압제에 저항하는 사람들에게―페미니즘과 다문화주의는 좋은 것으 로, 양자 화해가 가능하다고 너무 쉽게 생각한다(Okin 1998, 10)." 오킨 의 입장에서 볼 때 다문화주의는 페미니즘을 적절히 이해하지 못하고 있 다. 소수자 집단의 권리를 주장하는 사람은 여성의 이해(the interest of women)와 관련해 다음과 같은 문제점이 있다(Okin 1998, 12). 첫째, 소 수집단과 문화적 집단을 단일한 것(monolithic)으로 다루면서 이들 집 단 내부에 있는 다양성에 주목하지 못한 문제점이 있는데, 남녀 사이의 권력 차이를 간과하고 있기 때문이다. 다문화주의는 집단 사이의 다양성 은 다루면서 집단 내부의 다양성, 특히 남녀의 권력관계에 대해서는 무 지하다. 둘째, 다문화주의를 옹호하는 주장들은 사적 영역(the private sphere)을 무시한다. 집단의 권리를 옹호하는 이들은 개인의 자유가 해 당 집단의 문화를 통해 실현된다고 주장하는데 이는 상당한 문제다. 여 성에게 소수집단의 문화는 오히려 억압적이기 때문이다. 대부분 소수집 단의 문화는 상당히 가부장제적이며, 그 문화적 관행은 여성을 통제하려 들고 여성을 주로 사적 영역에만 머물게 하려는 목적이 있다.

또한 오킨은 젠더와 문화의 관계에서 집단 또는 종교가 갖는 권리에 대해 다음과 같이 비판한다(Okin 1998, 12-13). 대부분의 문화에서 개인, 성적, 재생산과 관련된 영역은 중심적인 영역이며 이는 문화적 관행에서 중요한 부분을 차지하고 있다. 특히 "종교 또는 문화적 집단은 '개인과 관련된 법(personal law)'─결혼, 이혼, 아이양육, 가족 재산의 분할, 통제, 상속─에 대해 특별한 관심을 표명한다(Okin 1998, 13)." 하지만 주로 (소수의) 문화적 실제(cultural practices)로 옹호되는 법 체제는 결국 남성보다는 여성에게 악영향을 미친다. 여성에게 억압적으로 작동하는 것이다. 다른 한편으로 대부분의 (소수) 문화는 남성의 여성에 대한 통제를 기본 목적으로 한다. 이는 서구의 문화에서뿐만 아니라 세계 전역의 신화와 종교에서 드러나는 공통적인 상황이다. 전통이라는 이름으로 행해지는 음순절제(clitoridectomy), 일부다처제(polygamy), 강간결혼(rape marriage) 등은 여성에 대한 억압을 보여주는 대표적인 사례이다. 따라서 "다수의 문화를 기반으로 하는 관습은 대개 여성에 대한 통제를 목적으로 하며 성적·재생산 영역에서 남성의 욕망과 이해에 봉사하도록 한다. 무엇보다도 '문화' 또는 '전통'은 때로는 여성 통제와 밀접하게 관련돼 있다(Okin 1998, 16)."

또한 오킨이 주목한 것은 소수집단이 갖는 권리를 보장하기 위해 여성의 권리를 포기하거나 유보되는 사례가 많이 나타나고 있는 점이다(Okin 1998, 17-19). 국제적으로 볼 때 인권으로서의 여성 권리는 해당 국가의 문화 및 종교의 관행과 양립할 수 없다는 이유로 거부되거나 등한시되기도 한다. 심지어 미국과 같은 자유주의 국가에서도 여성 및 아동의 남성 통제권과 관련한 많은 범죄에서 "문화적 방어(cultural de-fenses)"[2]가 자행된다. 이에 따라 소수집단 권리를 보장하는 것은 "문제의 일부 해결(part of solution)"에 불과하다(Okin 1998, 22). 달리 말하

면 집단의 권익은 지킬 수 있되 여성의 권익은 지킬 수 없다. 오킨에 따르면

> "…이제 다음과 같은 상황이 명백해진다. 문화적 배경을 기반으로 둔 사적 영역에서의 많은 여성 차별적 부분들은 공적인 영역에서는 잘 드러나지 않는다. 물론 공적인 영역에서 법원은 여성에 대한 그와 같은 차별이 비자유주의적이며 여성의 육체적, 정신적 온전함을 해치는 것에 근거를 제공하지 않는다고 주장하더라도 말이다. (이러한 측면에서) 소수 문화에서 집단 권리와 문화를 보존하는 것에는 문제가 없고 그것이 남성에게 이익이 되겠지만, 이들 문화에 속한 여성의 이익을 보장하지는 못한다." (Okin 1998, 23)

2. 다문화주의를 위한 변명

다문화주의는 집단 사이의 상이성(differences)을 주장하는 이론이다. 예를 들어 바우메이스터(Baumeister)의 입장에서는 두 가지 점에서 페미니즘과 다문화주의가 유사하다. "겉으로 보기에 페미니즘과 다문화주의에는 상당한 정도의 공통점이 존재한다(Baumeister 2003)." 한편으로 보다 포괄적인 정의의 개념을 추구하기 위해 페미니즘과 다문화주의는 모두 상이성과 다양성의 중요성을 강조한다. 이에 따라 특정의 믿음, 관심 및 관점만 인정하는 맥락적 정체성(contextural identity)에 의한 일원적 개념의 시민권을 거부한다(Baumeister 2003, 2). 다른 한편으로 페미니즘과 다문화주의는 주로 개인적 권리의 동등에 초점을 맞추는 형식

---

2   문화적 방어는 해당 소수문화집단이 갖는 여성에 대한 억압과 차별을 문화적 관행으로 포장해 범죄행위에 대해 은폐하거나 축소시키려는 시도를 의미한다.

적인 평등성에 대해 비판적이다. 이에 따라 두 이론은 개인보다는 오히려 집단의 권리에 초점을 맞춘다(Baumeister 2003, 2-3). "특정 집단의 특수한 요구 또는 그 취약성을 인지(Baumeister 2003, 3)"하는 것이다. 이러한 점에서 원칙적으로 다문화주의는 페미니즘과 배치되거나 서로 모순되는 입장은 아니다. 다만 다문화주의가 인종적, 문화적, 종족적 집단 간의 상이성에 대한 이론이라고 한다면, 페미니즘은 성별에 기초하는 집단 간의 상이성에 대한 이론이라고 할 것이다.

오킨의 주장에 대항해 다문화주의자인 쿠카타스(Kukathas)는 "페미니즘은 다문화주의에 해로운가(Is Feminism bad for Multiculturalism)?"라는 논문을 통해 다문화주의를 옹호하고 있다(Kukathas 2001, 83-98). 오킨이 여성의 권리를 옹호하지 못하고 억압하는 다문화주의의 문제점을 지적한 것과 동일한 방식으로 쿠가타스는 다문화주의의 옹호와 보호에서 방해요인으로 작동하는 페미니즘의 여러 문제점을 지적하고 있다. 그에 따르면 비록 가부장제적 속성을 가진다 하더라도 소수자의 문화는 원칙적으로 국가와 정부로부터 간섭을 받아서는 안 된다. 국가가 중립을 지켜야 한다는 것이다. 물론 이러한 중립의 원칙은 소수자의 문화를 해치지 않아야 한다는 입장에서 출발한다. 레이트먼(Reitman)의 해석에 따르면 "국가는 원칙적으로 사회적 선(the good)의 경쟁적 개념들에서 중립을 추구해야 한다. 이러한 중립 추구는 젠더의 관리까지 포함하는 원칙이다. 이는 문화적 다양성과 상이성을 존중하는 관용의 입장에서 적용돼야만 한다(Reitman 2005, 223)."

쿠카타스의 입장에서는 다문화주의가 다른 어떤 요소들보다도 (당연히 페미니즘보다도) 우선 고려 대상이 된다(Kukathas 2001, 83). 즉 소수자의 문화가 절대적 가치를 가지게 된다. 비록 소수자의 문화가 자유주의적 가치를 실현하지 못하더라도 그대로 두어야 한다. "(특정) 집단이

비자유주의적 가치에서 행위한다 하더라도 특정의 보호를 청하는 구실
은 되지 못한다. 따라서 비자유주의적 가치에 입각해 그대로 삶을 살아
야만 한다(Kukathas 2001, 92)." 그의 관점에서 여성은 이미 보호를 받
고 있는 대상이 된다. 여성은 반드시 소수자의 생활방식을 수용할 필요
가 없으며, 이미 일종의 선택권을 가지고 있기 때문이다. 다시 말해 소수
자의 문화가 적용되는 바깥 세계는 일반적인 법이 적용되며, 여성은 (소
수집단을 떠나) 일반적인 법적용이 가능한 곳으로 탈출할 수 있는 권리를
이미 부여받고 있기 때문이다(Reitman 2005, 223). 요컨대 다문화주의
에서 소수자의 생활방식은 여성의 권리를 위해서 유보될 수 없으며, 여
성에 대한 보호는 소수자의 생활방식을 인정하는 원칙 내에서 구현돼야
만 한다.

III. 페미니즘과 다문화주의의 만남

1. 페미니즘 다양성의 다양한 모색

비록 오킨이 다문화주의와의 관계 속에서 페미니즘을 옹호했다고 하더
라도 그러한 옹호에는 상당히 많은 문제점이 있다. 잘 알려진 바와 같이
페미니즘은 남성과는 다른 여성의 정체성을 표현하기 위한 상이성(dif-
ference)과 다양성(diversity)에 관한 이론이다. 그럼에도 불구하고 오킨
의 페미니즘은 이와 같은 상이성과 다양성을 특정 집단 내, 말하자면 소
수집단의 남녀 관계에서만 고려하는 실수를 범한다. 오킨은 페미니즘과
다문화주의 관계에서 발견될 수 있는 상이성과 다양성 이외에 페미니즘
진영 내부에서 가질 수 있는 상이성과 다양성을 사상(捨象)했다는 비판

을 면할 수 없는 것이다.

　무크히지(Mookherjee)의 판단에 따르면 오킨은 자유주의적 입장 (liberalist aspect)에서 보편주의를 취한다. 보편주의적 입장에서 상이성과 다양성은 유보되지 않는다. "(오킨이 볼 때) 자유주의에서 여성은 동등한 법적 권리를 보장받게 된다(Mookherjee 2005, 238)." 무크히지가 보기에 이와 같은 오킨의 입장은 크게 두 가지 점에서 문제점을 가진다. 첫 번째, 오킨은 다양한 문화의 정치적 입장에서 엿볼 수 있는 상이성과 다양성을 고려하지 않은 채 자유주의 입장을 최고의 선(善)으로 간주한다. 두 번째, 오킨은 다양한 (자유주의와는 차이가 나는) 소수자의 문화가 늘 페미니즘과 양립할 수 없다는 왜곡된 입장을 취한다. 문화(에서 여성에 대한 입장)에 대한 정형성을 비판한 오킨조차 (서구에서 본 타)문화에 대한 정형성 관점에서 탈피하지 못한다는 비판을 받는다(Mookherjee 2005, 238).

　이와 같은 논쟁은 페미니즘이 갖는 본질적인 존재성(ontology)과 관련해 많은 고민을 제기한다. 우선 이 문제는 페미니즘이 비판하는 (젠더의) 이분법적 대립구조를 서구/비서구, 현대/전통이라는 관점으로 재생산하는 기제로 작동한다. 문경희가 지적한 엔 필립스와 사위트리 사하르소의 입장에서 "그들은 한편으로는 젠더평등이 정치권에서 중요하게 다뤄지는 것은 환영할 일이지만, 다른 한편으로 여성의 권리가 근대 자유주의 사회만의 상징으로 사용되고, 그것이 서구와 '전통적인' 비서구, 비자유주의 사회를 차별화하는 데 사용되는 것은 상당히 우려스럽다고 지적했다(문경희 2011, 144)." 보다 본질적인 비판은 보편적 자매애(universal sisterhood)에 대한 고민과 밀접하게 관련돼 있다. 미뎬(Midden)이 지적한 바와 같이 "지금까지 여성의 정체성은 백인종, 중산층 여성의 경험에 기초한 것임이 드러났다. 아마도 모든 여성이 차별에 신음하고 있을 것이다. 하지만 이것이 모든 여성의 경험이 반드시 동일하다는 것을 의미하지는 않는다(Midden 2010, 80-81)." 그녀의 비판은 여기에 그치지 않는다. 서구의 페미니즘은 자유/비자유, 현대/전통의 이분법을 이용하면서 자신의 정체성을 새삼 확인한다. 예를 들어 무슬림 여성의 베일(veil)은 서구 사회에서 이슬람 또는 타문화의 후진성(backwardness)의 상징으로 작동한다. "서구는 근대성으로 관련되는 반면, 동양은 종교 또는 전통으로 연결된다⋯이때 여성은 이슬람이나 동양의 '후진성'의 상징이 되고 만다(Midden 2010, 83)." 보편적 자매애에 기반을 둔 서구 여성의 이슬람 여성에 대한 해방 요구는 사실상 이와 같은 이분법을 효과적으로 재생산하는 기제로 작동할 가능성이 높다.

> 이슬람 여성의 베일을 없애려는 서구 페미니즘 운동가들은 이슬람 여성의 해방에 대해 자신들의 입장에서만 출발한다. 이러한 접근을 통해 서구 여성은 자신의 정체성을 자유로운 여성으로 규정하는 반면, 무슬림 여성을 억압받는 타자로 재현시킨다. 이와 같은 과정의 결과로 무슬림 여성의 주체성은 부정되거나 혹은 인정되지 않는다⋯외부에서 보면 베일은 억압의 표현이지만, 일부 무슬림 여성은 베일 자체가 자신들의 힘 갖추기 표현이 된다고 주장한다.(Midden 2010, 83)

보편적 자매애에 기반을 둔 서구 페미니즘에 대한 비판은 사실상 모한티(Mohanty)의 논의에서 그 절정을 이룬다. 그녀가 보기에 서구 페미니즘은 페미니즘의 상이성과 다양성에 대한 논의 자체에 둔감했다. "페미니즘의 교과서에서 제3세계 여성을 단일하고 일원적인 대상(as a singular monolithic subject)으로 재생산(Mohanty 1988, 61)"[3]했던 것이다. 보다 구체적으로 모한티의 입장에서는 서구 페미니즘은 자신의 분석과 연구에서 다음과 같은 문제점을 안고 있다.

　첫 번째는 여성을 단일한 존재로 보는 문제점이다. 모한티에 따르면 "여성에 대한 가정을 계급, 종족, 인종에 관계없이 동일한 이해와 욕망을 가진, 이미 구성되거나 일원적인 존재로 봄으로써 젠더의 개념, 성적 상이성, 나아가서는 가부장제조차도 보편적, 간문화적으로 적용될 수 있다고 믿는다(Mohanty 1988, 64)." 미덴의 용어를 빌린다면 여성을 단일한 분석의 대상(women as monolithic category analysis)으로 삼는 것에 대한 회한(悔恨)이다. 이때 여성은 보편적인 가부장하에서 억압을 받는 동일성으로 묶여지고 있다. 두 번째는 여성과 젠더를 분석할 때 나타나는 방법론적 보편성의 문제이다. "분석가설에서 (문제점은) 방법론적 수준에서 더 분명히 드러나는데, 보편성과 간문화성에 대한 무비판적 '증거'가 제공된다는 점이다(Mohanty 1988, 64-65)." 예를 들어 여성의 재생산과 노동 분업 등이 여성에 대한 억압의 이유로 설명되는데, 문제는 이와 같은 분석이 사회적, 문화적 맥락을 제대로 고려하지 않고 있다는 것이다(Midden 2010, 85). 모한티의 설명에 따르면 여성 가구주의 성장은 미국과 같은 곳에서는 여성의 독립성으로 해석될 수 있지만, 라틴 아메리카와 제3세계에서는 여성빈곤화와 더 밀접한 관련이 있다(Mohanty 1988, 76). 세 번째는 "평균적인 제3세계 여성 이미지(average Third-world woman)"가 지속적으로 재생산되고 있다는 점이다. 이는 두 가지 개념(또는 고정 관념)이 결합된 것인데, 하나는 억압받는 여성이고 다른 하나는 제3세계라는 이미지다. 모한티의 용어에 따르면 제3세계는 속박받는 젠더, 여성과 결합해 "무시되고 가난하고 교육수준이 낮으며, 전통적이고 종교적이고 가정화되며 가족중심의 희생적인 이미지로 읽힌다

3　원래 이 논문은 같은 제목으로 Boundary2 12/13(3/1)(1984)에 게재됐던 것으로 보인다.

(Mohanty 1988, 65)." 반면 서구 여성은 이런 이미지에 반해 재현된다. "서구 여성은 교육받고 근대화되고 육체와 섹슈얼리티에 대한 자기 결정권을 행사하며, 자신이 결정을 내릴 수 있는 자유를 가지는 것으로 자기 재현(self-representation)을 갖춘다(Mohanty 1988, 65)."

2. 상이성과 가능성 정치의 결합: 교차성

그렇다면 어떤 방식으로 페미니즘에서 상이성과 다양성을 확보해나갈 것인가? 달리 표현하면 페미니즘의 분석과 전략에서 어떤 방식으로 계급, 종족, 인종을 함께 고려할 것인가? 이와 관련해 미덴은 상이성의 정치(politics of difference)와 가능성의 정치(politics of possibility)를 결합시켜나가야 한다고 주장한다. "페미니즘 학자들은 여성 사이에 중요한 상이성이 존재한다는 점을 인식해야만 한다. 동시에 이와 같은 상이성들이 '자연적'으로 만들어진 것이 아니라 사회적·정치적으로 만들어졌다는 점을 인식해야만 한다(Midden 2010, 86)."[4] 이와 같은 상이성과 가능성의 결합은 교차성(intersectionality)의 모색과 연결된다.

　잘 알려진 바와 같이 교차성은 젠더, 인종 등 사회적으로 다양한 관계를 함께 고려하는 공간으로 인지된다. 즉 교차성이라는 개념은 "다양

4　리치(Rich)의 경우 제3세계 여성을 이해하기 위해서는 그들 여성이 처한 위치의 이해가 선행돼야 하며 이에 따라 "위치의 정치학(Politics of Location)"이 필요하다고 강조한다. 위치의 정치학은 두 가지 점에 주목해야 한다. 첫 번째는 손쉬운 일반화를 피해야(avoid easy generalisations) 한다는 점이다. 즉 여성들이 갖는 상이성에 대한 인식이 필요하며, 동시에 여성들은 이러한 상이성을 인식할 책임이 있다는 점이다. 두 번째는 위치의 정치학은 자신의 위치에서 위치를 고려해야 한다(politics of location is locating yourself)는 점이다. 모든 여성들은 자신의 (위치에 기반한) 고유한 정체성이 존재하는데 이러한 정체성을 드러내고 이야기하는 책임성이 있다는 것이다. 자신의 인생, 경험 및 관점에서 여러 가지 결과들을 이해하라는 것이다. Rich(1987), Midden(2010, 90-92)에서 재인용.

한 사회적 층위들, 예컨대 젠더, 인종, 종족기원, 연령, 장애, 성적정향
및 종교와 신념의 상호 관련성을 다루는 데 사용된다. 특히 교차성이론
은 다문화주의에서 시작된다(Oleksy 2011, 263)." 젠더, 종족, 인종 등의
문제가 상호작용하고, 이는 정체성 형성에 결정적 영향을 미친다. 미덴
이 지적한 바와 같이 교차성의 문제는 매 맞는 여성 쉼터의 연구에서 잘
나타난다. "보호를 요청하는 여성은 폭력의 피해자일 뿐만 아니라 대다
수가 실업과 가난으로 고통받고 있었다." 여성 쉼터에 관한 연구는 여성
의 고통을 단지 폭력의 피해로뿐만 아니라 다른 사회적 문제와 함께 다
루어야 함을 잘 보여주는 사례이다(Midden 2010, 87).

이처럼 젠더와 관련한 교차성은 다양한 방식으로 분류될 수 있다.[5]
맥콜(McCall)은 교차성을 고려해 페미니즘 분석과 발전을 크게 3가지
방법론적 관점, 즉 반범주적 복합성, 내부범주적 복합성, 상호범주적 복
합성으로 분류가능하다고 지적한다(McCall 2005, 1772-1773).

첫째, 반범주적 복합성(anticategorical complexity)은 크게 두 가지
배경에서 등장하게 된다. 근대서양철학, 역사 및 언어에 대한 포스트 모
더니즘과 후기구조주의자들의 비판에서 비롯됐고, 다른 한편으로는 유
색 페미니즘의 백인 페미니즘 비판에서 유래됐다. 이들의 관심은 주로
단일적 지배성(unitary master)이라는 범주를 거부 또는 해체하는 것으

---

5 예를 들어 크렌쇼우(Crenshaw)의 경우 교차성을 구조적 교차성과 정치적 교차성으로 분
류하고 있다. Crenshaw(1991), Midden(2010, 89)에서 재인용. 구조적 교차성(struc-
tural intersectionality)은 인종과 젠더의 교차지점에 있는 개인의 위치가 구체적인 경험
을 만들어내는 경우에 사용된다. 예컨대 유색인종 여성이 경험하는 가정 폭력이나 강간
등은 백인 여성이 경험하는 그것과 상당 정도 차이가 난다. 반면 정치적 교차성(political
intersectionality)은 유색인종 여성이 두 개 이상의 종속적 집단에 속해 있기 때문에 종종
분열된 주제에 집중하는 경우가 발생한다. "때때로 서로 모순되는 정치적 어젠다는 개인의
정치적 에너지를 분열시키고 있는데, 이는 교차성에서 힘을 갖추지 못하는(disempower-
ment) 측면으로 나타난다. 유색 남성 또는 백인 여성들은 이와 같은 경우를 거의 경험하지
않는다."

로 나타난다. 포스트 모더니즘과 후기구조주의자들은 근대성이라는 지배성을 거부하는 반면, 유색 페미니즘은 여성의 단일한 경험과 일원화된 범주화를 거부한다. 여기에서 주목해야 할 점은 "지배적 범주(master categories)의 해체는 불평등의 해체 자체의 한 부분으로 이해되고 있다는 점이다(McCall 2005, 1777)."

둘째, 내부범주적 복합성(intracategorical complexity)은 본격적인 교차성 연구의 시작(inaugurated)이 된다. 맥콜에 따르면 내부범주적 복합성은 반범주적 복합성과 함께 고민돼야 한다. 정체성의 정치에 대해 본질주의를 반대한다는 점에서 첫 번째 방법론과 관련된다. "(이 접근은) 범주화를 반대하는 첫 번째 접근과 범주를 전략적으로 이용하는 세 번째 접근 간의 연속체라 할 것이다(McCall 2005, 1773)." 이 접근을 해석하는 올렉시(Oleksy)의 입장에는 불평등과 지배라는 문제에서 실제 살아 있는 현실(lived experience)을 본다는 점에 그 특징이 있다. 복합성을 고려할 때의 전략적 입장은 현실에서 출발돼야 한다. 이 접근은 "(사회적 불평등을 볼 때) 젠더, 인종, 섹슈얼리티 등 지금까지 무시돼온 사회 계층화의 축(neglected axes of social stratification)을 감안하는 것(Oleksy 2011, 266)"이다.

셋째, 상호범주적 복합성(intercategorical complexity)은 맥콜이 범주적 복합성(categorical complexity)으로 부르는 핵심적 접근이다. 이러한 접근은 "사회 집단 간의 불평등 관계와 함께 다수 및 복합적인 측면에 따라서 불평등의 변화 모습을 함께 그려내는(McCall 2005, 1773)" 작업이 된다. 사실상 이 접근의 핵심은 복수의 집단(multiple group)과 체계적인 비교(systematically comparative)의 방법이다(Oleksy 2011, 266). 내부범주적 복합성과 이 접근의 결정적 차이점은 비교연구 또는 단일 사례인가에 달려 있다.[6] 맥콜에 따르면 분석에 젠더를 분석의 도구로 합류시킨다면 남녀라는 두 개의 집단이 체계적으로 비교될 수 있을 것이다. 만약 계급이 합류된다면 젠더는 계급과 함께 분류돼야 하는데, 이때 계급을 단순히 노동자, 중산층 및 상위계층으로 나눈다고 하더라도 6개의 집단이 생겨난다. 만약 인종 또는 종족성이 합류된다면 두 개의 인종·종족을 감안한다고 하더라도 집단은 12개로 늘어난다…(McCall 2005, 1786).

3. 교차성의 현실

그렇다면 교차성은 어떤 방식으로 현실에서 적용될 수 있는가? 교차성의 적용은 최근 유럽연합(EU) 및 국제기구에 대한 연구에서 다양하게 제기된다.[7] 특히 유럽연합의 시민권 문제와 관련, 교차성을 적용한 메이어와 롬바르도(Meier and Lombardo)의 연구에 주목할 필요가 있다(Meier and Lombardo 2008, 481-493). 이들에 따르면 여성의 (유럽) 시민권은 크게 젠더중립적 시민권, 젠더차이 시민권, 젠더다원적 시민권 등으로 구별된다. 특히 젠더다원적 시민권은 여성 사이의 다양성과 함께 인종, 종족, 계급 등 복합적인 불평등 문제를 함께 고려하고 있다는 평가를 받는다.

　젠더중립적 시민권(gender-neutral citizenship)은 남녀 동등성(the same)의 원칙에서 시작된 것이다. 이는 "여성은 시민적, 정치적, 사회적 권리를 남자와 동등하게 가질 수 있다는 원칙(Meier and Lombardo 2008, 483)"을 강조하는 것이다. 하지만 이와 같은 접근은 실제로 현존

6　"반대로 내부범주적 접근은 비교보다는 한 사례를 집중적으로 살펴보는 방법이라 할 수 있다"(Mcall 2005, 1786).
7　예를 들어 Verloo(2006); Meier and Lombardo(2008); Yuval-Davis(2006) 등이 있다.

하는 각종 정치, 사회적 제도가 어떻게 남녀에게 다르게 적용되는지, 어떻게 여성의 불평등을 형성하는지에 대한 설명이 부족하다는 비판을 받게 된다(Meier and Lombardo 2008, 483). 젠더차이 시민권(gender-differentiated citizenship)은 현존하는 남성중심적 시민권을 대신해 여성적 시민권을 강조하고 있다. 단순히 평등을 주장하는 대신 사적 영역의 가치, 즉 돌봄의 윤리, 모성·어머니의 도덕성 등이 공적 영역의 가치로 전환돼야 한다고 수상한다. 하지만 이 접근은 생물학적 본질주의라는 비판을 받게 된다(Meier and Lombardo 2008, 483). 젠더다원적 시민권(gender-pluralist citizenship)은 평등과 다름이라는 이분법을 넘어서는 교차성을 고려한 접근이라 할 수 있다. 이 모델은 "포섭의 전략(a strategy of inclusion)에 기반을 둔 페미니즘 개념의 시민권을 강조하면서 보편적 (시민권) 가설에 비판을 가하면서도 보편적 목표로서의 시민권 개념을 완전히 포기하지 않는다(Meier and Lombardo 2008, 483)." 또한 이 모델은 젠더가 다른 종류의 불평등과 관련되는 지배적 규범에 도전하고 있다. "여성 사이의 다양한 문제들을 고려하면서 남녀 사이의 젠더가 시민권 구조와 교차되는 복합적 불평등, 인종, 종족, 나이, 섹슈얼리티 및 계급 등을 어느 정도 포함할 수 있는지에 대한 가능성을 본다(Meier and Lombardo 2008, 483)." 요컨대 젠더다원적 시민권은 여성에 대한 보편적 불평등과 함께 여성 사이의 차이를 고려한다고 볼 수 있다.

IV. 사례연구: 강제결혼에 대한 영국의 접근

1. 다문화주의라는 환상?: 영국 다문화주의의 실상

강제결혼을 직접적으로 다루기 전에 영국 다문화주의의 성격을 먼저 고찰하는 것이 순서일 것 같다. 1950-60년대 영국에서는 외국으로부터의 많은 이민, 특히 영연방국가로부터의 이민이 급속히 증가함에 따라 다문화주의에 대한 구체적인 고민이 시작됐다. 즉 동화가 아닌 다양성을 존중하는 다문화주의가 개념적으로 수용되기 시작했다. 1966년 당시 내무장관(Home Secretary)이었던 젠킨스(Jenkins)는 "나는 통합을 동화의 균질화된 과정이 아니라 상호관용의 문화 속에서 동등한 기회와 문화적 다양성을 갖는 것으로 정의하고자 한다(Brighton, 2007, 5)"고 선언했다. 센(Sen)이 관찰한 바와 같이 최소한 겉으로 보기에 영국에서 다문화주의는 성공적이다. "문화적 다양성을 장려하는 것은 확실히 삶에 공헌한 것이 많다. 문화적 다양성으로 말미암아 영국은 여러 면에서 이례적으로 생기 넘치는 장소가 됐다(센 2009, 245)."

그럼에도 불구하고 브라이튼(Brighton)이 평가하는 것처럼 영국의 다문화주의는 크게 두 가지 점에서 문제점을 안고 있었다. 우선, 영국 다문화주의가 중앙정부가 갖는 통일적인 프로그램에서 만들어진 일원적·정치적 프로그램이라기보다는 개별 정부부서와 지방정부의 필요성에서 사회정책의 일환으로 다루어져왔다는 한계이다. 1970년대 이후 "다문화주의 이상의 개념화와 정책화는 주로 지방정부와 정부부서 자신의 분야에서 사회정책(social policy)의 실행을 위한 영역에 불과했다(Brighton 2007, 6)." 다문화주의에 대한 고민과 내용이 포괄적인 정치적 협약(convention)의 결과라기보다는 사회·행정정책 영역에 제한돼 있었던 것이다.[8] 다른 한편에서 영국의 다문화주의는 주류문화와 정부가 앞장서는 형태의 다문화주의라는 문제점을 가진다. 다문화는 다양한 집단 간 상호 과정의 결과로 나타나야만 한다. "주류공동체뿐만 아니라 이민자 혹은 소수 종족 집단들이 함께 무엇인가를 해야만 한다(Brighton 2007, 5-6)." 이러한 당위와는 달리 영국에서는 주류공동체 내지는 정부 주도로 다문화주의를 이끌어갔다. "개별공동체 대표들은 정부에 의해 이해되거나 조정되는 자신의 특수성을 통해(Brighton 2007, 6)" 다문화사회에 접합대 갔던 것이다. 이때 다문화주의는 정부의 필요성에 의해서만 조정되는 대상이었다.

"다문화주의의 실패"라는 영국 총리의 선언(조선일보 2011. 2. 7)은 브라이튼의 입장에서는 다문화주의를 사회 · 행정정책으로 다루어오면서 소수집단에 대한 힘 갖추기를 고려하지 않았다는 점에 기인하는 것이다. 영국 다문화주의의 실패는 내국인에 의한 영국 내 테러(한겨레신문 2005. 7. 8) 및 여러 사회 문제[9]로 나타나고 있다. 강제결혼이라는 문제 또한 이와 같은 다문화주의의 특징과 (그 실패와) 결코 무관하지 않음을 다음 논의에서 확인할 수 있다.

8   브라이튼의 입장에서 다문화주의는 크게 두 가지 이슈로 구분 가능하다. 하나는 주로 정부와 관련한 이슈이며, 다른 하나는 정치적 이슈이다. 정부와 관련한 이슈에서 다문화주의는 사회질서를 유지하기 위한 관심에서 비롯되며 문화적 상이성에 대한 행정적 이해로 이해돼야 한다. 반면 정치적 이슈에서 다문화주의는 하위 공동체의 모든 가치 또는 정체성을 포함하는 보다 큰 공동체(meta-community)를 어떻게 구성하는가라는 문제로 이해돼야 한다. 브라이튼의 입장에서 영국은 주로 정부와 관련한 다문화주의에만 집착했던 것이다 (Brighton 2007, 12).

9   브라이튼은 이를 두 가지 차원에서 분석하고 있다. 먼저 영국 사회 전반적으로 나타나는 소수 집단의 경제적 상황이다. 소수집단의 경우 주로 경제적, 사회적 주변화라는 어려움을 겪고 있다. 다른 한편으로는 이른바 숨어 있는 인종차별이다. 예를 들어 영국의 프로축구는 노골적인 인종차별언어가 난무하지만 외국인에게 실질적인 차별이 가해지는 곳은 아니다. 반면 전문직 영역은 여전히 중산층 백인으로만 채워진 인종차별의 공간이다. 하지만 이곳에서 인종차별언어는 전혀 발견되지 않는다(Brighton 2007, 9-10).

2. 젠더와 다문화주의: 강제결혼을 둘러싼 각종 담론의 충돌

1) 보이지 않는 것에서 정책과 법률의 대상으로

영국에서 강제결혼은 일부 아프리카 출신을 포함하지만 주로 인도 아
(亞)대륙(Indian sub-continent)을 기반으로 둔 소수민족에게 발견되
는 관행이다. 현재 영국에서 이루어지고 있는 강제결혼 사례의 수는 정
확하게 알 수 없다. 예를 들어 정부통계에서는 한 해 4백 건 정도로 추
정되는 반면, 강제결혼에 반대하는 여성단체에서의 추정치는 1천 건 이
상으로 보고된다. 일부 언론매체는 강제결혼의 숫자를 한 해 3천 건 이
상으로 보고 있다. 실제로 이와 같은 불확실한 통계는 강제결혼과 중매
결혼(arranged marriages)의 구별이 뚜렷하지 않기 때문이다(Phillips
and Dustin 2004, 534; Gill and Anitha 2009, 260; Anitha and Gill 2009,
167; Dustin and Phillips 2008, 9). 이미 앞에서 살펴본 바와 같이 영국
에서 다문화주의에 대한 본격적 고민과 시작은 1960년대 이민자의 급격
한 증가와 연관돼 있었다. 반면 강제결혼과 관련한 사회적 인식과 정부
의 대응은 1990년대 후반에 본격적으로 시작됐다. 이전까지는 일부 소
수집단의 여성이 경험하는 강제결혼은 정책 또는 법률의 대상이 아니었
다(Gill and Anitha 2009, 257). 이들 여성(경험)들은 존재는 하지만 더
큰 그림(소수집단)에 숨어 보이지 않는 실체(the invisible object)였다고
할 수 있다.

> 물론 단일 정체성(종교적 정체성)을 전제하고 행동할 경우 부딪히게 되
> 는 난점은 특별히 무슬림에게만 적용되는 문제는 아니다…그들의 종교 지
> 도자라는 이들이 "신자들"의 대변자로서 발표한 선언에 의지해 이해하려
> 는 모든 시도에도 적용될 것이다. 단일한 분류방식은 각 종교적 위계 속

의 "엘리트(establishment)"에 해당하는 인물들에게 명령하는 목소리를 내는데, 이때 다른 관점들은 상대적으로 격하되거나 가려진다.(Sen 2009, 138)

1990년대 후반 강제결혼이 대중적 관심, 특히 정부 정책의 대상이 됐던 것은 크게 세 가지 이유에서 비롯됐다. 첫째, 강제결혼을 비롯해 여성과 다문화주의의 충돌에서 여성의 보편적 권리를 보호하려는 시민단체의 활동이 강제결혼 자체가 여성에 대한 폭력임을 계속 환기시켜나갔다. 가장 대표적인 여성단체인 사우스홀 블랙 시스터스(Southall Black Sisters, http://www.southallblacksisters.org.uk/)는 소수집단 여성에 대한 폭력, 특히 강제결혼과 관련해 여성이 직면하는 다양한 문제점에 대처하면서 강제결혼이 문화적 관행으로, 보호대상이 아닌 여성인권 유린이라는 입장을 제기해왔다. 둘째, 1997년 노동당의 집권으로 소수자, 특히 여성의 문제에 대해 더 많은 관심을 기울이게 됐다. 노동당 정부에는 이전보다 상대적으로 많은 여성국회의원들이 있었고 젠더문제에 더 많은 관심을 기울이게 됐다. 노동당 정부는 이전에 실시됐던 결혼 이민자에 대한 원칙[10]을 폐기하면서 강제결혼의 관행에 더 많은 관심을 보이게 됐다. 셋째, 1999년에 강제결혼과 관련된 여러 사건들이 잇달아 언론매체에 보도돼 대중의 관심을 끌게 됐다. 중매결혼을 거부하고 다른 남자의 아이를 임신한 소수민족 여성이 살해당한 사건, 파키스탄에 있는 사촌과의 결혼을 거부하며 숨어버린 여성을 찾기 위해 현상금 사냥꾼을

---

10 이는 "Primary Purpose Rule"로, 영국인과 결혼하는 외국인들이 결혼의 첫 번째 목적이 영국시민권이 획득이 아니라는 사실을 먼저 증명해야지만 영국에 입국할 수 있다는 원칙을 보여주는 것이다. 이 원칙은 인종주의적이고 반이민적이라는 비난을 받았다. 자세한 내용은 http://www.bbc.co.uk/news/special/politics97/news/06/0605/straw.shtml 또는 Phillips and Dustin(2004, 535-535)를 참조하라.

고용한 사건, 강제결혼 때문에 납치됐던 소녀가 인도에서 영국으로 귀환되는 사건 등으로 강제결혼과 관련한 대중의 관심이 집중됐다(Phillips and Dustin 2004, 535-536).

강제결혼에 대응해 당시 영국 노동당 정부는 다음과 같은 조치를 취해 나갔다. 우선 1999년 내무장관이 강제결혼에 대한 연구와 대응을 담당할 실무그룹(working group)을 조직하고 이듬해 그 대응의 성과물인 보고서를 출판하는데 그 핵심내용은 강제결혼과 중매결혼의 구별에 있었다. 가족들이 결혼에서 중심적 역할을 할 수는 있지만 결혼당사자는 항상 "아니다"를 말할 수 있는 권리를 가진다는 것이다. 또한 내무부와 외교부가 국외에서의 강제결혼에 대응하는 합동액션플랜을 계획했다. 이 플랜의 주요 내용은 외교부에 강제결혼 문제를 담당할 새로운 부서(the Community Liaison Unit)를 창설하고 주재국의 경찰과 긴밀히 협조해 강제결혼 문제를 다루겠다는 것이었다. 2002년에는 내무부, 외교부 및 경찰이 합동으로 강제결혼에 대한 지침서(police guideline)[11]를 발간해 경찰의 일관된 직무행위를 제안했다. 2005년에는 외교부에 강제결혼을 담당할 독립부서인 강제결혼 단위(Forced Marriage Unit)를 창설했다.[12] 그리고 이 부서와 여성단체들이 함께 강제결혼 방지를 위한 법

11 이 지침서와 관련해 주목할 두 가지 내용이 있다. 첫째, 당사자의 친척, 친구 및 공동체 원로 또는 이웃을 통역자로 이용하지 말라는 권고이다. 당사자 의지와 뜻을 왜곡할 수 있기 때문이다. 둘째, 당사자의 의지에 반해 그들을 집으로 돌려보내지 말라는 권고이다(Phillips and Dustin 2004, 535).

12 이 부서는 이전의 the Community Liaison Unit를 재편해 강제결혼 문제를 직접적으로 다루기 위해 창설되었다. 이 부서의 주요 임무는 외국에 있는 강제결혼의 피해자를 영국으로 송환하고 강제결혼을 방지하기 위한 상담을 담당하며 강제결혼으로부터 도망친 여성들을 보호하기 위한 숙소를 제공하고 강제결혼 문제를 다루는 경찰, 사회사업가 및 교사들에게 일종의 가이드라인을 제공하는 역할을 한다. 자세한 내용은 http://www.fco.gov.uk/en/travel-and-living-abroad/when-things-go-wrong/forced-marriage/ 또는 Dustin and Phillips(2008, 9-10)를 참조하라.

안 마련에 노력해 2007년 강제결혼방지법(Forced Marriage (Civil Protection) Act)을 제정하게 된다.

2) 강제결혼을 둘러싼 젠더화된 담론: 강제성, 동의, 선택 그리고 재생산
강제결혼과 관련된 각종 논쟁과 담론은 강제결혼을 둘러싼 교차성을 잘 보여주는 영역이다. 1999년 이후 정책과 법률의 대상으로 부각된 강제결혼 문제는 젠더와 다문화주의의 갈등과 부조화가 어떤 방식으로 국가의 법률과 정책 차원에서 재생산되고 있는지를 보여주는 공간이 된다.

우선 주목해야 할 점은 강제결혼에서의 강제성(forced) 문제이다. 강제결혼을 둘러싼 문제에서 강제는 직접적인 폭력 사용을 의미했다. "1980년대 초반까지 법원에 의해 강제와 협박은 상당히 좁게 해석됐는데 이는 육체적 위해 또는 물리적 폭력을 가진 위협에 의한 것으로 간주됐다(Anitha and Gill 2009, 169)." 강제결혼 여부를 결정하는 데 강제와 협박은 결혼배우자, 당사자 및 배우자의 가족 그리고 제3자들이 행하는 직접적인 폭력의 사용으로 해석됐다. 이와 같은 직접적인 폭력성과 관련된 정의는 1980년대 이후 점차 변화한다. 법원에서 폭력성의 개념을 보다 광범위하게 해석하기 시작했다.[13] "물리적 폭력의 위협 이외에 덜 엄격한 위협도 폭력으로 정의하기 시작(Phillips and Dustin 2004, 538)"한 것이다. 물리적 폭력의 위협을 유연하게 수용하게 된 것은 상당한 진전이지만 문제는 회색지대(grey area) 또는 자유의지(free will)의 문제가 잇달아 제기됐다는 점이다. 회색지대는 강제결혼에서 강제성의 여부를

13   한 힌두(Hindu) 여성이 이혼판결을 요청한바, 그 이유는 그녀의 가족들이 그녀가 결혼을 하지 않으면 금전적 지원을 끊고 집에서 쫓아내겠다는 위협을 가했다는 것이다. 법원은 이 결혼이 위협에 의한 것으로 인정하고 여성의 이혼판결 요청을 수용했다. 자세한 내용은 Anitha and Gill(2009, 170)을 참조하라.

명확하게 설정하고 정의하기 어렵다는 점을 의미한다. 물리적 폭력에 의한 강제성 여부에서 보다 광범위한 강제성으로의 이행은 강제 자체에 대한 정의를 오히려 불가능하게 만든다. 강제결혼 당사자의 입장에서는 상당히 다양한 강제성이 복합적으로 작용할 수 있지만, 현존하는 법률적인 체계에서는 이러한 점을 당사자(the agency) 입장에서 적절하게 대변할 수 없는 한계가 있다. 자유의지에 대한 비판도 제기된다. 애니사와 질(Anitha and Gill)이 주장한 바에 따르면 "자유의지라는 개념은 강제결혼을 둘러싼 법적 담론의 중심개념으로 남아 있다. 자기실현이라는 규범에서 자유로운 개인은 합법적 결혼을 영위하는 반면 강제결혼은 이와 대비된다(Anitha and Gill 2009, 171)." 자유의지를 가진 자유로운 개인이 합법적 결혼의 주체가 되는데 이는 젠더와 계급 또는 소수민족에 대한 깊은 이해가 없는 영국 중심 법률 개념의 소산이다. "자유로운 주체라는 이 개념은 규범적으로 백인 남성의 경험에서 근거를 두는 것(Anitha and Gill 2009, 171)"이다. 이는 소수집단의 여성을 백인 남성과 동등한 법률적 주체로 보는 오류를 내포하고 있다.

또 다른 논쟁점은 강제와 동의 구별(the dichotomy between coercion and consent)의 애매모호성이다. 이는 앞에서 언급한 회색지대의 문제이며 2000년 영국 내무부 보고서의 중심 내용인 강제결혼과 중매결혼의 구별과 관련되는 문제이기도 하다. 실제로 2000년에 발간된 "권리에 의한 선택(A Choice by Right)"이라는 보고서에는 중매결혼의 경우 결혼하지 않겠다는 권리를 인정하지만 강제결혼은 그러한 권리가 없다고 두 결혼의 차이를 설명하고 있다(Phillips and Dustin 2004, 534). 그러나 문제는 현실에서는 이와 같은 구별이 어려울 때가 많다. 결혼과 관련돼서는 직접적인 폭력의 작동 이외에 구조적 폭력, 젠더와 관련한 가부장제적 속성이 숨어 있으며 이를 강제와 동의라는 이분법으로 구별하기란 거의 불가능하다.

여기에서 문제는 다음과 같다. 강제적인 수준까지는 아니지만 "상당한 정
도의 압력"이 작동되는 내키지 않는(reluctant) 또는 억울해하는(resent-
ful) 동의를 어떻게 봐야 하는가? 본질적으로 심리적 압박이 강제결혼의
사례를 가져온나는 사실이 인성된다 하더라도 (결혼의) 선택과 (결혼에)
내한 당사자의 마음을 바수는, 개인의 궁극적 자유라는 겉모습을 가진 가
부장제 구조의 내면은 조금도 다루어지지 않는다. 여성에게 작용될 미
묘한 형태의 강제라는 비밀은 무시되고 결혼에서 여성의 선택을 제한하
는 구조적 억압에 대한 인식은 여전히 부족하다.(Anitha and Gill 2009,
172)

소수집단 여성에게 강제와 동의의 구별이 어려울 때가 많음에도 불
구하고 마치 소수집단 여성 또한 자유롭게 자신의 결혼을 선택할 수 있
다는 환상(illusion)을 만들어내는 것이다. 이는 여성의 입장에서 강제
결혼 문제를 보는 것이 아니라 국가 또는 주류 문화의 입장에서 이 문제
를 보고 있다는 증거가 된다. 교차성이 작동하는 여성의 강제결혼 문제
는 강제와 동의의 잣대로만 해석되기 힘들다. 여성의 결혼 문제는 다양
한 층위들이 한꺼번에 충돌하는 곳이다. "문화, 종교 및 국가라는 다양한
가부장제적 구조에 의해 조정되는 가난, 임신, 사회적 규범 및 기대 등
이 여성 결혼에 압력으로 작동한다(Anitha and Gill 2009, 172)." 여성이
자신의 독특한 문화적 배경에서 자신보다는 가족과 친척을 위해 (원하지
않는다 하더라도) 기꺼이 결혼을 해야 하는 경우가 많다는 것이다. 이때
설사 결혼당사자가 명시적으로 결혼에 동의했다 해도 그것은 사실상 동
의라고 할 수 없다.

영국 정부의 강제결혼 여부를 결정하는 중요한 잣대 중 하나는 "선택할 만한 대안(reasonable alternative)"의 유무이다. 만약 피해자가 선택할 만한 대안이 없었다면 명백하게 위협(duress)에 의한 것으로 인정돼 그것은 강제결혼이 된다. 이에 대해 소수집단 여성이 강제결혼을 피해 그들의 가족과 친척들에게서 "탈출(exit)"하는 방법이 제시된다(Phillips and Dustin 2004, 541-543). 탈출을 통해 쉼터에서 생활하도록 정부가 지원한다는 것이다. 겉으로 보기에 대안과 탈출이라는 이상적 선택은 사실상 여성에 대한 억압적 접근으로 비추어질 수 있다. 한편으로 여성이 가질 수 있다는 대안은 실상 현실에서는 있을 수 없는 대안이며 더 큰 문제는 남성의 법률적 주체성과 경험을 추상화했다는 점에 있다. 이에 따라 여성, 특히 소수민족 여성의 강제결혼에 대한 경험과 선택을 축으로 이 "대안"을 제시하는 것은 상당한 무리가 뒤따른다는 평가이다. "페미니즘 법률학자 입장에서 자아 형성, 인간성 실현, 노동과 재산 소유의 주체가 되는 원자화되고 자유로운 주체는 젠더화된 규범에 의해 사회적으로 억압받는 곳에 위치해지며, 상이한 존재로서의 여성의 경험과는 닮은 점이 전혀 없다(Anitha and Gill 2009, 176)." 강제결혼에 처해 있는 여성의 경험과 사정은 그들을 둘러싼 차별과 문화적 차이 때문에 실제로 강제결혼 문제를 대응하는 데 중요한 요소로 작동되지 못하고 있다. 부모, 가족 또는 친척이 추천하는 결혼을 수용하는 것은 가족 명예(family honour)와 관련되기 때문에 강제결혼을 거부할 수 있는 다른 선택의 가능성마저 사실상 상실돼 있는 것이 현실이다. 다른 한편으로 탈출에 대한 접근은 더 많은 문제점을 안고 있다. 첫째, 강제결혼으로 영국에 온 여성이 탈출을 시도할 능력과 상황이 되는지에 대한 의문이다. "배우자로 영국에 입국한 어린 여성은 (자신의 결혼에서 벗어나는 데에서) 큰 어려움에 직면하게 된다(Phillips and Dustin 2004, 541)." 2년 이상 영국

거주 기간이 지나야 비로소 영국의 각종 사회복지 혜택을 받을 수 있기 때문에 강제결혼 초에 그 결혼에서 탈출한다는 것은 현실적으로 거의 불가능한 선택이 된다. 둘째, 탈출은 소수집단으로부터의 격리를 의미하며 이는 소수집단의 일원으로서 여성의 자기 정체성을 잃게 만든다. 자신의 사회적 네트워크로부터의 탈출 또는 격리는 "사회심리학적 비용(socio-psychological costs of exit)"이 발생하며 자신(정체성)을 결정하고 있는 사회로부터의 분리라는 감정의 상실로 이어진다(Anitha and Gill 2009, 176). "선택은 원하지 않는 결혼배우자를 거부하거나 자신의 가족으로부터 거부되는 상황이며 (많은 경험에서 이는 자신의 종교 혹은 문화적 정체성을 포기해야 하는 것이므로) 그 비용은 거의 상상할 수 없을 만큼 높다(Phillips and Dustin 2004, 545)."

강제결혼과 관련된 또 다른 문제점은 강제결혼이 다문화주의에 대한 편견의 재생산에 기여한다는 점이다. 강제결혼 문제를 여성폭력보다는 문화의 문제로 보는데, 이와 같은 과정에서 소수집단 여성에 대한 재현에 그 문제점이 드러난다. 강제결혼에서 강압을 특정 소수집단(의 숨어 있는) 특징으로 보면서 공동체를 "가부장제적이면서 개화되지 못한(patriarchal and inherently unclivilised) 집단(Anitha and Gill 2009, 166)"으로 재단하는 시각이 재생산되는데, 소수집단 여성은 억압받고 주체성이 없는 것으로 그려진다. 이와 같은 재현은 서구 여성을 자유롭고 주체적인 것으로 그려내는 데 보태져 서구/비서구의 이분법으로 재생산된다. 또한 여성폭력은 서구 사회에서도 다반사로 일어나는 일이지만 강제결혼 문제를 제기할 때는 문화적 후진성으로 해석하면서 서구사회의 (여성) 폭력 문제는 사상시킨 채 제3세계의 고유한 문제로 환원된다(Phillips and Dustin 2004, 535-536; Dustin and Phillips 2008, 9-10; Gill and Anitha 2009, 260-261). 이때 소수집단 여성은 제3세계 문제의

표상(the signified)이 되고 만다.[14]

3) 2007년 강제결혼 방지법(Forced Marriage (Civil Protection) Act)의 도입
강제결혼 방지법은 영국 정부가 소수집단 내부의 다양성에 대해 주목하
기 시작했다는 좋은 방증(傍證)이 된다. 이 법의 도입이 강제결혼을 비롯
한 명예범죄의 예방과 피해자 구제를 위해 노력하고 있는 소수집단 여성
단체의 목소리를 적극적으로 수용한 결과라 할 것이다(Gill and Anitha
2009, 260-261). 이는 그동안 영국 정부가 의견을 청취할 때 일원적으
로 소수집단의 지도자 또는 "공동체의 대변인(community spokesper-
sons)"에 집중했다는 비판(Gill and Anitha 2009, 259)에서도 자유로울
수 있게 된다. 1996년 만들어진 가족법의 4장이 된 강제결혼 방지법[15]
은 개인을 강제결혼으로부터 보호하려는 내용, 강제결혼에 대한 정의 및
피해자와 잠정적인 피해자를 위한 치료와 보호의 제공을 강조하고 있
다. 이에 따라 이 법의 성격은 강제결혼의 가해자 처벌보다는 피해를 예
방하고 피해자에 대한 구체적인 치료와 보호에 더 비중을 두었다는 평가
를 받고 있다(Gill and Anitha 2009, 262). 강제결혼의 피해가 예상될 때

---

14 영국에서의 강제결혼은 여성인권의 문제뿐만 아니라 다음과 같은 두 가지 문제가 함께 내
재돼 있다고 지적된다. 첫째, 강제결혼 방지정책이 주로 이민과 관련된 정부의 조치로 다루
어졌다는 점이다. 특히 이 문제와 관련해서 국외 배우자에 대한 나이 제한이 지속적으로 상
향조정되었다는 점에 주목해야 한다. 즉 2003년에 처음으로 국외 배우자 나이를 최소 18
세 이상으로 하여 규제를 시작했으며 최근에는 21세까지 상향 조정했다. 이와 같은 조치는
영국 이민을 제한하려는 의도와 함께 작동되었다. 영국 국내 또는 EU 지역 출신 배우자들
은 16세를 인정해주는 반면 비유럽 국가 지역 배우자는 다르게 적용시켜 갔던 것이다. 둘
째, 강제결혼 방지정책이 더 광범위한 가족이나 가정폭력 문제로 다루어졌다기보다 특별한
문화적 범주로 간주돼왔다는 점이 그 특징이다(Gill and Anhitha 2009, 263). 가정폭력문
제를 다루는 정부기관(예를 들어 내무부)에서 문제를 다루었던 것이 아니라 외교부에서 이
문제를 다뤘다. 이는 강제결혼 문제를 여성인권의 문제로 보기보다 이민과 인종의 문제로
보는 시각과 연관됐음을 의미한다(Gill and Anhitha 2009, 259).

15 자세한 내용은 http://www.legislation.gov.uk/ukpga/2007/20/section/1를 참조하라.

법원의 명령(the injunction)을 받을 수 있고 이에 따라 해당 결혼은 금지된다. 그러나 강제결혼 방지법은 실제 적용 시 많은 문제점이 예상된다.[16] 이는 법이 강제결혼 방지를 위한 일종의 필요조건이지 충분조건은 아님을 보여주고 있다.

V. 결론

페미니즘과 다문화주의 사이의 갈등 또는 화해라는 측면에서 이 장은 교차성에 집중하고자 했다. 소수집단 여성의 위치와 그들이 경험하는 차별을 제대로 보기 위해서는 젠더와 종족 및 인종 문제의 상호 작용이라는 측면을 반드시 고려해야만 한다. 이때 여성을 단일한 존재로 보는 시각에서 벗어나 여성이 공통적으로 경험하는 여러 억압적 상황들을 함께 인식할 수 있어야 한다. 이는 앞서 살펴본 바와 같이 상이성 정치와 가능성 정치의 결합으로 이해할 수 있다. 교차성 개념의 적용 이전에는 페미니즘과 다문화주의 간 갈등이 존재했고 이는 각각 자신의 입장에서 상대방을 보려는 시도에 불과했다는 점도 이 장에서 확인했다. 또한 이 장은 교차성의 사례 연구로 영국에서의 강제결혼을 고찰하고자 했다. 영국에서의 강제결혼은 사실상 존재함에도 불구하고 보이지 않는 실체로 여겨졌

---

16 다음과 같은 문제점이 지적된다. 첫째, 이 법의 목적이 강제결혼 방지를 위한 것이지만 법의 개념과 기원 자체는 상당 정도 젠더 중립적이기 때문에 여성이 처한 위치나 상황을 제대로 반영해주지 못하는 경우가 많다. 둘째, 현존하는 젠더화된 가부장적 질서로 인해 이 법을 실제로 적용할 때 많은 장애가 예상된다. 법 제정이 문제가 아니라 법의 실제 적용에 대한 어려움이 많다는 것이다. 셋째, 여러 이유 때문에 실제로 얼마나 많은 소수집단 여성들이 이 법에 직접 호소할 수 있는지에 대한 의심이다. 자세한 내용은 Gill and Anitha(2009, 264-265)을 참조하라.

다. 강제결혼은 영국 다문화주의라는 큰 그림 뒤에 "숨어 있는 존재"였다고 할 수 있다. 이후 강제결혼에 대한 정부와 대중의 인지에도 불구하고 강제결혼에 대한 각종 담론과 논쟁은 상당히 젠더화돼 있었으며 이는 소수집단 문화와 함께 작동되고 있었다. 강제결혼 피해자 여성은 백인 남성과 같은 법률의 대상과 주체로 파악되기도, 후진성의 아이콘으로 작동되기도 했다. 즉 국가나 같은 또는 다른 집단의 호명에 따라 강제결혼 여성은 자신의 의사와 상관없이 위치해졌다는(situated) 점을 이 장에서 확인할 수 있었다.

특히 이 장에서는 국가(와 그 정책 또는 법률)가 제3세계 여성이 갖는 이중적 위치(소수집단과 여성)를 파악하기보다는 자신의 시각과 입장에 따라 이들을 다루려고 했다는 점에 주목했다. 이는 영국 다문화주의의 기원과 그 성격에서 이미 배태돼 있다는 분석과 관련될 수 있다. 영국 다문화주의가 더 큰 공동체(meta-community)의 새로운 모습 창출이라는 고민에서 출발한 것이 아니라 주로 정부부서 내지는 지방정부의 행정적 범위 내의 정책 대상으로 한정됐다는 점에 주목해야만 한다. 영국 다문화주의에서 다문화의 특수성은 개별 소수집단의 고유성에서 출발한 것이 아니라 정부가 해석하고 조정하는 범위 내에서의 특수성이라는 점도 지적돼야만 한다. 이와 같은 영국 다문화주의의 성격은 소수집단 여성에 대한 정책 접근에서도 동일한 형태로 발현되고 있었다. 해당 여성이 갖는 특수성보다는 이민 등과 같은 국가의 이해와 법률적 접근이 우선되며 소수집단 여성이 무엇을 원하는가에 대한 관심보다는 국가의 필요성에 더 초점이 맞추어졌던 것이다. 이러한 맥락에서 앞서 제시한 위치의 정치학에 한 번 더 주목할 이유가 제기된다.

참고문헌

문경희. 2011. "명예살인을 둘러싼 스웨덴의 논쟁과 정책적 대응."『국제정치논총』 51(2), 135-159.

아마트리아 센. 2009. 이상환 · 김지현 옮김.『정체성과 폭력』. 서울: 바이북스.

Anitha, Sundari. and Aisha Gill. 2009. "Coercion, Consent and the Forced Marriage Debate in the UK," *Feminist Legal Studies* 17, 165-184

Baumeister, T. Adrea. 2003. "Feminism and Multiculturalism: The Dilemma of Groups Rights," Presented Article at the PSA Conference, 1-19.

Brighton, Shane. 2007. "British Muslims, Multiculturalism and UK foreign Policy; 'integration' and 'cohesion' in and beyond the State," *International Affairs* 83(1), 1-17.

Dustin, Moria. and Anne Phillips. 2008. "Whose agenda is it? Abuses of women and abuses of 'culture' in Britain," *Ethnicities* 8(3), 405-424.

Gill, Aisha. and Sundari Anitha. 2009. "The Illusion of Protection?: An analysis of Forced Marriage Legislation and Policy in the UK," *Journal of Social Welfare and Family Law* 31(3), 257-269.

Kukathas, Chandran. 2001. "Is Feminism bad for Multiculturalism?," *Public Affairs Quarterly* 15(2), 83-98.

McCall, Leslie. 2005. "The Complexity of Intersectionality," *Signs; Journal of Women in Culture and Society* 30(3), 1771-1800.

Meier, Petra. and Emanuela Lombardo. 2008. "Concept of Citizenship underlying EU Gender Equality Policies," *Citizenship Studies* 12(5), 481-493.

Midden, Eva. 2010. "Feminism in Multicultural Societies: an Analysis of Dutch Multicultural and Postsecular Development and their implications for Feminist Debates," Ph. D Thesis at the University of Central Lancashire.

Mohanty, Talpade Chandra. 1988. "Under Western Eyes: Feminist Scholars and Colonial Discourse," *Feminist Review*(30), 61-88.

Mookherjee, Monica. 2005. "Review Article: Feminism and Multiculturalism –Putting Okin and Shachar in Question," *Journal of Moral Philosophy* 29(2), 237-241.

Okin, Moller Susan. 1999. "Is Multiculturalism Bad for Women?" Susan Moller Okin, Joshua Cohen, Matthew Howard, and Martha Craven Nussbaum(eds.), *Is Multiculturalism Bad for Women?* Princeton: Princeton University Press, 9-24.

Oleksy, H. Elzbitea. 2011. "Intersectionality at the Cross-Roads," *Women's Studies International Forum* 34, 263-270.

Phillips, Anne. and Moria Dustin. 2004. "UK initiatives on Forced Marriage: Regulation,

Dialogu and Exit," *Political Studies* 52, 531-551.

Reddy Rupa. 2008. "Culture and law; Approacjes to 'Honour Crimes' in the UK," *Feminist Legal Studies* 16, 305-321.

Reitman, Oonagh. 2005. "Multiculturalism and Feminism: Incompatibility, Compatibility or Synonymity?," *Ethnicities* 5(2), 216-247.

Verloo, Mieke. 2006. "Multiple Inequalities, Intersectionality and the European Union," *European Journal of Women Studies* 13(3), 211-228.

Yuval-Davis, Nira. 2006. "Intersectionality and Feminist Politics," *European Journal of Women Studies* 13(3), 193-209.

http://www.southallblacksisters.org.uk/

http://www.bbc.co.uk/news/special/politics97/news/06/0605/straw.shtml

http://www.fco.gov.uk/en/travel-and-living-abroad/when-things-go-wrong/forced-marriage/

http://www.legislation.gov.uk/ukpga/2007/20/section/1

『조선일보』 2011년 2월 7일자

『한겨레신문』 2005년 7월 8일자

제3부 유럽연합 민주주의의 이론과 실제

롤스, 칸트, 유러피안 데모이크라시: 유럽연합 민주주의의 규범적 기초

김준석(가톨릭대학교)

I. 서론: 유러피안 데모이크라시(European Demoicracy)

지난 1994년 마스트리히트 조약의 합헌여부에 관한 중요한 판결에서 독일헌법재판소는 민주주의는 '데모스(demos)'의 존재를 필요로 하며, 회원국 시민 전체를 아우르는 '유럽 데모스'가 부재한 상황에서 유럽연합 차원의 민주주의는 사실상 불가능하다는 입장을 밝힌 바 있다(Weiler 1995, 230-231). '데모스'는 "공통의 사안에 관해서 집단적으로 결정을 내리고자 하고 또 그렇게 할 수 있는 개인들의 집단"으로 정의된다(Nicolaïdis 2003, 80). 이러한 연대감이 어느 정도 존재하는 경우에만 다수결의 원칙이 제대로 작동할 수 있다. 어떤 사안에 대해 다수와는 다른 결정을 지지하는 이들이 다수의 의사를 존중하고 따르는 것은 그러한 연대감 없이는 가능하지 않다.

　　마스트리히트 조약 이후 유로화의 등장과 함께 유럽통합에 대한 기대감이 한껏 고조된 상황에서 유럽연합 관계자들과 연구자들은 유럽 데

모스를 구성원으로 하는 유럽연합 민주주의의 출현에 대해 긍정적인 전
망을 잇달아 내놓았다. 이들은 유럽의 역사적, 지적 유산과 정치적 전
통, 동질감을 고취시키기 위한 여러 의식적인 노력들, 예컨대 유럽연합
기(旗)와 같은 상징의 사용 등을 통해 공동의 정체성에 바탕을 둔 연대
의식이 형성될 수 있다고 주장했다. 이들은 또한 공동의 가치와 규범, 제
도에 대한 공감에 기초한 연대의식 역시 가능하다고 보았다. 대표적으
로 하버마스(Jürgen Habermas)는 인권, 민주주의 등 보편적 가치에 대
한 충성심에 기반을 둔 연대의식으로서 '헌정적 애국주의(constitutional
patriotism)'의 가능성을 옹호하기도 했다.

하지만 최근 들어 이러한 기대는 많이 수그러들었다. 정체성의 변화
는 예상만큼 크지 않았다. 교육 받고 부유한 일부 시민들을 제외한 상당
수 회원국 시민들은 스스로를 유럽인으로 간주하기를 꺼려하고 있다. 또
한 유로존 위기로 촉발된 회원국들 사이의 갈등, 특히 그리스 등 경제위
기로 심각한 피해를 입은 국가의 시민들의 독일에 대한 반감으로 초래된
갈등은 단일한 유럽 데모스의 등장을 '아직은' 요원한 일로 보이게 만들
고 있다. 문제는 이러한 상황에서 재정·금융위기로 인해 회원국들 사이
의 더 긴밀한 협력, 보다 높은 수준의 통합이 시급한 과제가 되었고, 이
를 위해 유럽연합의 정책결정과정을 민주적으로 통제함으로써 정책의
정당성을 확보해야 할 필요성이 다시금 대두되고 있다는 점이다(*Econo-
mist*, 2012). 유례없는 재정·금융위기로 유럽인들은 심각하게 분열되어
있지만 단결과 연대가 절실하게 필요한 상황이다. 유럽 데모스가 출현할
가능성은 그 어느 때보다 낮아 보이지만 유럽 민주주의의 필요성은 그
어느 때보다 커진 상황이다.

이러한 상황에서 몇몇 유럽연합 연구자들이 제안하듯이 '데모이크
라시'는 유럽연합이 직면한 딜레마에 대한 유용한 해결책이 될 수 있다.

데모이크라시는 문자 그대로 하나의 데모스, 하나의 인민, 하나의 국민에 의한 통치가 아닌 복수의 데모스, 복수의 인민, 복수의 국민에 의한 통치를 의미한다. 유럽연합의 경우 이는 유럽 시민들 개개인을 기본 구성원으로 하는 민주주의가 아닌 각 회원국에 소속된 집합체로서의 시민들을 구성원으로 하는 민주주의를 의미한다. 바꾸어 말하면 데모이크라시는 회원국 시민 모두가 국적에 관계없이 오직 유럽연합 시민의 자격으로 민주적 통치에 참여하는 것이 아니라 회원국 정부를 매개로 하여 프랑스인, 독일인 또는 슬로베니아인의 자격으로 참여하는 정치체제를 의미한다(Nicolaïdis 2003, 82-84; Cheneval & Schimmelfennig 2013, 339-340).[1]

데모이크라시 개념을 처음 제안한 이들 중 하나인 니콜라이디스(Kalypso Nicolaïdis 2013, 353-355)는 이 개념의 '제3의 대안'으로서의 성격을 특히 강조한다. 한편으로 데모이크라시는 단일한 유럽 데모스의 출현이 (어떤 경로를 통해서건) 가능하며, 유럽연합 민주주의는 이를 기반으로 작동할 수 있다고 보는 견해에 대한 대안이다. 이러한 견해를 지지하는 이들은 유럽연합 시민 전체가 직접 한 표를 행사하는 선거를 통해 유럽의회뿐만 아니라 집행위원회 위원장과 위원들을 직접 선출해야 한다고 주장한다. 선거에서의 경쟁을 통해 현 집행부와는 다른 정책 어젠다를 제시하는 반대파 혹은 '야당'에게 정권을 잡을 기회를 부여하는 경우에만 시민들이 정책 실패에 대한 정부의 책임을 묻고 자신들의 정치적 의지를 정책에 반영시킬 수 있다는 것이다. 그리고 그러한 경우에만 진정한 의미의 민주주의가 실현될 수 있다는 것이다(Follesdal & Hix 2006, 548-549).

---

1   물론 데모이크라시가 유럽 시민 개개인의 직접적인 정치 참여의 중요성을 부인하거나 그러한 참여의 중단을 요구하는 것은 아니다(Cheneval & Schimmelfennig 2013, 340).

다른 한편, 데이크라시는 단일 데모스가 등장할 가능성이 적어도 가까운 미래에는 극히 희박하며, 따라서 유럽연합 차원의 민주주의에 대한 전망은 매우 제한적일 수밖에 없다고 보는 견해에 대해서도 거리를 둔다. 이러한 견해에 따르면 공동의 정체성, 정치적 연대의식에 기반을 둔 유럽 데모스의 등장은 먼 미래의 일일 뿐이다. 이는 지난 십여 년간 유럽의회(European Parliament)가 작동해온 방식에서 잘 확인된다. 예컨대 지난 2004년과 2009년의 유럽의회 선거 투표율은 각각 46퍼센트와 43퍼센트였다. 이는 회원국 내 의회 선거 투표율보다 훨씬 낮은 수치일 뿐만 아니라 유럽의회 의원을 시민들이 직접 선출하기 시작한 1979년 선거의 투표율(63퍼센트)에도 미치지 못한다. 선거의 주요 이슈와 관련해서도 거의 모든 회원국에서 유럽연합의 정책이나 업무수행에 대한 평가가 쟁점이 되기보다는 각국의 국내 정치, 경제, 사회 문제가 쟁점이 되는 상황이 반복되어 왔음은 주지의 사실이다.[2] 마스트리히트 이후 유럽의회의 권한이 상당히 강화되었음에도 불구하고 시민들의 무관심이 계속 증가하는 추세에 있다는 사실은 유럽 데모스와 유럽 민주주의에 관한 전망을 더욱 어둡게 만들고 있다(Menon & Peet 2010, 3-4; Weiler 2012, 830).

이상의 두 견해는 유럽 민주주의의 전망에 관해 서로 다른 진단을 내리지만, 단일한 데모스의 출현을 민주주의의 중요한 전제조건으로 보는 점에서는 서로 일치한다. 그 결과 첫 번째 견해에서는 오늘날 실현 가능성이 낮은 단일 데모스의 등장을 전제한 상태에서 유럽연합의 민주주

---

2   유럽의회 내에 여러 '정치그룹(political group)'들이 존재하기는 하지만 이들이 유럽의회 선거에서 수행하고 어떤 의미 있는 역할을 담당하고 있다고 보기는 어렵다. 이 정치그룹에 소속된 각국 정당들이 유럽연합 문제와 관련하여 통일된 정강·정책을 제시함으로써 시민들을 정치적으로 결집시키는 대신 각 회원국에 고유한 상황에 따른 정강·정책에 기초하여 선거에 참여하고 있기 때문이다(Menon & Peet 2010, 3).

의적 개혁이 제안되고, 두 번째 견해에서는 단일한 데모스의 부재로 인해 유럽연합 차원의 민주주의는 설령 제도적인 틀이 갖추어진다 해도 제대로 작동할 수 없다고 주장된다. 이에 대해 니콜라이디스 등 데모이크라시를 옹호하는 이들은 단일한 데모스가 부재한 상황에서도 민주주의가 충분히 가능하며, 이는 유럽연합의 시민 개개인이 아닌 회원국과 그 국민들을 기본 구성원으로 하는 민주주의, 데모이크라시를 통해 실현될 수 있다고 주장하는 것이다.

그렇다면 집합체로서의 국가와 국민을 기본 단위로 가지는 데모이크라시는 실제로 어떤 형태를 취하며 어떤 방식으로 작동하는가? 이러한 질문에 대한 답변에 관해 데모이크라시를 옹호하는 이들 사이에서 아직은 일반적인 수준의 합의가 이루어져 있지 않은 것으로 보인다. 현재 데모이크라시는 하나의 '원칙'으로 인식되고 있을 뿐, 제도적 형태나 작동 방식에 관해서는 더 개발되고 다듬어져야 할 필요가 있다. 다만 이들은 유럽연합과 관련하여 현 체제가 상당 부분 데모이크라시로 불릴 만한 모습을 이미 취하고 있음을 지적한다(Nicolaïdis 2013, 352, 355). 특히 민주적인 선거를 통해 선출된 회원국 정부수반들을 구성원으로 하는 유럽이사회에서 주요 정책의 포괄적인 가이드라인이 제시되고, 역시 선거를 통해 구성된 회원국 정부의 지시와 통제를 받는 각료이사회에서의 합의와 가중투표를 통해 정책과 법안이 결정되는 시스템을 가지고 있다는 점에서 유럽연합의 데모이크라시적인 특징이 두드러진다. 이러한 정책결정 및 입법 시스템에서 유럽 시민들의 이해관계는 각 회원국 정부를 통해 대표되기 때문이다. 지난 2009년 리스본 조약에서 유럽연합 법안이 최종적으로 입법되기 전에 이를 검토할 권한을 각국 의회에 부여하는 것을 골자로 하는 '조기경보체계(Early Warning Mechanism)'를 도입하기로 한 결정 역시 유럽연합의 '데모이크라시적'인 성격을 강화하는 데

일조할 것으로 보인다(Bellamy 2013, 508-509; Paskalev 2009).

따라서 유럽연합 데모이크라시를 위해서는 제도적 혁신이나 새로운 제도의 창출이 아니라 인식의 전환이 필요하다. 기존의 제도를 새로운 시각에서 인식하고 그 가치를 재정립하는 것이 필요하다는 것이다. 데모이크라시를 옹호하는 이들은 유럽연합의 현 체제를 긍정하지만 그렇다고 이들이 단순히 현실순응적인 태도를 취하는 것은 아니다.[3] 이들은 체제를 긍정하는 것을 넘어 민주적 정당성의 새로운 표준을 세시하고 이를 통해 유럽연합의 규범성을 적극적으로 정당화하고자 한다. 이들은 단일한 데모스의 등장 가능성이 매우 낮고 서로 다른 정체성을 가진 다수의 데모이가 국가라는 틀 속에서 공존하는 오늘날의 유럽연합이 처한 상황을 부정하거나 극복의 대상으로 간주하는 대신 그러한 체제의 민주적 정당성을 새로운 시각에서 정의한다.

그렇다면 현 체제를 긍정하는 것을 넘어 유럽연합에서 '시민들의 민주주의'가 아닌 '복수의 독립적인 정치체들의 민주주의'가 요구되는 이유는 무엇인가? 회원국 대표들로 구성되는 유럽이사회와 각료이사회에 상당한 권한을 부여하는 것이 민주적으로 정당화되는 이유는 무엇인가? 이러한 질문에 대해 다음과 같은 답변이 가능하다. '유럽연합 시민들이 정치적으로 자유롭고 자율적인 삶을 영위하는 데서 국가는 필수적인 제도적 틀을 제공한다. 즉 오직 국가를 통해서만 실현 가능한 정치적인 가치들이 존재한다. 따라서 유럽연합의 각 회원국들이 독립적인 정체로서의 지위를 유지하는 것이 중요하다.' 니콜라이디스의 표현을 빌리면 "국민국가는 유럽연합에 의해 납치되기에는 너무나 중요한 카테고리이다

---

3 이러한 점에서 데모이크라시를 옹호하는 이들의 입장은 '정부간주의(intergovernmentalism)'의 관점에서 유럽연합의 민주적 정당성에 그리 심각하게 문제 삼을 만한 것이 없다는 모라브칙(Andrew Moravcsik, 2002)의 견해와 궤를 같이 하는 것으로 보이기도 한다.

(Nicolaïdis 2004, 83).”

여기에서 중요한 점은 이와 같이 국가의 필요성을 주장하는 데서 그 근거를 국가 자체에 내재한 어떤 가치, 예컨대 국가의 역사성이나 문화적 전통 혹은 그 구성원들의 민족적·인종적 단일성 등에서 찾아서는 안 된다는 점이다. 그와 같은 정당화는 유럽연합이 부분적으로 국가공동체의 동질성을 절대시하는 과도한 국가주의의 폐해를 시정하기 위해 설립되었다는 점을 감안하면 적절한 접근법으로 간주되기 어렵다. 또한 국가 그 자체의 가치를 강조하는 것은 유럽연합 민주주의의 바람직한 형태에 관한 의미 있는 논쟁을 사실상 거부하는 것이기도 하다. 이 논쟁은 기본적으로 시민들의 보다 많은 정치적 독립성의 확보가 어떻게 가능한지에 관한 논쟁이다. 유럽연합 데모이크라시는 이를 통해 유럽 시민들 개개인의 직접적인 참여를 요구하는 민주주의 체제에서보다 시민들의 정치적 독립성이 더욱 증진될 수 있음이 설득력 있게 입증되는 경우에만 규범적으로 정당화될 수 있다(Cheneval 2008, 50-51).

그렇다면 어떤 의미에서 국가는 시민들의 정치적 독립성 확보를 위해 필수불가결한 존재인가? 그 결과 어떤 근거에서 각 회원국 정부를 매개로 하는 유럽연합 데모이크라시가 정당화되는가? 이러한 질문에 답하기 위해 다음에서는 『만민법(*The Law of Peoples*)』과 『영구평화론(*Toward Perpetual Peace*)』에 나타난 롤스(John Rawls)와 칸트(Immanuel Kant)의 국가의 규범적 성격에 관한 견해를 살펴보고자 한다. 물론 이들의 견해가 유럽연합 데모이크라시의 규범적 정당성을 설명하는 데 직접적인 관련성을 갖는 것은 아니다. 롤스와 칸트가 국가의 경계를 넘어서는 차원에서의 민주주의 문제나 유럽 국가들의 정치적·경제적 연합의 문제에 관심을 가지지 않았다. 하지만 이들은 국제관계의 영역에서 '정의'의 문제는 국내 사회에서의 '정의'의 문제와는 전혀 다른 차원의 문제라고 보았고, 그 근거를 국가의 규범적 성격에서 찾았다. 즉 국제관계의 중심 행위자로서 국가가 가지는 독특하게 윤리적인 성격으로 인해 그러한 국가들로 이루어진 국제 관계에서 정의의 문제는 국내적인 정의의 문제와 뚜렷하게 구분된다는 것이다.

이러한 견해는 시민들의 유럽 차원의 정치적 참여는 회원국 정부를 매개로 이루어질 필요가 있다는 유럽연합 데모이크라시 옹호자들의 주장을 이해하는 데 중요한 시사점을 세공힌디. 유럽연합 데모이크라시 옹호자들이 주장하는 바는 결국 유럽 민주주의가 국가 내 민주주의의 '확장판'이 될 수 없다는 것이다. 이들은 그 주된 이유를 유럽연합 내에서 국민국가로서의 회원국들이 시민들의 민주적인 정치 참여와 관련하여 대체 불가능한 역할을 담당하고 있다는 데서 찾는다. 유럽연합 내에서 국가들이 시민들의 정치적 자유와 자율성 증진이라는 규범적인 역할을 담당하고 있다는 것이다. 국제정의의 문제와 국가의 윤리적 성격에 관한 롤스와 칸트의 견해를 살펴봄으로써 우리는 유럽연합 데모이크라시의 규범적 기초, 뮐러(Jan-Werner Müller 2010, 188)가 데모이크라시의 "규범적 배경 전제(normative background assumption)"라고 부르는 것에 관한 보다 세련된 관점의 정립을 기대해 볼 수 있다. 이와 함께 이러한 시도를 통해 유럽 민주주의, 코스모폴리탄 민주주의의 가능성에 대한 탐색의 기회 역시 가질 수 있을 것이다.

II. 롤스의 『만민법』에 나타난 국가와 국제정의

잘 알려져 있다시피 1999년 롤스의 『만민법(*The Law of Peoples*)』이 처음 세상에 선을 보였을 때 상당수 국제윤리학자들은 실망스럽다는 반응을 보였다(Beitz 2000; Buchanan 2000; Benhabib 2004; Pogge 2006).[4] 여기에는 여러 이유가 있겠지만 이 중 가장 결정적인 것은 롤스가 일찍 이 그의 『정의론(*A Theory of Justice*)』에서 제시한 사회의 규범적 구성 원칙을 국제관계에 적용하기를 거부했다는 것이다. 즉 롤스가 국내사회 의 '정의'와 국제사회의 '정의'를 별개의 것으로 이해할 것을 주장했다는 것이다. 비판자들은 롤스가 보다 '일관적'이었다면 자유롭고 평등한 인 간 개개인이 국제정의의 기본 단위가 되었을 것이라고 주장한다(Pogge 2006, 197-210). 롤스의 비판자들은 그런 경우 국제정의의 기본 원칙을 발견하기 위한 '글로벌 원초적 입장(global original position)'의 참가자 들은 인간 개개인의 입장을 대표하는 것으로 간주되었으리라고 지적한 다(Wenar 2006, 97).

하지만 실제로 롤스는 그의 저서 제목에서 잘 드러나듯이 국제정 의의 기본 단위를 개개 인간이 아닌 그가 '만민(peoples)'이라 부르는 뚜렷한 경계를 가진 정치 공동체로 설정했다. 사실상 국가를 국제정의 의 기본 단위로 본 것이다(Buchanan 2000, 698; Bebhabib 2004, 1763, 1765). 이에 따라 롤스는 '글로벌 원초적 입장'의 참여자들이 개개 인간 이 아닌 국가의 근본적인 이익을 대표하는 것으로 간주해야 한다고 본 다. 이 국가의 대표들이 '무지의 장막' 뒤에서 자신이 대표하는 국가의 "영토 크기, 인구 규모 혹은 시민의 상대적인 힘" 등에 관해 전혀 알지 못한 상태에서 선택한 원칙이 국제정의의 기본 원칙, 즉 만민법이 된다 (Rawls 1999, 32-33).

'글로벌 원초적 입장'에서 국가의 대표들이 선택한 국제정의의 기 본 원칙은 사회 내에서의 원초적 입장과는 전혀 다른 내용으로 이루어진

---

4   다음에서는 2009년 한국어 번역판(Rawls, 2009)의 예를 따라 'peoples'를 '만민'으로 번 역한다.

다. 가장 두드러진 차이는 만민법에는 국내 사회에서의 '차등원칙(differ-ence principle)'에 해당되는 원칙이 존재하지 않는다는 점이다. 즉 '부의 불평등은 세계에서 가장 불리한 위치의 이들에게 가장 큰 혜택을 주는 한에서만 허용된다'는 원칙과 같은 것이 존재할 여지가 없다는 것이다. 대신 롤스는 "정치 사회체제를 유지하지 못하게 하는 불리한 여건에 처해 있는 다른 만민을 원조할 의무(duty of assistance)"를 만민법에 포함시킨다(Rawls 1999, 37). 이러한 원조의 의무는 불평등의 감소를 목표로 하지 않는다. 즉 국적에 관계없이 모든 인간 개개인에게 기회의 평등을 보장하거나 선진국과 저개발국 간의 경제적 격차를 줄이는 것을 목표로 하지 않는다. 원조는 롤스가 "고통을 받는 사회(burdened society)"라고 부르는 매우 어려운 처지의 국가의 시민들이 "그들 스스로 자신의 미래의 경로를 결정할 수 있는" 지점에 이르도록 지원하는 것을 기본적인 목표로 해야 한다(Rawls 1999, 118).

롤스는 어떠한 이유에서 '글로벌 원초적 입장'에 참여한 국가의 대표들이 무지의 장막 뒤에서 국내 사회에서보다 훨씬 제한적인 원조의 의무를 선택하리라고 보는가? 롤스는 대표들이 다른 국가와의 경제적 격차를 문제 삼거나 국제적인 기회 평등을 요구하지 않으리라고 보았다. 혹은 그러한 목표를 추구하더라도 그것은 부차적인 관심에 그치리라고 생각했다. 롤스는 국제적인 차원에서 정의로운 삶의 본질은 세계 모든 시민들과의 관계에서 공정한 삶의 기회를 보장받는 데 있다고 믿지 않는다. 예컨대 선진국에서 태어나지 않고 개도국의 시민으로 태어났다고 하는 사실로 인해 선진국 시민이 누리는 여러 삶의 기회를 누리지 못하는 상황이 윤리적으로 그렇게 심각한 문제는 아니라는 것이다. 적어도 '글로벌 원초적 입장'에 참여한 국가의 대표들은 그렇게 생각하지 않으리라는 것이다.

롤스는 국가의 대표들이 국제적인 '공정성으로서의 정의'를 모색하는 대신 적정한 수준의 경제적 안정이 보장된다면 국가 내에서 시민들이 평화롭고 자율적인 삶을 영위하는 것을 최우선적인 목표로 추구하리라고 보았다. 자신의 처지를 타자와 비교하면서 상대화하기보다는 국가라는 공동체 내에서 정치적으로 '자족적'인 삶을 영위하기를 원하리라는 것이다(Wenar 2006, 105). 롤스는 국제적인 차원에서 정의의 문제는 이와 같이 자족적이고 독립적인 삶을 추구하는 국가 공동체의 평화로운 공존이 어떻게 가능할 것인지의 문제라고 보았다(Rawls 1999, 119-120). 만민법은 바로 이러한 공존을 위한 규칙들로 이루어져 있다. 만민법의 8개 항목 중 첫 번째 항목은 "만민은 자유롭고 독립적이다. 이들의 자유와 독립성은 다른 만민에 의해 존중되어야 한다"고 규정하고 있다. 이외에도 조약과 약속 준수의 의무, 평등의 원칙, 전쟁 규칙, 불간섭 의무 등에 관한 조항들 역시 국가들의 평화적 공존을 주목적으로 하고 있다(Rawls 1999, 37).[5]

물론 롤스는 모든 국가가 동일한 종류의 자족적인 삶을 추구하리라고 보지는 않았다. 그가 "자유로운 만민(liberal peoples)"이라 부르는 자유주의적이고 민주주의적인 국가의 경우 "영토를 보호하고 시민들의 안보와 안전을 보장하며 자유로운 정치제도를 유지하고 시민사회의 자유와 자유로운 문화를 보존"하는 것과 "모든 시민과 모든 만민의 합리적인

---

5 만민법의 8개 항목은 다음과 같다. "1. 만민은 자유롭고 독립적이다. 이들의 자유와 독립성은 다른 만민들에 의해서 존중되어야 한다. 2. 만민은 조약과 약속을 준수해야 한다. 3. 만민은 평등하며 그들을 구속하는 합의의 당사자이다. 4. 만민은 비개입의 의무를 준수해야 한다. 5. 만민은 자기 방어의 권리를 갖는다. 하지만 자기 방어 이외의 목적으로 전쟁을 도발할 권리는 가지지 않는다. 6. 만민은 인권을 존중해야 한다. 7. 만민은 전쟁을 수행하는 과정에서 특정한 제약을 준수해야 한다. 8. 만민은 정의롭거나 적정 수준의 정치 사회 체제를 유지하지 못하게 하는 불리한 여건에 처해 있는 다른 만민을 지원해야 할 의무를 가진다"(Rawls 1999, 37).

정의를 보장"하는 것을 가장 중요한 목표로 추구할 것이다(Rawls 1999, 29-30). 반면 그가 "적정수준(decent)의 만민"이라고 부르는 국가의 경우 자유주의적인 정치체계, 법체계를 갖추지 않았고, 따라서 "자유로운 만민"의 경우와는 다른 종류의 자족적인 삶을 추구할 것이다. 예컨대 이들 국가들에서는 평등한 정치참여의 권리나 양심과 표현의 자유가 인정되지 않을 수 있다. 하지만 이들 비자유주의적인 국가들이 기본적인 인권을 준수하고 국민 모두의 공동선을 위한 정책을 추구하며 다른 국가들을 부당하게 침략하거나 국제법을 노골적으로 위반하지 않는 한 이들의 자율성과 만민법에 의해 규제되는 국제사회 내에서의 공존의 권리는 존중되어야 한다(Rawls 1999, 60-67).[6]

결국 롤스는 국제정의의 문제에 제한적인 중요성만을 부여한다고 할 수 있다. 만민법을 통해 정식화된 롤스의 국제정의는 국내적 정의가 국제적인 차원으로 확장된 결과가 아니다. 그렇다고 국제정의가 전혀 새로운 내용을 포함하고 있는 것도 아니다. 사실 만민법의 여덟 개 항목들은 기존 국제관계의 오래된 규칙들과 규범들이다. 물론 이 규칙과 규범들이 항상 준수되지는 않는다. 하지만 이들은 국민국가를 기본 단위로 하는 국제정치체제의 기본 준칙들로 오랜 기간 인정받아 왔다. 특히 이들 규칙, 규범들은 원조의 의무에 관한 여덟 번째 항목을 제외하고는 국제법으로서의 지위를 인정받아 왔다. 롤스는 자기방어 이외의 목적으로 전쟁을 시작할 권리와 자국민에 대해 제약 없이 절대적인 권한을 행사할 권리를 포함하는 전통적인 주권의 정당성이 부인된다는 점에서 만민법의 도덕적인 성격을 강조한다(Rawls 1999, 25-26). 하지만 롤스가 국제

---

6   롤스는 이들 비자유주의적인 국가들을 위한 별도의 글로벌 원초적 입장에서 이들 국가들의 대표들은 만민법의 8개 항목을 모두 승인하리라고 본다. 이를 위해 롤스는 인권 개념을 상대적으로 제한적으로 정의한다(Rawls 1999, 68-70).

정의의 문제와 관련하여 확실히 '덜 야심적'인 입장을 취한다는 점에는 변함이 없다.

롤스의 이러한 입장을 어떻게 설명할 수 있을까? 웰먼(Christopher Heath Wellman 2012, 224–225)과 같은 이는 『만민법』에서 롤스의 목표가 국내 사회와 동일한 정의 원칙을 국제적인 수준에서 실현하는 데 있지 않고 기아와 빈곤, 대량학살과 같이 "인류 역사에서 가장 심각한 악을 어떻게 제거할 수 있을까?"의 문제에 한정되어 있다고 지적하기도 한다. 애초부터 고통의 경감이라는 전혀 다른 목표를 염두에 두었다는 것이다. 정의의 실현은 국제적인 차원에서 롤스의 핵심적인 목표가 아니었다는 것이다. 여기에서는 롤스가 국가의 윤리적인 성격을 강조한다는 점에 주목하고자 한다. 롤스는 인간의 삶은 국가를 중심으로 이루어져야 하고, 이 정치공동체의 자율성, 독립성을 보장하고 유지하는 것이 윤리적으로 중요하다고 보았다. 국제정의는 국가라는 공동체에서 자율적이고 독립적인 삶의 영위를 가능하게 하는 국제적인 여건을 마련함으로써 실현된다. 그렇다면 이와 같이 자율적, 독립적인 국가 공동체 내에서의 삶이 윤리적으로 중요한 이유는 무엇인가? 왜 국가인가? 롤스의 '국가주의(statism)'를 어떻게 설명할 것인가?

유감스럽게도 롤스는 이 질문에 대해 명확한 답변을 주고 있지 않다. 얼핏 보면 롤스는 이 문제와 관련하여 '공동체주의로의 전환(communitarian turn)'을 시도한 것처럼 보이기도 한다. 예컨대 롤스는 밀(John Stuart Mill)의 『대의정부론(*Considerations on Representative Government*)』을 인용하여 '자유로운 만민'의 세 가지 특징 중 하나로 "공통의 공감(common sympathies)"을 언급한다.[7] '공통의 공감'은 한

7　다른 두 가지 특징은 "근본적인 이익을 실현하는 합리적으로 정의로운 입헌 민주주의 정부," "도덕적 본성"이다(Rawls 1999, 23).

국가의 시민들로 하여금 "다른 국가의 시민들보다 자국 시민들과 더 자
발적으로 협력하게 하고, 같은 정부의 통치를 받고 싶어 하게 하고, 모두
는 아니더라도 적어도 일부 시민들이 정부에 참여하는 것을 원하게 하
는" 역할을 한다. 롤스는 밀을 따라서 이러한 공감이 생겨나는 요인으로
공통의 언어, 종교, 지리적 요인 등과 함께 공통의 역사, 그리고 이에 대
한 집단적 기억을 꼽는다(Rawls 1999, 23). 이는 공동체주의에서 각자가
속한 국가 혹은 민족 공동체에 대한 시민의 충성과 헌신의 의무를 이야
기할 때 전형적으로 언급되는 요인들이다.

　　물론 롤스는 '공통의 공감'이 언어와 역사, 정치문화, 공유된 역사의
식 등에만 의거하여 존재한다면 이는 "불완전"하다고 지적한다. 특히 역
사적으로 상당수 국가들이 정복과 이민을 통해 문화의 뒤섞임을 경험했
다는 점에서 그러하다. 하지만 롤스는 "그럼에도 불구하고 만민법은 그
근원이 무엇이든지 간에 공통의 공감이 필요하다는 데서 시작된다"고 주
장한다(Rawls 1999, 24). 탄(Kok-Chor Tan 2006, 78)이 지적하듯이 밀/
롤스의 '공통의 공감'은 '자유주의적 민족주의(liberal nationalism)'에서
이야기되는 정치적, 사회적 연대의식과 유사하게 보인다.[8] 타미르(Yael
Tamir 1993)와 밀러(David Miller 1995)와 같은 자유주의적 민족주의자
들은 오늘날의 세계에서 국가공동체와 민족공동체가 여전히 가장 중요
한 정치단위체임을 주장한다. 이는 모든 인간은 민족적 연대의식 혹은
국가정체성을 통해서만 충족될 수 있는 심리적인 욕구를 지니고 있고,
또 개개 인간은 특정한 국가 혹은 민족 집단에 소속되는 경우에만 도덕
적으로 의미 있고 창조적인 삶을 살 수 있기 때문이다. 다만 자유주의적
민족주의자들은 인간은 자신이 속한 국가, 민족공동체에 대해 제3자적

8　　롤스는 자신의 민족(nation) 개념이 타미르(Yael Tamir 1993)의 *Liberal Nationalism*에
　　서 아이디어를 얻었음을 직접 밝히고 있다(Rawls 1999, 25).

관점을 취할 수 있고, 따라서 국가적, 민족적 연대의식이 배타적, 차별적으로 되는 것을 스스로 규제할 수 있는 합리적인 능력을 발휘해야 함을 강조한다. 한마디로 자유주의적 민족주의는 공동체주의의 기본 이념을 공유하면서도 이 이념이 가지는 한계를 뛰어넘으려 한다.

　그렇다면 롤스는 국제정의의 문제와 관련하여 자유주의적 민족주의의 입장을 취한다고 할 수 있는가? 이러한 지적을 결정적으로 반박할 만한 텍스트상의 증거를 『만민법』에서 찾기 어려운 것이 사실이다. 명시적으로 밝히고 있지는 않지만 롤스는 자신의 의도가 그런 식으로 해석될 만한 여지를 허용하고 있다. 이는 또 다른 의미에서 롤스답지 않은 결론이다. 앞서 언급했듯이 상당수 국제윤리학자들에게, 특히 그중에서도 세계시민주의적인 접근법을 지지하는 이들에게 롤스의 국가주의가 롤스답지 않은 결론이었다면 이 국가주의를 자유주의적 민족주의와 같이 기본적으로 공동체주의를 지향하는 관점을 통해 정당화하는 것 역시 그의 개인주의적인 정치철학에 비추어 볼 때 다시 한 번 그답지 않은 결론인 것이다.

　롤스의 국가주의를 수긍하는 입장에서 국가중심적인 국제정의에 관한 그의 견해는 일단 올바른 방향을 가리키고 있는 것으로 보인다. 하지만 그가 그러한 방향전환을 충분히 설득력 있게 정당화하고 있는가에 대해서는 의구심을 가지지 않을 수 없다. 유럽연합 데모이크라시의 규범적 기초와 관련해서도 롤스가 국제정의의 문제에서 국가의 규범적으로 고유한 역할을 강조하는 것은 많은 시사점을 던져 준다. 하지만 다른 한편으로 앞서 지적했듯이 규범적인 차원에서 데모이크라시를 국가나 민족 공동체에 내재한 가치를 통해 정당화하는 것은 적절하지 않다. 데모이크라시에서 국가의 존재는 이를 통해 개개 시민의 자유와 자율성이 증진될 수 있음을 입증하는 경우에 정당화될 수 있다. 롤스의 '국가주의 국제정의론'은 새로운 정당화의 논리를 필요로 한다. 다음 절에서 칸트의 규범적인 국제관계에 관한 견해를 살펴봄으로써 이에 대한 단서를 기대해 볼 수 있다.

III. 칸트의 『영구평화론』에 나타난 국가와 국제정의

잘 알려져 있다시피 『영구평화론』은 국제관계에 관한 칸트의 대표적인 저작이다. 여기에서 칸트는 규범적으로 바람직하고 평화적인 국제관계를 실현하기 위한 방안을 제시한다. 먼저 칸트는 국제관계의 현실이 결코 긍정적이지 않음을 다음과 같이 지적한다.

> 국가들 사이의 관계에서보다 인간의 본성이 부정적인 모습을 띠는 곳은 없다. 어떤 국가도 단 한 순간이라도 자신의 독립과 소유물의 안전을 확신할 수 없다. 다른 국가들을 굴복시키고 그들을 희생해서 자신의 성장을 도모하고자 하는 의지가 항상 존재한다. 전쟁 자체보다도 평화를 더욱 억압적인 것으로 만들고 국내 복지에도 파괴적인 영향을 끼치는 방어용 무기의 획득은 결코 줄어들 기미를 보이지 않는다.(Kant 1991, 91-92)

칸트는 이러한 상황에 처해 있는 국제관계가 "미개인들이 그들의 무법적 자유에 매여 하나의 법칙적인, 그들 자신의 구성할 수 있는 강제에 복속하기보다는 차라리 끊임없이 쟁투하고, 그러니까 이성적인 자유보다 고삐 풀린 자유를 앞세우는" 자연상태와 유사하다고 본다(Kant 2013, 125). 따라서 자연상태의 인간이 국가를 세움으로써 무질서와 혼란을 극복했듯이 국가들도 각자의 안전을 위해 다른 국가들에게 "자신과 함께 시민적 〔헌정〕 체제와 비슷한 체제에 들어갈 것을 요구할 수 있고, 요구해야만" 한다(Kant 2013, 124). 칸트의 『영구평화론』은 국제적인 차원에서 "시민적 〔헌정〕 체제와 비슷한 체제"를 수립함으로써 '국제정의'가 실현될 수 있음을 입증하는 것을 가장 중요한 목표로 삼는다. 그렇다면 자연상태를 극복하고 그러한 체제를 수립하는 것은 어떤 의미에서 정의로운가?

『윤리형이상학(The Metaphysics of Morals)』에서 칸트는 자연상태를 극복해야 할 필요성에 관해 논하면서 "외적인 권력이 있는 법칙"이 부재한 자연상태에서는 "비록 각자 자기의 법 개념들에 따라서 외적인 어떤 것이 선점이나 계약을 통해서 취득될 수 있다고 하더라도 이러한 취득은 아직 공적 법칙〔법률〕의 승인을 그 자체로 얻지 못하는 한 단지 잠정적인 것일 뿐"이며, 이는 "그러한 취득은 어떤 공적(분배적) 정의에 의해 규정된 것이 아니고 이 법을 집행하는 어떠한 권력에 의해서 보증되어 있지 않기" 때문이라고 주장한다(Kant 2012, 265). 자연상태에서 발생하는 가장 심각한 문제는 소유권의 부재이고, 국가의 존재가 요구되는 가장 중요한 이유 역시 바로 이러한 소유권의 확립, 즉 "나의 것과 너의 것에 관한 법칙들"을 확립하는 데 있다는 것이다(Kant 2012, 265).

이는 "노동이 만물의 공통된 어머니인 자연보다 더 많은 무엇을 공유물에 첨가하는 경우 그것들은 그의 사적인 권리가 된다"는 로크(John Locke 1996, 35)의 소유권 이론과는 사뭇 다른 주장이다. 칸트에 의하면 로크와 같이 국가에 의해 강제되는 법체계를 매개로 하지 않고도 소유권이 "일방적인 의지"만으로도 성립될 수 있다고 보는 것은 근본적으로 잘못된 생각이다. 잘못된 생각일 뿐만 아니라 위험한 생각이기도 하다. 소유권이 법적인 강제력을 통해 확립되어 있지 않은 상황에서는 '나의 것'과 '너의 것'의 정확한 경계를 두고 분쟁이 필연적으로 발생할 수밖에 없

고, 그런 경우 "보편적 법칙에 따르는 자유"가 훼손될 것이기 때문이다
(Kant 2012, 265). 설령 개인들 사이에 소유권의 원칙에 대한 합의가 만
장일치로 이루어졌다고 하더라도 이는 최종적인 해결책이 될 수 없다.
합의된 원칙을 개개 사례에 적용하는 과정에서 분쟁이 불가피하게 일어
날 수밖에 없기 때문이다(Varden 2008, 17).

바로 이러한 이유에서 칸트는 자연상태를 "비-법적인 상태, 다시 말
해 어떤 분배적 정의도 없는 그러한 상태"로 정의한다(Kant 2012, 256).
자연상태를 극복한다는 것은 이러한 '비-법적인 상태'에서 '법적 상태,'
즉 "그 아래에서만 각자 자기의 권리를 나눠 갖게 되는[分有하는] 조건
들을 함유하는 인간 상호 간의 관계"로 이행한다는 것이다(Kant 2012,
255). 국가는 강제력을 독점하고 모든 시민들과 균등한 관계를 맺음으로
써 소유권을 둘러싸고 발생하는 분쟁을 방지·조정하고, 각자가 자기의
것을 안전하게 소유하는 분배적 정의를 실현하는 역할을 담당한다(Wal-
dron 2006, 193-194; Hodgson 2010, 77).

얼핏 보면 소유권의 설정과 관련하여 칸트가 이야기하는 국가의 강
제적인 분쟁방지 및 조정 기능은 홉스(Thomas Hobbes)의 '리바이어
던'이 행사하는 소유권의 정의 기능과 유사하다. 홉스에게도 국가의 중
요한 역할 중 하나는 소유권 제도를 강제적으로 제정하고 실행에 옮기
는 데 있다.[9] 하지만 양자 사이에는 중요한 차이점이 있는데 그것은 홉스

---

9   홉스(Hobbes 2008, 241-242)는 다음과 같이 주장한다. "주권자는 백성 각자가 동료 백성
     의 간섭을 받지 아니라고 누릴 수 있는 재산이 무엇이며, 할 수 있는 활동이 무엇인지에 대
     한 규칙을 제정할 수 있는 전권을 가지고 있다. 그 규칙이 바로 사람들이 '소유권'이라고 부
     르는 것이다. 주권이 설립되기 이전에는 … 만인이 만물에 대해 권리를 가지고 있었고, 그
     것이 바로 전쟁의 필연적인 원인이었다. 따라서 소유권은 평화를 위해 필요할 뿐만 아니라
     주권에 의존하고 있기 때문에, 공공평화의 유지를 목적으로 한 주권의 행동이다. 소유권,
     즉 '내 것'과 '네 것'에 대한 규칙, 백성들의 행동에서 선과 악, 합법과 불법에 대한 규칙 등
     이 바로 시민법이다."

에게 리바이어던의 성립은 인간의 이기적인 이익에 대한 고려의 산물인 반면 칸트에게 국가는 '자유의 방해를 저지'하기 위해서 필요한 존재라는 것이다(Kant 2012, 153; Kleingeld 2006, 480). 여기서 칸트는 자유를 "타인의 강요하는 의사로부터의 독립성"으로 정의한다. 이 자유는 "모든 타인의 자유와 보편적 법칙에 따라서 공존할 수 있는 한에서" 개인의 권리로 인정된다(Kant 2012, 162). 즉 타인의 자유를 침해하지 않는 한에서 나의 자유가 인정될 수 있다. '일방적인 의지'에 의해 나의 소유권을 주장할 경우 이는 타인의 자유의 침해를 초래할 수 있고, 그런 경우 나의 자유 역시 인정되지 않는다. 국가는 소유권 제도를 명확히 규정하여 모호한 해석의 여지를 최소화하고, 그럼에도 발생하는 분쟁을 중재하고 조정함으로써 각자가 타인의 자유를 침해하지 않고 자기 몫의 자유를 온전히 누릴 수 있는 기본적인 여건을 제공한다. 결국 이익의 실현이 아니라 자유의 실현이 국가의 근본적인 존재 이유인 것이다. 자유주의 정치철학에서 흔히 이야기되듯이 국가가 개개 인간의 자유 실현에서 장애물이 아니라 필수적인 수단이 되는 것이다(Rauscher 2012). 이렇게 볼 때 자연상태에서 벗어나 국가의 통치를 받는 것은 편익에 따른 결정이 아니라 우리의 도덕적 의무가 된다. 국가권력하에서 '나의 것'과 '너의 것'의 '분유'가 분배적 '정의'가 되는 것도 그것이 궁극적으로 자유의 실현을 증진하기 때문이다.

　　이와 같이 자연상태에서 국가에 의해 강제되는 법체계를 갖춘 시민적 상태로의 이행이 인간의 자유를 위해 필수불가결하고 근본적인 정의가 실현되는 과정이라면, 자연상태로서 국제관계의 한계를 극복하고 새로운 정치질서를 구축하는 것 역시 자유와 정의의 실현 과정으로 이해될 수 있다. 칸트는 국가들 간 자연상태의 가장 두드러진 특징으로 이 상태에서는 모든 국가들에게 전쟁의 권리가 허용된다는 점을 꼽는다. 이

는 국제관계의 모든 혼란과 무질서의 근본 원인이다. 자연상태에서 소유
권을 둘러싼 갈등과 분쟁이 인간의 자유를 훼손하고 그들 사이의 평화를
저해했듯이, 국가들 사이에서 각자의 권리의 경계를 둘러싼 분쟁을 '소
송'을 통해 해결하지 못하고 자기의 권리가 침해당했다고 믿는 국가들
사이의 강제력 행사를 통해 해결하는 관행이 지속되고 있다는 사실이 국
제관계를 혼란과 무질서에 의해서 특징지어지도록 만들고 있다는 것이
디(Kant 2012, 312). "국가들로서의 〔국가를 이룬〕민족들"을 "개별적 인
간들과 마찬가지로 판정"할 수 있다면(Kant 2013, 124) 자연상태로서의
국제관계 내에서 각 국가/민족들은 서로의 자유를 끊임없이 침해함으로
써 그 누구도 온전하게 자유를 누리지 못하는 상황이 계속되고 있는 것
이다.

따라서 자유를 달성하고 정의를 실현하기 위해 국가는 국제관계의
자연상태에서 벗어나야 한다. 칸트는 "제 국민의 자연 상태는 개별 인간
들의 자연상태와 마찬가지로 법적 상태로 들어서기 위해 응당 벗어나야
할 상태"이며 "이러한 일이 일어나기 전의 제 국민의 모든 권리와 국가
들이 전쟁을 통해 취득하거나 보존할 수 있는 모든 외적인 나의 것과 너
의 것은 순전히 잠정적인 것"에 지나지 않는다고 주장한다(Kant 2012,
317). 따라서 국제적인 차원에서 '나의 것'과 '너의 것'을 명확하게 구분
하기 위해서, 즉 국가들 사이에서 광의의 '소유권'을 확립하기 위해서 앞
서 지적한 "시민적 〔헌정〕 체제와 비슷한 체제"의 구축이 필요하다. 칸트
는 '나의 것'과 '너의 것'은 "오직 보편적인 국가연합(Staatenverein)에서
만 (그를 통해 한 국민이 국가가 되는 것에 유추해서) 확정적인 것으로 인
정되고 참된 평화상태가 될 수 있다"고 결론짓는다(Kant 2012, 318).

하지만 여기에서 한 가지 문제가 발생한다. 자연상태에서 국가가 성
립하는 과정을 유추해 보면, 국제관계의 경우에도 강제력을 독점하고 이

에 기초하여 법체계의 실행을 보장할 수 있는 강력한 국가연합이 필요하다. 하지만 실제로 칸트가 "시민적 〔헌정〕 체제와 비슷한 체제"로서 그렇게 강력한 권한을 가진 국가연합을 염두에 두었던 것 같지는 않다. 이는 칸트가 자신이 제안하는 보편적인 국가연합을 "상설제국회의(der permanente Staatenkongreß)"로 칭하는 데서 잘 드러난다. 칸트에 의하면 '회의(Kongreß)'는 "여러 국가의 임의적인, 언제든지 해소할 수 있는 회합"을 의미한다. '회의'는 미합중국처럼 "하나의 국가헌정체제 위에 기초한, 그래서 해체될 수 없는 그러한 결합"을 뜻하지 않는다(Kant 2012, 319). 칸트는 강제력을 독점하고 구성 국가들에 자신의 의지를 강요할 수 있는 국가연합을 구상하지 않았다. 이는 『영구평화론』 제2 확정조항의 제목에서 "자유로운 국가들의 연방제"를 언급한 데서도 잘 드러나고, 곧이어 "시민적 〔헌정〕 체제와 비슷한 체제"의 설립 필요성에 대해 이야기하면서 이 체제가 "국제연맹(Völkerbund)이겠는데, 그럼에도 이것이 꼭 국제국가(Völkerstaat)여야 하는 것은 아니겠다"라고 주장하는 데서도 확인된다(Kant 2013, 124).

물론 여기에서 칸트의 의도를 모두가 동의할 수 있는 방식으로 정확히 해석하기란 쉽지 않다. 하지만 개략적으로나마 칸트가 국제적으로 어떤 정치질서의 출현을 지지하는지를 아는 것이 불가능하지는 않다. 먼저 "자유로운 국가들의 연방제"는 국가들의 가입과 탈퇴가 자유롭고, 국가들의 상위에 위치하여 이들을 강제하는 권위체가 부재한 형태의 국가연합을 지칭하는 것으로 보인다. 또 "국제연맹"의 연맹을 가리키는 독일어 'Bund'는 영어의 'association' 혹은 'league'의 의미로 그 구성요소들이 대체로 느슨하게 결속된 조직체를 뜻한다. "국제국가"는 영어로 'international state' 혹은 'state of states'를 의미하는데, 이는 중앙정부 혹은 상위의 권위체가 구성 국가들에 대해 강제력의 사용을 포함한 강력한 권한을 행사하는 국가연합으로 이해할 수 있다.

그렇다면 도대체 어떤 이유에서 칸트는 상대적으로 그 권한이 제한된, 국가들의 자발적인 참여로 이루어지는 국가연합을 지지하는가? 칸트는 왜 국제적인 차원에서 강력한 권한을 행사하는 국가의 등장에 대해 유보적인 태도를 취하는가? 칸트는 이러한 의문에 대해 "국가들이 내적으로 이미 법적인 〔헌정〕 체제를 가지고" 있기 때문이라고 답한다(Kant 2013, 128; Cavallar 1994, 467; Kleingeld 2006, 484). 국가연합에 참여하는 국가라는 존재는 강제력의 독점에 바탕을 둔 법체계를 통해 소유권을 확립시키는 역할을 '이미' 담당하고 있다는 것이다. 이는 국가가 대외적으로는 무질서와 혼란이 만연한 세계 속에 존재하지만 대내적으로는 어느 정도 인간의 자유를 증진하고 사회적 정의를 실현하고 있음을 의미한다. 여기서 '어느 정도'라는 단서를 부가한 것은 외적인 무질서와 혼란이 내적인 자유와 정의의 실현을 상당 부분 저해할 수 있기 때문이다. 하지만 그러한 가능성을 감안하더라도 자연상태 내에서의 인간보다 자연상태와 유사한 국제관계 속에서의 국가가 두드러지게 '도덕적인 존재'라는 사실은 그대로 남는다(Stilz 2012).

만일 국가의 정체가 공화정이라면, 즉 국가의 헌정체제가 "사회구성원의 자유의 원리"와 "만인의 유일한 공동의 법칙수립에 대한 의존성의 원칙" 그리고 "평등의 법칙"에 따라서 세워졌다면, 국가의 도덕적인 성격은 더욱 두드러질 것이다(Kant 2013, 115). 하지만 실제로 공화국의 정치제도를 가지고 있지 않더라도 공정한 법집행을 통해 시민들의 소유권을 보장하고 '자유의 방해를 저지'한다면, 그러한 국가는 모든 시민들의 이익을 대표하는 공화정의 '정신'을 구현한다고 할 수 있고 그런 의미에서 충분히 도덕적인 존재로 인정될 수 있다(Cavallar 1994, 467).[10] 칸트는 이와 같이 내적으로 어느 정도의 정의를 실현한 국가들은 "그들을 타자의 법 개념에 따라 하나의 확장된 법칙〔법률〕적 체제 아래에 들도록 하는 타자의 강제에서 벗어나" 있다고 주장한다(Kant 2012, 128). 따라서 국가를 강제력을 행사하는 상급 권위체의 지배하에 두는 것은 적절하지 않다. 그렇게 할 경우 국가는 자체에 내재한 독특한 윤리적 성격을 상실하게 될 것이다. 즉 국가는 소유권에 대해 최종적인 권위를 행사함으로써 시민들의 자유를 보장하는 역할을 계속 담당하기 어렵게 될 것이다(Flikschuh 2010, 480).

결국 느슨한 결속력의 국가연합이나 자발성에 바탕을 둔 국제연맹에 대한 칸트의 옹호는 한편으로는 자연상태로서의 국제관계에서 비롯되는 무질서와 혼란의 극복과, 다른 한편으로는 개별 국가의 규범적 성취의 보존이라는 두 가지 목표를 결합시켜야 할 필요성의 산물이라고 할 수 있다. 칸트의 주장은 기존 국제관계의 기본 규칙과 규범을 뛰어 넘는 새로운 정치질서의 성립을 옹호한다는 점에서 우리가 익히 알고 있는 국제관계의 규칙과 규범을 재정식화한 수준에 그친 롤스의 『만민법』에서의 주장에 비해 한층 '진일보'한 혹은 적어도 '덜 보수적인' 주장이다. 하지만 칸트의 '진보주의'는 상당수 학자들이 마땅히 그랬어야만 했다고 주장하는 수준, 즉 강제력을 가진 세계국가의 설립을 옹호하는 수준에까지는 이르지 못했다.[11] 이는 일부에서 주장하듯이 칸트가 현실적으로 신

10   이와 관련하여 칸트는 다음과 같이 주장한다. "만약 어떤 법이 전체 인민들이 도저히 동의할 수 없는 내용을 가진다면 (예컨대 신민 중 특정 계층이 세습적인 지배자로의 특권을 부여받도록 규정된다면), 이러한 법은 부정의하다. 하지만 어떤 법이 인민들의 동의를 받는 것이 최소한 가능하다면, 설령 인민들이 그들의 실제 의견을 물어볼 경우 현재 그 법에 동의할 만한 입장이나 마음 상태에 있지 않더라도, 그러한 법을 정의롭다고 간주하는 것은 우리의 의무이다"(Kant 1991, 79).

11   일부 학자들은 이러한 느슨한 결속력의 국제연맹에 대한 지지가 칸트의 최종적인 의도는 아니었다고 주장한다(Carson, 1988; Lutz-Bachman, 1997; Byrd & Hruschka, 2008; Hodgson, 2012). 칸트의 진정한 최종 목표는 강력한 권한을 가진 세계국가였다는 것이다. 혹은 강력한 세계국가였어야만 했다는 것이다. 이들은 『영구평화론』에서 다음과 같은 칸트

중을 기하기를 원했기 때문이 아니다(Cavallar 1994, 466). 칸트는 국가가 그 자체로 도덕적인 존재이고, 세계국가의 설립이 이러한 국가의 도덕적인 성격을 잠식할 수 있다고 보았다. 새로운, 이상적인 국제정치질서에서 국가의 독립성과 자율성이 존중되어야 하는 것은 그렇게 하지 않을 경우 국가에 의해 보장되는 시민들의 자유와 사회적 정의가 위험에 처할 수 있기 때문이다. 이러한 점에서, 즉 각자의 국가주의를 정당화하는 방식에서 칸트는 국가의 규범적 성격을 공동체주의적인 관점에서 설명하려 시도하는 롤스에 비해 다시 한 번 진일보한 모습을 보여주고 있다. 이러한 롤스와 칸트의 차이는 유럽연합 데모이크라시와 관련해서도 중요한 의미를 지닌다. 무엇보다 국가의 존재를 국가 자체나 민족 공동체에 내재한 가치가 아니라 보편적인 근거를 통해 정당화하려는 칸트의 시도는 유럽에서 데모이크라시의 규범적 기초를 정립하는 데 일정한 도움을 줄 수 있을 것으로 보인다.

IV. 결론

국제정의에 관한 논쟁에서 롤스와 칸트는 국제정의는 국내적인 정의와

의 언급을 특히 강조하여 자신들 주장의 근거로 삼는다. "상호 관계에 있는 국가들이 이성적으로는, 순정하게 전쟁을 함유하는 무법칙적 상태에서 벗어나는 방식은 오직, 국가들이 개인들의 경우와 똑같이, 그들의 미개한(무법칙적) 자유를 포기하고, 스스로 공적인 강제법칙에 순응하여, (물론 점점 증가해가서) 종국에는 지상의 모든 민족(만민)을 포괄할, 국제국가(國際國家)를 형성하는 것뿐이다. 그러나 국가들은 그들의 국제법의 이념에 따라서 결코 이것을 의욕하지 않을 것이므로, 그러니까 명제상으로 옳은 것을 실제에서 거부할 것이므로, 하나의 세계공화국이라는 적극적인 이념 대신에 — 만약 모든 것을 잃지 않아야 한다면 — 오직 전쟁을 방지하면서 지속적으로 계속 확장되어가는 연맹이라는 소극적인 대용물만이 법을 혐오하는 적대적인 경향성의 흐름을 중지시킬 수 있을 것이다"(Kant 2013, 131).

는 별개의 것으로 간주되어야 한다는 입장을 취한다. 국제정의와 국내적 정의의 관계에 대해 '일원론(monism)' 대신 '이원론(dualism)'을 옹호하는 것이다. 롤스와 칸트가 '이원론'을 지지하는 것은 그들이 모두 국제정의의 기본 단위로서 국가의 특별한 중요성을 강조하기 때문이다. 『만민법』과 『영구평화론』과 그 외 몇몇 저작에서 롤스와 칸트는 국제관계의 무질서와 혼란을 극복할 수 있는 방안을 구상하고 제안하려 시도하는데, 양자 모두 국제정의와 국제평화라는 목표를 달성하는 데서 국가의 중심적인 역할을 강조한다.

국제관계의 윤리적인 목표에 관한 롤스와 칸트의 이와 같은 견해를 살펴봄으로써 우리는 유럽연합 데모이크라시의 규범적 기초에 관해 생각해 볼 수 있는 기회를 제공받을 수 있다. 데모이크라시는 분열의 시대에 가능한 민주주의적 통합에 관한 고민의 산물이다. 따라서 유럽연합 데모이크라시는 이상주의와 현실주의의 기묘한 결합 내지는 이상과 현실의 타협의 산물로 비춰진다. 즉 데모이크라시는 모든 유럽 시민 개개인을 균일하게 포괄하는 민주주의, 유럽이라는 지역 내에서 '코스모폴리탄 민주주의'를 실현할 가능성이 그리 높지 않은 상황에서 각 회원국을 매개로 한 간접적인 민주주의적 참여를 차선책으로 제시하는 제안으로 이해되기 쉽다. 롤스와 칸트의 국제정의론, 국제평화론을 살펴봄으로써 우리는 유럽연합 데모이크라시를 단순히 하나의 절충안으로 보는 대신 이를 보다 체계적으로 정당화할 가능성을 모색해 볼 수 있다. 물론 그러한 목적을 위해서는 더 많은 연구와 작업이 필요할 것이다. 지금까지의 논의는 이러한 연구와 작업을 위한 유용한 출발점이 될 수 있을 것이다.

참고문헌

Beitz, Charles R. 2000. "Rawls's Law of Peoples." *Ethics*, 110(4): 669-696.

Bellamy, Richard. 2013. "'An Ever Closer Union Among the Peoples of Europe': Republican Intergovernmentalism and Demoicratic Representation within the EU." *Journal of European Integration*, 35(5): 499-516.

Benhabib, Seyla. 2004. "The Law of Peoples, Distributive Justice, and Migrants, *Fordham Law Review*, 72(5): 1761-1787.

Bohman, James. 2005. "From *Demos to Demoi*: Democracy across Borders." *Ratio Juris*, 18(3): 293-314.

Byrd, B. Sharon & Jochaim Hruschka. 2008. "From the State of Nature to the Juridical State of States." *Law and Philosophy*, 27: 599-641.

Buchanan, Allen. 2000. "Rawls's Law of Peoples: Rules for a Vanished Westphalian World." *Ethics* 110(4), pp. 697-721.

Carson, Thomas L. 1988. "*Perpetual Peace*: What Kant Should Have Said." *Social Theory and Philosophy*, 14(2): 173-214.

Cavallar, Georg. 1994. "Kant's Society of Nations: Free Federation or World Repepublic?" *Journal of the History of Philosophy*, 32(3), 461-482.

Cheneval, Francis. 2008. "Multilateral Democracy: The "Original Position"." *Journal of Social Philosophy*, 39(1): 42-61.

Cheneval, Francis & Frank Schimmelfennig. 2013. "The Case for Demoicracy in the European Union." *Journal of Common Market Studies*, 51(2): 334-350.

Flikschuh, Katrin. 2010. "Kant's Sovereignty Dilemma: A Contemporary Analysis." *Journal of Political Philosophy*, 18(4): 469-493.

Follesdal, Andreas & Simon Hix. 2006. "Why There is a Democratic Deficit in the EU: A Response to Majone and Moravcsik." *Journal of Common Market Studies*, 44(3): 533-562.

Hobbes, Thomas. 2008. 『리바이어던: 교회국가 및 시민국가의 재료와 형태 및 권력 I』 제1권. 진석용 옮김. 서울: 나남.

Hodgson, Louis-Philippe. 2010. "Kant on Property Rights and the State." *Kantian Review*, 15(1): 57-87.

_____. 2012. "Realizing External Freedom: The Kantian Argument for a World State." In Elisabeth Ellis (Ed.). *Kant's Political Theory: Interpretations and Applications*. University Park, PA: Pennsylvania State University.

Kant, Immanuel. 1991. "On the Common Saying: 'This May be True in Theory, but it does not Apply in Practice'." In H. B. Nisbet (Trans.). *Kant's Political Writings*. Cambridge: Cambridge University Press.

_____. 2012. 『윤리형이상학』. 백종현 옮김. 서울: 아카넷.

_____. 2013. 『영원한 평화』. 백종현 옮김. 서울: 아카넷.

Kleingeld, Pauline. 2006. "Kant's Theory of Peace." In Paul Guyer (Ed.). *Cambridge Companion to Kant and Modern Philosophy*. Cambridge: Cambridge University Press.

Locke, John. 1996. 『통치론: 시민정부의 참된 기원, 범위 및 그 목적에 관한 시론』. 서울: 까치.

Lutz-Bachman, Matthias. 1997. "Kant's Idea of Peace and the Philosophical Conception of a World Republic." In James Bohman & Matthias Lutz-Bachman (Eds.). *Perpetual Peace: Essays on Kant's Cosmopolitan Ideal*. Cambridge, MA: MIT Press.

Menon, Anand & John Peet. 2010. "Beyond the European Parliament: Rethinking the EU's democratic legitimacy." *Center for European Reform Essays*. London: Center for European Reform.

Mertens, Thomas. 2002. "From 'Perpetual Peace' to 'The Law of Peoples': Kant, Habermas and Rawls on International Relations." *Kantian Review*, 6: 60-84.

Miller, David. 1995. *On Nationality*. Oxford: Oxford University Press.

Moravcsik, Andrew. 2002. "In Defense of the 'Democratic Deficit': Reassessing Legitimacy in the European Union." *Journal of Common Market Studies*, 40(4): 603-624.

Müller, Jan-Werner. 2011. "The Promise of 'Demoi-Cracy': Democracy, Diversity, and Domination in the European Public Order." In Jürgen Neyer & Antje Wiener (Eds.). *Political Theory of the European Union*. Oxford: Oxfrod University Press.

Nicolaïdis, Kalypso. 2004. "The New Constitution as European 'Demoicracy'?" *Critical Review of International Social and Political Philosophy*, 7(1): 76-93.

_____. 2013. "European Demoicracy and Its Crisis." *Journal of Common Market Studies*, 51(2): 351-369.

Paskalev, Vesselin. 2009. "Lisbon Treaty and the Possibility of a European Network Demoicracy." *EUI Working Paper*, European University Institute.

Pogge, Thomas. 2006. "Do Rawls's Two Theories of Justice Fit Together?" In Rex Martin & David A. Reidy (Eds.). *Rawls's Law of Peoples: A Realistic Utopia?* Malden, MA: Blackwell.

Rauscher, Frederick. 2012. "Kant's Social and Political Philosophy." *Stanford Encyclopedia of Philosophy*. http://plato.stanford.edu/entries/kant-social-political/(검색일: 2013. 12. 12).

Rawls, John. 1999. *The Law of Peoples*. Cambridge, MA: Havard University Press.

_____. 2009. 『만민법』. 서울: 아카넷.

Stilz, Anna. 2012. "Why Does the State Matter Morally?: Political Obligation and Particularity." In Sigal R. Ben-Porath and Rogers M. Smith (Eds.). *Varieties of Sovereignty and Citizenship*. Philadelphia: University of Pennsylvania Press.

Tamir, Yael. 1993. *Liberal Nationalism*. Princeton: Princeton University Press.

Tan, Kok-Chor. 2006. "The Problem of Decent Peoples." In Rex Martin & David A. Reidy (Eds.). *Rawls's Law of Peoples: A Realistic Utopia?* Malden, MA: Blackwell.

Varden, Helga. 2008. "Kant's Non-Voluntarist Conception of Political Obligations: Why Justice is Impossible in the State of Nature." *Kantian Review*, 13(2): 1-45.

Waldron, Jeremy. 2006. "Kant's Theory of the State." In Pauline Kleingeld (Ed.). *Towards Perpetual Peace and Other Writings on Politics, Peace, and History*. New Haven and London: Yale University Press.

Weiler, J. H. H. 1995. "Does Europe Need a Constitution? Demos, Telos and the German Maastricht Decision." *European Law Journal*, 1(3): 219-258.

_____. 2012. "In the Face of Crisis. Input Legitimacy, Output Legitimacy and the Political Messianism of European Integration." *Journal of Common Market Studies*, 34(7): 825-841.

Wellman, Christopher Heath. 2012. "Reinterpreting Rawls's *The Law of Peoples*." *Social Philosophy and Policy*, 29(1): 213-232.

Wenar, Lef. 2006. "Why is Rawls Not a Cosmopolitan Egalitarian?" In Rex Martin & David A. Reidy (Eds.). *Rawls's Law of Peoples: A Realistic Utopia?* Malden, MA: Blackwell.

초국적 민주주의는 가능한가?: 2012년 프랑스 대선과 국내 정치의 유럽화[*]

조홍식(숭실대학교)

I. 서론: 유럽문제의 부상

유럽통합이 엘리트가 주도하는 국가 간 협력 체제인지 아니면 대중의 참여와 의지가 반영되는 민주적 과정인지는 학계의 오랜 논쟁점이자 대립각을 형성해 왔다. 유럽통합사를 연구하는 영역에서 외교사가 주로 국가 엘리트의 계산과 협력을 강조했다면(Urwin 1991; Milward 1992), 이념사에서는 2차 대전 중 형성된 레지스탕스의 공동 정신을 부각시켰다(Gerbet 1983; Pagden 2002). 현실주의는 국익에 대한 인식과 국제 관계를 중시했고(Moracsik 1998; 최진우 1997), 자유주의는 신기능주의 이론 등을 통해 대중이 행위자로 등장하는 이익과 관계의 초국적 통합을 주목했다(Haas 1958).[1] 유럽, 특히 대륙에서는 통합이 진전되면서 동반

---

* 이 장은 "프랑스 정치의 유럽화: 2012년 프랑스 대선과 유럽문제." 『국제정치논총』 52(3), 404-424를 부분적으로 보완했음.

1 자유주의는 아니지만 그람시적 접근법에서도 초국적 헤게모니의 통합 동력을 분석할 수

되는 다양한 정책의 생산과 과정, 결과에 대한 연구가 나타나기 시작했다(Smith 2004; 배병인 2011). 하지만 학술적 관심과는 별개로 유럽 문제는 아주 오랜 기간 대중의 관심을 끄는 정치적 쟁점으로 부상하는 데는 실패했다.

1979년부터는 유럽의회의 선거가 유럽 시민의 직접 선거로 치러지면서 유럽 차원의 민주주의 틀이 형식적으로 갖춰지는 계기가 되었다. 그러나 대부분의 국가 투표율에서 드러나듯이 유럽의회 선거는 국내 정치와 관련된 대선이나 총선 등과 비교했을 때 시민을 동원하는 능력에서 크게 뒤떨어졌다. 시민의 일반적 관심이 떨어지는 것은 물론 심지어 유럽의회 선거에서 유럽과 관련된 쟁점보다는 국내 정치적 사안을 중심으로 캠페인이 전개되는 양상마저 보였다. 게다가 유권자가 가장 관심과 정열을 집중하는 국내 대선 또는 총선에서 유럽 문제는 거의 부각되지 못하고 부수적인 주제로 다뤄져왔다(Lodge 1996). 유럽통합이 진전되면서 거의 모든 정책 영역에서 유럽적 차원이 무시할 수 없는 단계에 도달했는데도 유럽 정치는 여전히 국가의 단계를 넘어서지 못했고, 유럽이 정치의 중심으로 진입하는 데 실패했던 것이다.

1990년대에는 이에 따른 유럽의 민주주의 결핍 문제가 본격적으로 제기되었다(Scharpf 1999; Jun 2003; 김미경 2005). 특히 유럽 단일시장, 유럽연합의 출범, 유럽경제통화연합 등 정책적 통합이 본격적으로 진행되었음에도 이에 대한 대중적, 민주적, 시민 참여적 논의는 제대로 진행되지 않았다는 비판이 강력하게 대두했다. 일부에서는 유럽통합 자체를 초국적 자본 또는 정치행정 엘리트의 음모로 보는 시각도 등장했다. 국내 정치에서는 의회와 정당이 정부의 정책을 감시, 통제하고 제동을 걸

있다(구춘권 2002).

기도 하지만 유럽 정치에서는 '비민주적', '연방주의적', '사회주의적' 관료집단이 지배하는 브뤼셀이 마음대로 정책을 휘두른다는 설명이다.[2] 마스트리히트 조약 이후 추진된 니스, 암스테르담 조약은 물론 21세기 들어 추진한 유럽헌법안과 리스본 조약은 모두 이런 비판에 대응하기 위한 시도를 담고 있었다. 그 과정에서 나타난 프랑스와 네덜란드, 아일랜드 등의 국민투표는 유럽통합 또는 유럽 문제에 대한 민주적 통제가 부분적으로나마 실현되기 시작했다는 사실을 보여주었다.

이 장은 2012년 프랑스 대선이 이상에서 논의한 유럽통합의 민주적 성격을 제고하는 중요한 계기로 작동했다고 본다. 우선 프랑스 정치의 가장 중요한 사건이라고 할 수 있는 대통령 선거에서 유럽 차원의 정책적 문제가 전면에 부상했다. '긴축'을 대표하는 사르코지와 '성장'을 주장하는 올랑드는 유로권 운영에 대한 명백한 대안적 공약으로 충돌했다. 이들은 결선투표까지 유럽 문제를 대립과 경쟁의 축으로 끌고 감으로써 국내 정치를 '유럽화'하는 데 적극 기여했다(*The Economist* 2012c). 그뿐 아니라 1차 투표에서 프랑스 정치의 다양한 목소리를 내는 정치세력이 모두 유럽에 대한 독자적인 입장을 표명함으로써 유럽이 정치의 핵심으로 등장했다. 극우 민족전선의 르펜은 유로 탈퇴, 극좌 좌파전선의 멜랑숑은 유럽 차원의 공공 서비스 강화를 주장함으로써 대안적 틀을 제시했다. 또한 프랑스 대선에서 진행되는 유럽 문제의 논의는 유럽연합 내 다른 국가의 정치 행위자를 동원하고 결집시키는 역할을 했다.

이 장의 목적은 첫째, 2012년 프랑스 대선에서 유럽 문제가 전면으

---

2 유럽에 대한 이러한 시각을 가장 대표적으로 드러내는 단체로는 영국의 브뤼쥬 그룹을 들수 있다. 1988년 영국 대처 수상이 자국에서 국가를 후퇴시켰는데 유럽이 다시 상황을 반전시키는 것을 용납할 수 없다는 브뤼쥬에서의 연설을 중심으로 그 이듬해 형성된 반유럽적 이념 집단이다. http://www.brugesgroup.com/. 프랑스의 민족전선도 이러한 음모론적 분석을 제시해 왔다.

로 부상했다는 사실을 경험적으로 제시하는 것이다. 이를 위해 대선에 참여한 후보의 프로그램과 연설, 그리고 언론에서 이들을 다룬 자료 등을 분석한다. 특히 선거를 보도하는 언론에서 후보 간의 차이와 대립 쟁점이 강조되는 지점에 주목한다. 둘째, 2012년 프랑스 대선이 유럽이라는 문제를 중심으로 전개된 단기적 요인을 분석한다. 이 부분에서 우리의 관심을 끄는 것은 주요 후보라고 할 수 있는 사르코지와 올랑드의 전략적 선택 부분이며, 이에 대한 구난석 성치 세틱의 자별와 진락이다. '셋째, 보다 장기적으로 2010년 이후 글로벌 경제위기가 유럽으로 옮겨오면서 유럽의 경제적 운명이 유로권이라는 공통의 정책에서 비롯된다는 구조적 현실과 그것이 정치적으로 표현될 수밖에 없는 과정을 분석한다.

이 장에서 동원하는 이론적 틀과 배경, 개념적 도구는 다양하다. 우리는 정책적 통합이 정치적 통합으로 연결·확산된다는 신기능주의적 연쇄작용(spillover)의 개념이 거시 역사적으로 매우 적절하다고 판단한다(Haas 1958; Sandholtz 1992). 화폐정책은 통합하면서 재정정책은 국가의 영역으로 남겨두었기 때문에 유로권은 불균형에 직면할 수밖에 없고, 그 결과 재정정책도 통합의 압력을 받는다는 현실은 연쇄작용의 정의에 가깝다. 정책 결정 기능이 유럽 차원에서 통합되어 있기 때문에 정치적 과정도 그 중심을 향해 통합될 수밖에 없다는 분석도 연쇄작용의 2차원적 설명이다.[3] 유럽공동체 시기부터 유럽을 하나의 정책을 생산하는 과정으로 보아야 한다고 주장했던 께르몬이나 1980년대 이미 유럽은 연방주의적 궤도에 올랐다고 제시했던 시잔스키의 분석 틀을 우리는 적절하다고 평가하며 이를 유로권에 적용한다(Quermonne 1993; Sidjanski

---

3 하스는 통합을 "여러 국가에 속해 있는 정치행위자들이 기존의 민족국가를 초월하는 새로운 권력 중심을 향해 충성과 기대와 정치활동을 이전시키는 현상"으로 정의한 바 있다(Haas 1958, 16).

1992). 현실주의와 정부간주의자들이 주장한 국가이익과 국가 간 협상은 새로운 조약의 체결을 통한 거대한 통합에 적절하다. 이미 조약에 의해서 통합의 영역으로 규정된 분야에서는 통일된 연방주의적 정책결정 과정의 관점이 보다 현실에 가깝기 때문이다. 거시 역사적으로 신기능주의적 통합관을 채택하고, 미시 사회학적으로 연방주의적 정책 분석이 적절하다고 본다면 회원국 국내 정치와의 연결고리는 어디서 찾을 것인가. 힉스(Hix 2005; 1994)는 오래 전부터 유럽이 통일된 정책생산자일 뿐 아니라 통일된 정치 체계(system)라는 주장을 폈다. 유럽연합 회원국이 가지고 있는 정치 대립 구도가 유사하고 장기적으로 유럽의회 등에서 좌우 대립이 비슷하게 재생산되기 때문이다. 최근 바르톨리니(Bartolini 2005)는 힉스의 체계론을 더욱 발전시킨 형식의 유럽 정치론을 발표했다. 바르톨리니의 유럽 정치는 거시 역사적인 통합의 분석에서 과거로 더 나아가 국가형성과 기본적으로 같은 차원에서 본다. 국가형성이나 유럽통합 모두 새로운 권력 중심을 형성하는 과정이고 이는 정책의 연방주의적 통합과 그로 인한 정치세력의 재편, 재구조화를 동반한다는 매우 포괄적인 설명의 틀이다. 바르톨리니의 설명 틀을 우리의 사례에 적용한다면, 유럽의 화폐통합이라는 거시적 권력 중심의 형성은 유럽중앙은행의 출범과 운영, 위기 국가에 대한 관리 등의 정책적 연방주의를 동반한다. 그리고 이를 운영하는 과정에서 각 회원국의 정치세력이 재구성되는 변화를 맞게 되는데, 2012년 프랑스 대선은 바로 그 정치 세력 재구성의 하나의 에피소드가 된다는 의미이다.

　이 장의 핵심적인 주장은 2012년 프랑스 대선이 국내 정치의 유럽화[4]와 유럽 정치의 국내화를 상징적으로 대표하는 연결고리이자 시발점

4　'유럽화'의 개념은 적어도 다섯 가지의 다른 의미를 내포할 수 있다. 첫째, 유럽 경계의 확대로서 유럽연합이 동유럽으로 확대되었을 때의 유럽화다. 둘째는 유럽 차원의 제도 강화

으로 작용할 가능성이 높다는 것이다. 프랑스 정치사를 검토할 때 이번 대선만큼 유럽 문제가 강력하게 국내 정치의 선택으로 작동한 사례를 찾아볼 수 없다. 마찬가지로 유럽과 더 나아가 세계의 관심이 이번 프랑스 대선만큼 한 국가로 집중된 사례도 드물다. 이 장의 분석은 다음 세 가지 배경 및 요인을 중심으로 진행된다. 첫째, 2012년 프랑스 대선의 특징은 사르코지에 대한 신임투표의 성격을 강하게 나타냈다. 임기를 마친 대통령이 재선에 노선할 때 덩언히 나타나는 현상이지만 사르코지의 경우 글로벌 경제위기가 유럽을 강타한 2010년 이후 지속적으로 위기를 극복하는 국가 지도자의 이미지를 내세우면서 재선 전략의 중심으로 삼았다. 둘째, 2012년 선거는 위기가 유럽에 재정긴축을 강요한 이후 치러진 선거라는 점에서 집권세력에 불리하게 작용한 것은 물론 전반적으로 전통 정치세력에게 불리했다.[5] 특히 유럽이 유로를 통해 재정긴축의 주체로 부상했기에 반유럽적 주장을 내세우는 극우 및 극좌 세력이 상당한 지지를 확보하면서 유럽에 대한 선택과 호불호가 정치 쟁점으로 부상했다. 셋째, 유럽 정치를 살펴보면 회원국의 수가 증가하면서 독일과 프랑스의 역할이 과거에 비해 줄어들고, 독불 기관차라는 표현이 더 이상 적절하지 않다는 인식이 확산되었다. 하지만 경제 위기를 맞아 프랑스와 독일의 지위와 전략적 중요성이 상대적으로 강화되었고, 유럽 전체를 좌지우

로서 권력 중심이 만들어지고 정책 능력이 발전하는 유럽화. 셋째는 회원국 통치 체제와 유럽의 체제가 상호 침투하여 하나의 다층 통치 구조가 형성되어 가는 과정으로서의 유럽화. 넷째는 유럽 방식의 정치 또는 통치 구조를 역외로 수출할 때 나타나는 유럽화. 다섯째, 정치 통일의 과정으로서 유럽의 다양한 지역이 하나로 통합되어 가는 유럽화. 이 글에서는 이런 다의적인 유럽화와 모두 연결되기는 하지만 본격적으로 세 번째와 다섯 번째 유럽화, 즉 하나의 정책 공동체가 형성됨으로써 정치 단위로 발전해 나가는 과정을 지칭한다(Olsen 2002, 923-4).

5   2011년 선거를 통해, 또는 선거 없이도 시장이나 유럽 다른 국가의 압력으로 일명 PIIGS 국가(포르투갈, 이탈리아, 아일랜드, 그리스, 스페인)에서는 모두 정권 교체가 이뤄졌다.

지하는 양국 국내 정치의 위상이 강화되었다(Schild 2010). 2012년 프랑스 대선은 이러한 변화 모멘텀의 시발점이라고 보이며, 2013년 독일 총선의 결과에 따라 유로 및 유럽연합의 미래가 그려질 예정이다.

이 장의 전개는 이상에서 지적한 세 가지 분석을 반영한다. 우선 프랑스의 집권 가능한 중도 정치세력과 그 후보가 어떤 유럽 위기 극복 전략을 추구했는지 정책적 제안을 살펴본다. 다음은 극우와 극좌의 정치세력 및 후보가 제시하는 다른 유럽, 또는 유럽으로부터의 탈출 등의 전략을 유럽통합이라는 관점에서 분석한다. 마지막으로는 프랑스 대선을 계기로 형성된 초국가적 정치 네트워크의 작동을 검토한다.

II. 유럽 정책: 긴축과 성장

일반적으로 유럽 정치에서 중도 세력은 상대적으로 친유럽적 성향을 보여주었고 실제로 유럽통합을 주도해 왔다고 할 수 있다(Hooghe and Marks 2008; Marks et al. 2002). 이러한 상황에는 여러 가지 구조적 요인이 작용했다. 중도 세력은 다른 극단적 세력에 비해 집권 가능성과 실제 집권 빈도가 높다. 따라서 유럽통합이라는 거대한 장기 운동의 현실에 적극적으로 반대하거나 탈퇴하는 등의 극단적 정책 선택을 하기 어렵다. 예를 들어 프랑스의 드골파는 유럽통합에 반대하는 입장이었지만 집권한 뒤에는 통합의 현실을 받아들이는 태도 변화를 여러 차례 보였다. 1958년 드골 대통령이 집권한 뒤 유럽경제공동체를 수용한 정책이나, 시라크가 1986년 총리로 부임하면서 유럽단일시장을 받아들인 사례가 대표적이다. 프랑스와 영국의 보수 세력은 예외이지만, 유럽 대륙에서 중도 세력을 대표하는 좌파의 사회민주주의와 우파의 기독교민주주의는 유럽통합에 친화적인 사상적 배경을 갖고 있다. 특히 독일의 경우 중도의 사민주의와 기민주의는 물론 자유민주당과 녹색당마저도 매우 친유럽적 패턴을 보여준다. 이번 프랑스 대선에서 후보자들이 보여준 유럽에 대한 선택도 위의 틀에서 벗어나지 않는다. 다만 유럽을 지키고 강화하기 위해서 어떤 정책적 선택을 하는가가 쟁점으로 부상했다.

사르코지 대통령은 2012년 대선 전략으로 자신이 프랑스를 경제 위기에서 구해낼 국가 지도자라는 점을 부각시키려고 노력했다. 사르코지는 2007년 처음 당선될 때 '경제 대통령'의 이미지를 강력하게 내세우며 등장했다. 신자유주의적 개혁을 통해 열심히 일하는 사람이 그만큼의 대가를 얻을 수 있는 사회와 경제를 만들겠다는 포부를 밝혔다. 하지만 2008년 글로벌 경제위기와 2010년 유로 재정위기가 닥치면서 경제 대통령의 전략을 유지하기 어렵게 되었다. 따라서 사르코지는 전통적인 프랑스의 담론으로 돌아와서 나쁜 자본주의를 비판하기 시작했고 금융자본을 통제하고 국가가 금융자본을 통제하고 더 공정한 경제의 규칙을 만들어야 한다고 주장했다(Sarkozy 2010; Levy 2010). 재선에 도전하는 후보로서 사르코지의 전략은 자신처럼 경험 있는 지도자가 세계 위기의 파고를 안전하게 넘겨줄 수 있다고 주장하는 것이었다. 사르코지는 2011년 프랑스가 G8과 G20의 의장국이라는 점을 백분 활용하기 위해 동분서주했고 국제 사회의 지도자 이미지를 부각시키기 위해 노력했다. 실제로 메르코지라는 표현은 독일의 메르켈 총리와 프랑스의 사르코지 대통령이 유로권의 위기를 담당하는 현실적 권력이라는 사실을 보여줬다.

문제는 메르코지 커플이 주도하는 정책이 위기 극복을 달성했거나 유럽 또는 프랑스인에게 경제적 풍요를 가져다주긴커녕 강력한 긴축기조로 고통을 안겨주었다는 점이다. 게다가 메르코지의 긴축은 사실상 메르켈의 긴축 주장을 사르코지가 수용한 결과라는 점이 부각되었다(*The*

Economist 2012b). 이 같은 비판적 시각을 감안한 사르코지는 한편으로는 메르코지 체제의 정책과 선택을 방어하면서—예를 들면 2012년에 예산 관련 골든 룰을 프랑스도 채택할 것이라고 주장하면서—다른 한편으로는 프랑스의 목소리를 높이고 유럽 성장을 촉진할 수 있는 부분적 대안을 제시했다. 유럽의 성장 정책을 지원하기 위해 유럽중앙은행의 역할을 재규정할 것이며 유럽투자은행을 설립해 중소기업을 지원한다는 공약, 또는 유럽 공공 조달 시장의 일부를 유럽 중소기업에 할당하거나 유럽에서 생산을 지속하는 기업을 위해 미국의 미국우선법(Buy American Act)에 해당하는 유럽우선법(Buy European Act)을 추진하겠다는 주장이 돋보였다(Ferry 2012). 유럽 차원의 제도적 부분에서는 유로권의 민주적 주권을 대변할 수 있는 유로권 의회 창립 주장도 포함되었다. 물론 경제적 유럽을 강화하는 위의 조치들이 사르코지 캠페인에서 핵심적인 위상을 가진 것은 아니었다.

　오히려 대선 캠페인 과정에서 사르코지가 강조한 부분은 유럽통합의 중대한 성과로 꼽히는 셍겐 조약에 의한 유럽의 자유 이동 공간을 제한하겠다는 주장이었다. 셍겐 조약에 대한 사르코지의 견제는 자신의 우측에서 급성장하는 극우 민족전선의 반이민 정서에 편승하여 득표해 보겠다는 계산으로 분석된다. 전통 우파 지지 세력이 점차 극우의 유럽 비판에 귀를 기울이게 되자 사르코지 자신도 '유럽을 위한 유럽'이 아니라 프랑스의 국익을 보호하는 대통령이라는 사실을 강조하려 했던 것이다(*The Economist* 2012d). 사르코지는 특히 리비아에 대한 개입으로 카다피 독재를 종결시켰다는 외교적 성과가 갑작스런 북아프리카 출신 이민자의 증가로 가려지는 것을 의식했을 가능성 높다. 이탈리아에 도착한 이민자는 셍겐 조약이 보장하는 자유이동권을 누리며 프랑스로 몰려왔고, 프랑스 정부가 일시적으로 이탈리아와의 국경을 통제하기에 이른 사태가 2011년 발생했다. 따라서 2012년 대선에서 사르코지는 셍겐 조약의 수정을 통해 일부 국가가 국경을 제대로 관리하지 못할 경우 일시적으로 조약을 중단할 수 있도록 개정해야 하며, 12개월 동안 제대로 변화가 이뤄지지 않으면 조약 공간으로부터 탈퇴할 수 있는 가능성을 열겠다고 공표했다. 이 같은 셍겐의 정치적 거버넌스를 위한 제도 개혁은 사실 프랑스 한 국가의 주장만으로 실현하기는 무척 어렵다. 결국 사르코지는 긴축으로 인식되는 자신의 정책을 극복하는 한 방안으로 유럽을 비난하면서 프랑스 국익을 수호하는 리더의 모습을 보이려 했던 것으로 분석할 수 있다. 다만 이런 태도는 유럽연합의 다른 회원국에게 사르코지가 신중한 지도자가 아닌 것으로 보이게 했다. 또한 프랑스 유권자에게도 일관된 유럽 관련 정책의 모습을 보이는 데는 실패했다.

2012년 사르코지의 전략이 위기 극복의 리더십을 강조하는 것이었던 중요한 이유는 상대 후보인 올랑드가 입각한 경험이 없다는 약점을 노린 것이다. 올랑드는 사르코지와 달리 파리정치대학과 국립행정대학원 출신의 정치행정 엘리트에 속하며, 파리정치대학에서 경제학을 강의하는 것은 물론 사회당 제1서기로 뛰어난 정치력을 발휘한 바 있다. 하지만 일반 대중의 눈에는 올랑드가 장관과 같은 주요 국가 지도자로서의 경험이 부족한 전문가, 당료, 파리 엘리트의 이미지가 강했던 것이다. 캠페인 과정에서 올랑드는 과거 미테랑의 제스처나 표정, 표현 등을 답습하여 국가 지도자의 외형을 갖추거나 보여주기 위해 노력했다.[6] 또한 정책 내용에서도 사르코지의 '긴축'에 대립되는 '성장'을 강조해 그를 대신하는 대안 후보라는 점을 명백하게 밝혔다(*The Economist* 2012d).

올랑드의 성장 강조 전략은 상당한 위험이 따르는 선택이었다. 올

---

6   올랑드는 사르코지와의 텔레비전 토론에서 "나는 대통령으로서"(Moi, Président)라는 표현을 의도적으로 반복하였다.

랑드 이전의 유일한 사회당 대통령인 미테랑은 1981년 집권하면서 강력한 경기 부양책을 시행하여 처절한 실패를 경험했기 때문이다(이재승 2000). 올랑드는 사르코지와 다른 유럽 재정위기 극복 방안을 갖고 있다고 차별화하면서도 그것이 무책임한 새로운 경제 파탄의 원인이 되지는 않을 것이라는 점을 강조해야 했다. 올랑드는 책임과 변화를 동시에 보여주는 줄타기를 해야 했던 것이다. 그는 우선 메르코지의 긴축 중심 전략이 결국 유럽 경제 회생을 가로막을 것이라고 분석했다. 그렇다고 긴축을 통한 재정건전성 확보의 필요를 부정한 것은 아니다. 긴축 기조를 유지하되 보다 장기적으로 조정의 기간을 늘려야 한다고 주장했다. 무엇보다 올랑드가 위험부담을 감수한 부분은 어렵게 메르코지가 만들어 놓은 예산 협약을 재협상하겠다고 나선 것이다. 영국과 체코가 빠진 유럽연합 25개국의 협약을 다시 테이블에 올려놓고 논의하겠다는 주장은 분명 국제적 비난의 대상이 될 수 있는 발상이었다. 하지만 올랑드는 유로권 정치를 둘러싼 힘의 균형을 파악하고 자신의 주장이 상당한 지지를 확보할 수 있다는 계산을 했을 것이다. 실제로 2012년 봄은 국제통화기금이나 OECD 등을 포함한 기관과 상당 수 경제학자들은 유럽이 너무 긴축 중심으로 치달을 경우 회생이 불가능해질 수 있다는 점을 강조하는 상황이었다(Faujas 2012). 독일과 프랑스 주도로 긴축이 결정되기는 했지만 가장 강력하게 허리띠를 졸라매야 하는 위기 국가의 입장에서는 올랑드의 주장을 적극 지지했다. 특히 이탈리아의 몬티 총리나 에스파냐의 라호이 총리는 올랑드와는 정치적 성향이 다른 우파임에도 불구하고 성장 전략을 지지했다. 사르코지가 독일과의 동맹 리더십을 강조했다면 올랑드는 지중해 국가들과의 연합전선을 구축한 셈이다(Ricard 2012).

보다 구체적으로 올랑드의 공약을 분석해 보면 사실 성장을 위한 전략이 명시되어 있다고 하기는 어렵다. 성장보다는 오히려 긴축 완화가 더 적절한 표현일 것이다(*Le Monde* 2012). 성장과 관련해서는 고용과 성장을 촉진시키기 위한 유럽중앙은행의 역할 강화, 유럽 재정위기를 극복하기 위한 유로본드의 발행, 보다 장기적으로 유럽 재정적 연방주의를 실현하여 2014년에서 2020년에 이르는 다년간 유럽 예산을 확보하고 이를 성장 촉진을 위한 정책에 동원하겠다는 등 다소 거창해 보이지만 구체성이 부족한 공약들이 눈에 띈다. 이상의 전략으로 당선된 올랑드는 이제 다른 회원국과 협상을 시작했고, 성장을 강화시키는 과정에서 시장 세력을 설득하는 과제를 남기게 되었다. 왜냐하면 집권 초기 시장의 신뢰를 얻지 못하면 임기 내내 그 불신 때문에 고생할 수 있다. 과거 미테랑은 과도한 재정 지출로 시장의 외면을 받았고, 사르코지는 임기 초 지지 세력에 대한 감세정책으로 부자의 대통령 이미지에서 벗어나지 못했기 때문이다(Frachon 2012).

프랑스 정치 스펙트럼에서 사르코지와 올랑드 사이에는 바이루 중도파 후보가 강한 유럽주의를 내세우면서 고군분투했다. 좌우파의 대립이 강력한 프랑스 정치에서 중도파의 입지는 그리 넓지 못하기 때문이다. 드골의 영향이 남아 있는 프랑스 전통 우파가 민족주의적 성향이 강하다면, 프랑스 사회당 역시 유럽 문제에서 분열되었던 역사가 있다. 2005년 유럽헌법안에 대한 국민투표 당시 사회당은 매우 분열된 양상을 보였다. 반면 중도파는 제4공화국 인민공화운동(MRP, Mouvement républicain populaire) 시기부터 이미 가장 유럽주의적 성향이 강한 정치 세력으로 존재해 왔다(Hanley 1994). 프랑스의 중도파는 공화주의, 자유주의, 기독교민주주의의 느슨한 연합 형태이기 때문이다. 자유주의와 기독교민주주의는 원칙적으로 민족국가의 틀보다는 보편성을 추구하는 성향을 보이고, 공화주의도 민족주의적 성향의 공화주의는 사회당이나 공산당으로 이전한 한편 개인주의적 성향이 강한 공화주의가 중도를 형성했기 때문이다.

바이루는 2012년 대선에서 유럽의 강화를 강력하게 주장했다. 특히 화폐 및 재정분야 공동정책의 심화 그리고 민주화를 내세웠다. 실제로 유럽의 대통령 역할을 할 수 있도록 유럽이사회 상임의장의 직선제를 주장했고, 유럽예산의 10%를 재생가능에너지, 바이오 기술, 나노 기술 등 신기술 분야로 집중 투자한다는 정책을 제시했다. 또한 유럽중앙은행이 위기 극복에 적극 개입할 수 있도록 최후의 대부자 역할을 부여해야 한다며 제도적 개혁을 제안했다. 사회당과 UMP가 각각 내부적 민족주의 성향과 극우, 극좌의 눈치를 보는 측면이 있었던 데 반해 중도파의 바이루는 가장 노골적이고 적극적으로 유럽의 경제적 연방주의를 주장한 셈이다(Ferry 2012).

이상에서 사르코지의 긴축 기조, 올랑드의 성장 강조, 그리고 바이루의 연방주의 강화 논지를 검토했다. 사르코지의 솅겐 조약 수정 제안이 통합의 방향이나 성과에 대한 문제 제기의 성격을 가졌지만 종합적으로 세 중도 후보의 공통점은 기존의 유럽통합을 인정하면서 정책적 방향에 대한 논의에 집중된다는 사실이다. 물론 바이루나 올랑드의 유로본드, 재정 연방주의 등의 주장은 통합을 심화시키자는 주장이지만 기본적으로 기존의 정책 틀을 유지하면서 이를 더욱 강화한다는 방향성을 가지고 있다. 이제 정치 지형의 양 극단에서 유럽의 정책뿐 아니라 통합의 방향과 정체성을 논의하는 세력을 검토한다.

III. 유럽통합: 국가-유럽 관계의 재규정

2012년 프랑스 대선에서 극우를 대표하는 민족전선의 마린 르펜과 극좌

를 대표하는 좌익전선의 멜랑숑은 모두 유럽통합에 비판적이며 전통적
인 민족국가의 모델로 돌아와야 한다는 주장에서 공통적이다. 앞서 살펴
본 집권 가능 세력과 달리 극우와 극좌는 집권 가능성이 무척 낮다고 할
수 있다. 극우는 집권은커녕 우파가 선거 연합을 맺는 것조차도 프랑스
정치 문화에서 불가능한 금기이다. 극우는 과거 나치 독일과의 협력이나
유태인 학살의 부정과 같은 역사 왜곡, 식민주의 옹호나 반이민적인 배
타적 민족주의 주장 등 다양한 분야에서 프랑스 공화주의 전통에서 벗어
난 세력의 모습을 보이기 때문이다(Markus 1995; Chebel d'Apollonia
1996). 2002년 대선에서 민족전선의 장 마리 르펜 후보가 결선투표에 진
출하자 주요 정치 세력이 좌우를 막론하고 우파의 시라크 후보를 지지
하는 공화주의 전선(Front républicain)을 형성한 데서도 이러한 극우의
특수성을 발견할 수 있다. 극우가 1980년대부터 일정한 지지를 확보하
는 정치세력으로 부상했다면 극좌는 오랜 기간 동안 공산당의 그늘에 가
려 활동 공간을 얻지 못했다. 공산당이 1990년대 몰락하고 2000년대 들
어 극좌는 조금씩 유권자의 관심을 끌기 시작했다. 2012년 선거에서 멜
랑숑은 기존 공산당의 지지를 확보하고 극좌 성향의 지지 세력을 대변하
는 좌익전선의 형성으로 민족전선에는 뒤졌지만 10% 정도의 커다란 성
과를 올렸다. 중도우파와 극우파의 관계와는 달리 중도좌파와 극좌의 관
계는 자연스럽고 당연한 선거 연합으로 이어진다는 점에서 확실한 차이
점이다. 또한 르펜과 멜랑숑이 유럽통합에 대해 제기하는 문제의식과 성
향은 중요한 차이점을 드러낸다.

　　민족전선은 전통적으로 유럽에 대해 비판적인 인식을 보여주었다.
민족전선이 민족국가를 가장 적절하고 최우선적인 충성과 관계의 대상
으로 삼는 이유는 민족이 제일 오래되고 중요한 역사적 산물이기 때문이
다(Winock et Azéma 1994). 하지만 1980년대 민족전선이 정치세력으

로 부상하는 시기, 유럽통합은 이미 쉽게 부정하기 어려운 현실이 되었던 것은 물론 국내 정치에서 의원을 선출시키지 못한 민족전선이 유일하게 대의 정치를 할 수 있는 장을 유럽의회가 제공했다. 따라서 민족전선은 유럽에 대해 복합적인 담론을 만들어 냈다. 유럽통합 자체를 반대하는 것이 아니라 자본주의를 중심으로 진행되는 경제 중심의 유럽을 반대한다는 논리를 내세웠다. 민족전선이 추구하는 유럽은 문명권으로서 치안과 안보를 중시하는 유럽이라며 기존의 반이민, 안보중심 사고의 연장선에 놓았다.

민족전선을 만들어 프랑스의 정치세력으로 성장시킨 장 마리 르펜이 은퇴하자 그의 딸 마린 르펜은 2010년 9월부터 2011년 1월까지 브뤼노 골니슈와 경쟁을 통해 자연스럽게 대선주자로 부상했다. 마린 르펜은 2011년 1월 16일 민족전선 총재로 당선된 뒤 각종 여론 조사에서 인기가 상승했다. 극우의 인기는 이미 2009년 사르코지 대통령이 민족 정체성에 관한 논의를 시작함으로써 그 기반을 마련했다고 할 수 있다(*The Economist* 2012e). 정부에서 이민과 정체성 문제를 제기하자 이미 오랜 전부터 이 주제를 내세웠던 민족전선의 기세가 강화된 것이다. 또한 2011년 초 북아프리카의 자스민 혁명을 계기로 이민이 증가 추세를 보이자 자유로운 이동을 가능하게 하는 유럽이 프랑스를 위협한다는 주장을 내세웠다. 민족전선은 에스파냐 및 이탈리아와 협력하여 이민자를 돌려보내야 한다고 강조했다. 반이민 정서의 정치적 활용은 아버지에서 딸로 연결되는 부분이다.

차이점은 마린 르펜이 40대 여성으로 다양한 계층의 지지를 확보하게 되었고, 그녀의 전략이 민족전선을 집권 가능 정당으로서 신뢰를 확보하는 방향으로 전개되었다는 점이다(Mestre 2011). 그 대표적인 변화가 과거 이민 치안 문제에서 경제 화폐 문제로 선거 전략의 중점을 전환한 것이다. 2012년 대선 캠페인에서 르펜의 핵심 주장은 프랑스가 유로에서 탈퇴해야만 경제적 부활이 가능하다는 것이었다. 더 나아가 르펜은 프랑스가 유럽연합에서 탈퇴함으로써 이민 문제도 해결할 수 있다고 주장했다(Mestre 2012a). 게다가 사르코지 대통령이 텔레비전 대담에서 유럽을 믿는 자와 믿지 않는 자로 구분하자 르펜은 이를 세계주의자와 민족주의자로 구분했고 결선투표에 이런 선택이 제시되어야 한다고 말했다. 그녀는 "이번 선거의 모든 문제는 모델을 선택하는 것이다. 이번 대선은 다른 대선과는 다르다. 세계주의 모델에 대한 국민투표이기 때문이다. 이를 중단시킬지 계속할지의 문제"(Mestre 2012b)라고 역설했다.

르펜의 세계주의 비판은 과거 좌파 슈벤느망의 세계 자본주의 비판 논리를 많은 부분 답습했다. 그는 금융자본으로 형성된 세계 엘리트의 리바이어던이 유럽연합을 통해 프랑스를 지배한다는 음모론을 내세웠고, 자유무역이 세계주의의 신앙이고 유로는 그 황금 송아지라고 비판했다. 마린 르펜(Le Pen 2012)은 2012년 1월 출판된 "프랑스가 살기 위해"에서 사르코지주의를 세계주의의 최후 단계로 규정하고 좌파 유권자를 유혹하기도 했다. 상당수의 전통적 좌파 지지자와 젊은 층이 르펜을 선호한 이유 중 하나가 바로 이렇게 좌우의 담론을 종합적으로 망라하여 반기득권의 담론을 만들었기 때문으로 보인다.

멜랑숑의 좌익전선은 그가 만든 좌익당과 공산당 그리고 트로츠키주의 계열 좌익통합당의 연합전선이다. 좌익전선이 인기를 끌 수 있었던 중요한 이유는 멜랑숑이 원래 죠스팽 정부 시절 장관을 역임한 집권 경험이 있다는 사실과 그러면서도 현실을 강력하게 비판하는 극좌의 담론을 대변할 수 있다는 두 가지 요소를 갖추었기 때문이다. 좌익전선의 기본적인 방향은 반자본주의로서 시민의 참여를 이끌어 내는 혁명을 통해 돈이나 이윤보다 인간을 먼저 생각하는 생태적 계획을 추진한다는 것이다(Noblecourt 2012).

르펜이 사르코지와 우파 내 경쟁에 초점을 맞추고 있다면 멜랑숑은 좌파 내에서 올랑드와 차이점을 강조했다. 특히 경제사회 분야 정책에서 올랑드의 긴축 기조와 차이점을 강조했다(Zappi 2012). 멜랑숑의 대표적인 공약은 현재 1400유로 수준의 최저임금을 1700유로로 인상한다는 것이었고, 에너지, 통신, 교육 등의 공공서비스 기관을 설립하는 공공서비스 강화였다. 또한 연금 확충을 위해 늘렸던 퇴직 연령을 60세로 다시 돌려놓겠다고 주장했다. 멜랑숑은 자신의 강력한 주장이 받아들여진 결과 올랑드가 100만 유로 이상 소득에 75%의 세금 부과라는 공약을 내놓게 되었고 사르코지 역시 미국과 마찬가지로 탈세자를 추적해 세금을 부과하겠다는 공약을 내놓았다고 밝혔다(Besse Desmoulières 2012). 멜랑숑은 또한 기존의 극좌 및 공산당 지지자뿐 아니라 사회당 유권자 중에서 루아얄과 몽트부르를 지지한 세력에 호소했다. 올랑드의 중도 좌파적 성격을 비판함으로써 사회당 좌파를 유혹한 것이다(Besse Desmoul-ières 2011).

좌익전선은 극좌의 대표 명제인 자본주의 비판을 강력하게 내세웠다. 근본적으로 프랑스와 유럽이 겪고 있는 위기의 원인은 세계를 지배하는 금융자본에 있다는 분석이다. 특히 유럽연합은 지난 20여 년간 신자유주의 정책을 강력하게 추진한 결과 인간성과 민주주의가 후퇴하고 문명의 퇴보를 경험하게 되었다는 말이다. 그 때문에 민중의 의지를 다시 살려야 하는 과제를 안고 있다고 표명한다. 자본주의와 금융자본의 비판까지는 극우와 극좌의 논리가 유사하다. 그러나 향후 취할 행동에서는 확연한 차이를 드러낸다. 극우가 유로와 유럽연합 탈퇴를 주장한다면 극좌는 유럽 자체는 바람직하다고 보면서 개혁의 어젠다를 제시한다. 멜랑숑은 예를 들어 유럽연합이 추진하는 긴축 기조의 예산협약은 국민투표로 결정해야 한다고 말하며, 은행에 대한 강력한 통제 등을 실현해야 한다고 주장한다. 그리고 프랑스의 개혁을 제대로 추진하기 위해서는 리스본 조약에서 탈퇴하여 새로운 조약을 적극적으로 주도해 나가야 한다는 것이다. 신조약을 통해 유럽중앙은행의 독립성을 제고하여 중앙은행이 사회적 복지와 고용 창출을 위한 화폐정책으로 전환해야 한다고 밝힌다. 보다 전반적으로 유럽연합의 다양한 기구의 민주화를 추진해야 하며, 집행위원회의 권한을 줄이고 유럽의회의 권력을 강화하는 노력이 필요하다고 강조한다. 대외적으로는 달러를 대신할 수 있는 세계화폐 창출 임무를 수행해야 한다면서 세계 정치에서 유럽의 역할을 주창한다 (Mélanchon 2012).

종합하자면 극우의 르펜과 극좌의 멜랑숑은 현재 유럽연합에 대해서 비판적인 인식을 공유한다. 현실 진단에서 둘은 모두 유럽통합이 금융자본을 중심으로 진행되었기 때문에 회원국 국민의 삶의 조건이 어렵게 되었다는 데 동의한다. 둘은 모두 신자유주의적 개혁으로 시장의 원칙이 강화되었기 때문에 인간성과 문명, 사회적 균형이 파괴되었다는 분석을 공유한다. 변화의 수단에 대해서 둘은 부분적으로 유사하다. 르펜은 유로권에서 탈퇴해야 한다고 말하고 멜랑숑은 리스본 조약을 폐기해야 한다고 주장한다. 하지만 미래의 방향에서는 정반대의 모습을 보이며 대립한다. 르펜은 유럽을 포기하고 프랑스 중심의 민족국가 모델로의 복귀를 제시하는 한편 멜랑숑은 유럽의 민주화를 통해 세계 정치에서 미국과 대립하면서 미국을 견제할 수 있는 유럽 세력을 꿈꾼다. 르펜이 가지고 있는 극단적 민족주의 및 배타적 성향과 멜랑숑이 대변하는 세계시민주의(cosmopolitan)적 요소가 가장 뚜렷하게 대립되는 부분이다. 2012년 1차 투표에서 르펜과 멜랑숑의 득표율을 합치면 30% 정도다. 그만큼 유럽 문제가 좌우보다는 중도/극단 또는 집권/비판 세력으로 나뉜다는 의미이다.

IV. 초국가적 연계

앞의 두 절에서는 유럽 차원의 경제 정책이나 이민자 문제 등이 어떻게 프랑스 국내 정치로 확산되어 전개되었는지를 주로 살펴보았다. 이 마지막 절에서는 프랑스 대선이라는 대표적 국내 정치 어젠다가 어떻게 유럽 정치 차원으로 확대되어 유럽화의 한 사례가 되었는지를 분석한다. 특히 주요 후보라고 할 수 있는 사르코지와 올랑드가 유럽 차원에서 형성한 초국적 연대 현상을 주목한다. 사르코지가 기존의 긴축 정책을 대표하면서 현상 유지를 주장했다면, 올랑드는 긴축을 완화하고 성장을 더욱 촉진시키겠다는 대안으로 자리매김하면서 유럽의 다양한 회원국, 정치세력, 기구는 이에 따라 정치적 대립 구도를 형성하는 모습을 보였다. 여기서는 다음 세 가지 대립 구도를 확인하고 검토한다. 첫째는 긴축을 통한 안정을 추구하는 중도 우파와 성장에 우선권을 두는 중도 좌파의 대립이다. 둘째는 독일이나 핀란드, 네덜란드 등으로 대표되는 북유럽과 이탈리아, 에스파냐, 그리스 등으로 형성된 남유럽의 대립각이다. 마지막으로는 유럽중앙은행의 독립성과 정치적 통제를 두고 형성된 대립구도이다.

  우선 사르코지와 올랑드의 긴축 대 성장이라는 대립구도는 전통적으로 안정을 추구하는 우파와 성장을 우선시하는 좌파의 대립을 반영하는 것이다. 물론 1980년대 초반 프랑스 좌파정권이 적극적인 경기 부양 정책을 폈다가 국제수지의 악화, 자본 이탈, 그로 인한 평가 절하 등의 처참한 실패를 경험한 뒤 좌파의 성장 지향성은 크게 약화되었다. 프랑스 사회당은 특히 1980년대 중반부터 전형적인 안정 추구의 성향과 시장 친화적 사고로 전환했다(Ross 2004). 따라서 이러한 대립이 완화된 것은 사실이다. 하지만 상대적으로 좌파가 성장과 고용을 중시하고 우파가 화폐의 가치를 보존하는 물가 안정을 선호하는 성향은 여전히 남아 있다. 예를 들어 1997년 프랑스에 좌파 내각이 들어서면서 수립한 주간 노동시간 35시간 제도는 대표적으로 법정 노동시간 단축을 통한 고용 분배의 철학에서 비롯된 것이었다. 2007년 대선에서 사르코지가 신자유주의적 개혁을 통해 성장을 촉진시키겠다는 전략도 사실은 유로라는 공통의 화폐가 매우 안정 지향적으로 운영된다는 사실을 염두에 둔 것이었지, 화폐 정책을 느슨하게 성장 지향적으로 운영하자는 주장은 아니었다.

2010년 이후 사르코지와 메르켈은 유럽 위기를 극복하기 위해 독일과 프랑스의 쌍두마차 체제를 운영하면서 '메르코지'라는 합성어를 만들어 낼 정도로 협력적인 관계였다(*The Economist* 2011). 과거에도 프랑스와 독일의 리더 사이에 긴밀하고 특별한 관계는 존재했다. 드골과 아데나워, 지스카르와 슈미트, 미테랑과 콜 등은 정치적 성향과 별개로 유럽에서 독일과 프랑스의 리더십을 형성한 경우이다. 당시의 유럽 협력은 여전히 외교적 차원이 지배하는, 따라서 리더의 정치적 성향이 덜 중요하게 작용한 틀이었다고 할 수 있다. 그러나 21세기 들어 특히 유로권의 운영을 둘러싸고는 정치적 성향이 협력의 핵심으로 부상했다. 특히 2010년 이후 위기를 운영하고 관리하면서 이러한 변화가 본격적으로 부각되었다.

사르코지와 메르켈은 유럽을 주도하는 중도 우파 커플로 인식되면서 독일과 프랑스 사이에 국경을 뛰어넘는 좌우 대립 구도가 부상했다. 2012년 프랑스 대선을 앞두고 사르코지와 메르켈은 25개국이 체결한 예산 협약을 지키는 것이 중요하다는 긴축 노선이었지만, 그 반대편의 올랑드와 독일의 사민당은 성장을 위한 고려가 우선되어야 한다는 역시 비숫한 변화를 지향했다(Bekmezian 2012). 올랑드와 사민당은 공통적으로 그리스를 비롯한 유로권의 문제를 해결하기 위한 장기적인 방안으로 유로본드와 같은 국채의 유럽공동운영이라는 재정 연방주의에 더 우호적이다. 물론 개별적으로 사르코지 역시 유로본드라는 해결책을 지지하는 입장이지만 메르켈의 입장을 고려하여 이를 공식적으로 제안하지 않았다. 올랑드는 후보 시절 베를린을 방문하여 메르켈과 만나기를 희망했지만 거절당했다. 메르켈 총리는 2009년 독일 총선에서 사르코지가 기민당을 지지했듯이 2012년 프랑스 대선에서는 그 답례의 형식으로 사르코지를 지지하고 나섰다(Leparmentier 2012).

프랑스와 독일의 국내 정치 세력이 유럽의 운영을 두고 좌우로 대립하는 양식을 보였다면, 프랑스 국내 정치는 유럽 재정정책의 대립을 지리적으로 대표하는 모습이었다. 좌파와 우파가 유럽 정치에서 성장과 안정의 대립각을 전통적으로 형성한다면, 남유럽과 북유럽 역시 성장과 안정 또는 재정 적자나 국채에 대한 다른 전통을 유지해 왔다. 독일을 중심으로 한 네덜란드와 스칸디나비아 국가들은 예산의 안정적 운영과 국채의 관리에 보수적인 전통을 가지고 있다. 다른 한편 프랑스, 이탈리아 등 지중해 남유럽 국가들은 적자와 국가 채무가 누적되더라도 성장을 중시하는 전통이다. 그나마 시장의 신뢰를 받고 있는 프랑스마저 1970년대 이후 지속적인 재정 적자를 기록하고 있다. 상대적으로 볼 때 사르코지는 북유럽의 재정 건전성의 전통을 지지하는 입장이었고, 올랑드는 재정 안정보다는 성장과 경기 부양을 지지하는 남유럽의 전통을 대표하는 셈이었다.[7]

---

7   남유럽 국가들은 19세기에도 라틴통화동맹을 형성한 경험을 가지고 있다. 물론 독일이 물가 안정을 신념으로 삼고 국민의 대대적 지지가 형성된 것은 1920년대 하이퍼인플레이션의 경험 다음이지만 말이다.

실제로 프랑스 선거를 계기로 남유럽의 성장을 위한 연대가 형성되었다(Ricard 2012). 메르코지의 긴축 정책으로 심각한 경기 침체와 실업 문제를 안고 있는 이탈리아와 에스파냐, 그리스 등 남유럽 국가 정부들은 정치적 성향이 다름에도 올랑드를 지지하고 나섰다. 이탈리아의 몬티 정부는 메르코지 체제가 베를루스코니 총리의 사임을 강요한 뒤 등장한 전문 관료의 내각이기 때문에 정치적 성향이 명백하다고 보기는 어렵지만 대체로 중도 우파의 성향이다. 에스파냐의 라호이 정부는 위기를 맞은 뒤 총선에서 승리하여 집권한 대표적 중도 우파 세력이다. 이들은 비슷한 정파의 사르코지보다는 좌파의 사회당 올랑드 후보를 선호했다. 따라서 일종의 라틴 연계가 유로의 관리를 두고 형성된 셈이다. 2012년 5월 6일 그리스 총선 결과 역시 반긴축 정서를 대변하는 것이었다. 기존 트로이카(유럽연합–유럽중앙은행–국제통화기금)가 강제한 긴축조치를 수용해야 한다고 주장하는 사회당과 신민주당은 함께 과거 80% 전후의 지지율을 자랑하는 대표적인 정치세력이었지만 이번 선거에서는 32% 정도에 불과했다. '성장의 아버지 올랑드'(Quatremer 2012)라는 표현이 보여주듯이 올랑드는 정책 변화를 희구하는 라틴 회원국을 대변하는 유럽 정치의 상징으로 작동했다. 독일의 언론 스피겔은 올랑드가 그리스의 마지막 희망이라고 표현했다(Lemaître 2012). 그리스 총선 이후 연합정부의 구성이 불가능하자 그리스는 6월 17일 다시 선거를 치르게 되었고, 그 결과에 따라 유로권이 요동칠 예상이다. 유로권에 지속적으로 참여하면서도 유럽이 강요하는 긴축은 거부하겠다는 유권자의 모순된 의지가 선거 결과로 이어질 경우 그리스에 대한 유럽의 선택이 요구될 것이다. 과거 메르코지 체제라면 그리스의 모순을 지적하며 유로권에서 탈퇴를 강요했을 가능성이 높다. 성장을 중시하는 올랑드는 그리스의 모순에 대해 조금 더 관대할 수 있다는 기대가 존재하기에 나온 표현일 것이다.

유럽중앙은행에 대해서도 사르코지가 기존의 독립성을 유지하는 성향에 가까웠다면 올랑드는 상대적으로 정치적 통제를 강화해야 한다는 입장을 보였다(*Le Monde* 2012). 이러한 성향은 첫 번째로 지적한 좌우 성향과 부분적으로 중복되는 것으로 성장을 추구하는 좌파가 중앙은행을 정치적으로 통제하겠다는 모습을 보이며, 물가 안정을 더 중시하는 우파는 중앙은행의 독립성에 더 우호적이다. 올랑드는 위기를 해결하는 데서 유럽중앙은행의 보다 적극적인 개입과 최종 대부자로서의 역할을 강화해야 한다는 입장이다.

다른 한편 중앙은행에 대한 입장과 반드시 동일한 것은 아니지만 올랑드는 유럽 문제에서 초국가주의적 경향에 더 가깝다. 반면 사르코지는 드골파의 정치적 전통에서 상대적으로 정부간주의적 경향을 더 대표한다고 할 수 있다(Warlouzet 2010). 후자가 유럽에서 프랑스의 리더십을 강조한다면, 전자는 유럽 전체의 이익과 정책을 더 잘 조정하고 주도할 수 있는 유럽 기구 및 행위자의 역할을 중시하는 편이다(Lemaître et al. 2012). 올랑드는 당선자로서 유로그룹 의장 장 끌로드 융커와 유럽이사회 상임의장 판 롬퓌를 만나 위기 극복에 대한 의견을 교환했다. 프랑스와 독일의 쌍두마차도 중요하지만 유럽연합이나 유로권의 공식적인 기구의 중요성을 확인한 셈이다.

〈표 1〉에서는 이 절에서 논의한 내용을 재구성했다. 물론 이 표는 많은 부분 현실을 단순화했고, 경우에 따라 왜곡하는 경향이 있을 수도 있다. 하지만 프랑스 정치가 대통령 선거 캠페인을 통해 유럽의 다양한 선택과 선호를 대변하는 양상을 띠었고, 동시에 선거 결과에 따라 유럽 차원의 정치와 정책이 다르게 전개된다는 사실을 수많은 행위자들이 인식하고 관여했다는 사실에서 우리는 커다란 의미를 발견할 수 있다. 물론 이번 프랑스 대선이 하나의 예외일 수도 있다. 유로의 생존을 위협하는

표 1. 유럽-프랑스 정치의 연계

	좌우	재정정책	유럽통합
사르코지	중도우파(메르켈과 독일 기민·자민연합)	재정 건전성(북유럽)	유럽중앙은행 독립, 정부간주의
올랑드	중도좌파(독일 사민당과 녹색당)	성장 위주(남유럽)	중앙은행의 정치적 통제, 초국가주의

위기라는 상황, 프랑스와 독일의 유럽정책 관련 선택이 좌우로 공통적으로 나뉜 점, 유로권의 중심부인 프랑스와 위기의 핵심인 그리스에서 비슷한 시기에 선거가 진행된 점 등은 프랑스 대선을 유럽화하는 데 기여한 일시적 요인일 수도 있다. 하지만 이미 2011년에 나타난 그리스 파판드레우 총리의 사임과 이탈리아 베를루스코니 총리의 사임에서 유럽 차원의 정치가 얼마나 강력하게 성장했는지를 발견할 수 있었다. 이런 점에서 유로의 위기가 분명 회원국의 정치를 유럽화하는 데 결정적인 요인으로 작동하고 있다는 가설은 충분한 설득력을 갖는 것으로 보인다. 물론 유럽과 회원국 정치의 연계에 대해 보다 구조적인 결론을 내리려면 더욱 다양한 사례와 경험의 축적이 필요하다.

V. 결론

2012년 대선은 여러 가지 측면에서 프랑스 정치의 유럽화 경향을 보여주었다. 좌우를 대표하는 올랑드 후보와 사르코지 대통령은 무엇보다 성장 대 안정이라는 구도를 상징했다. 여기서 안정과 성장은 유로권과 유럽 차원의 안정과 성장을 의미했다. 소수 세력의 후보라고 할 수 있는 르펜과 멜랑숑도 각각 극우와 극좌를 대표했는데, 이들의 캠페인에서 가장 핵심적인 쟁점 역시 유로권 탈퇴나 리스본 조약 폐기와 같은 유럽적 쟁점이었다. 이번 대선은 프랑스 정치의 중심에 유럽 쟁점이 자리 잡는 중대한 계기였다. 이와 동시에 유럽 정치의 관심이 프랑스 대선으로 집중되었다. 그뿐 아니라 독일의 주요 정치세력은 초국적 연계를 통해 프랑스 대선에 개입했고, 위기를 맞은 이탈리아, 에스파냐, 그리스, 포르투갈, 아일랜드 등 다른 회원국 정부들도 프랑스 대선에 관심을 집중했다. 2012년 상반기는 이런 점에서 유럽 정치가 프랑스화되었던 시기이기도 하다. 흥미로운 사실은 2010년 유로 위기의 발생 이후 다른 회원국에서도 정치의 유럽화가 빠른 속도로 진행되면서 반복적인 모습을 보인다는 점이다. 그리스 파판드레우 총리의 실각이나 이탈리아 베를루스코니의 실각은 모두 유럽 정치가 만들어 낸 회원국 정치 변화이다. 2011년 에스파냐의 총선, 2012년 프랑스의 대선과 총선은 회원국의 정치 변화가 유럽과 연계되면서 어떻게 반영될지를 관찰할 수 있는 기회였다. 이 같은 유럽과 회원국 정치의 연계를 또 다시 검토해 볼 수 있는 중요한 기회는 2013년 가을 독일의 총선이었다.

이번 장의 이론적 차원에서 도출해 낼 수 있는 결론은 우선 유럽화폐통합이라는 기능적 통합이 위기의 상황과 연결되었을 때 매우 효과적인 신기능주의적 통합을 가져온다는 사실이다. 기존의 신기능주의 이론은 한 영역의 통합에서 이익을 극대화하기 위해서, 또는 비용을 줄이기 위해서는 연쇄효과를 통해 다른 주변 영역도 통합할 수밖에 없다고 설명한다. 하지만 시간이 지남에도 불구하고 통합이 지속적으로 진전되지 않자 신기능주의의 결정적인 문제점으로 지적되었던 것이다. 하지만 이번 유로 위기에서 볼 수 있듯이 단순한 화폐통합이 자동적으로 재정, 은행, 정치의 통합으로 연결되는 것이 아니다. 1999년부터 2010년까지 유럽은 화폐통합의 상황이었지만 더 심층적인 통합으로 발전하지 못했다. 따라서 신기능주의적 연쇄 현상이 작동하려면 추가적인 조건이 필요한 것으로 보이며, 이번 유로 위기의 사례에서처럼 공멸의 위협이 가해질 때 연쇄 현상이 제대로 작동하는 것으로 분석된다. 향후 연구에서는 신기능주의적 연쇄 현상을 가속하는 특정 조건에 대한 고찰이 필요하다.

다른 한편 서론의 바르톨리니의 이론 틀에서 제시되는 권력 중심의 형성과 해당 정치 단위의 경계라는 측면에서도 정치의 유럽화는 매우 흥미롭다. 이번 유로 위기로 인한 정치의 유럽화 현상은 복합적인 결과를 낳을 것으로 예상된다. 왜냐하면 유로존의 유럽화는 급격하게 강화되고 있지만 반대로 유럽연합의 비(非)유로 회원국은 오히려 탈유럽화 경향을 보이기 때문이다. 독일과 프랑스가 긴밀한 협력으로 주도력을 발휘하게 되고, 이탈리아, 에스파냐 등과 함께 일종의 강대국 체제를 형성한 데 반해 영국이나 체코는 유럽에서 멀어지는 경향이 나타나기 때문이다. 이런 권력 중심 형성과 경계의 상호 관계를 바탕으로 회원국 정치의 유럽화를 보다 세밀하게 분석해야 한다.

참고문헌

구춘권. 2002. "유럽연합의 화폐통합에 대한 네오그람시안적 접근." 『국제정치논총』 42집 3호, 291-312.

김미경. 2005. "초국가적 수준에서의 다원주의적 민주주의와 유럽연합의 민주적 결핍." 『한국정치학회보』 39집 2호.

배병인. 2011. "유로존 출범과 위기의 정치경제." 『아시아리뷰』 1권 2호, 109-131.

이재승. 2000. "강한 프랑화의 정치: 프랑스 유럽통화정책의 정치적 기반." 『국제정치논총』 제34집 2호, 377-395.

최진우. 1997. "유럽경제통화통합의 동인과 정치적 쟁점." 『국제정치논총』 36권 3호.

Bartolini, Stefano. 2005. *Restructuring Europe: Center Formation, System Building and Political Structuring Between the Nation-State and the European Union* Oxford: Oxford University Press.

Bekmezian, Hélène. 2012. "Merkel, Hollande et le traité européen: les clés pour comprendre", *Le Monde* (le 9 mai)

Besse Desmoulières, Raphaëlle. 2011. "M.Mélenchon souhaite s'adresser aux électeurs socialistes déçus de la primaire", *Le Monde* (le 19 octobre)

_____. 2012. "Mélenchon veut tirer Hollande sur sa gauche", *Le Monde* (le 15 mars)

Bruges Group. http://www.brugesgroup.com/ (검색일: 2012. 6. 1)

Chebel d'Appollonia, Ariane. 1996. *L'Extême droite en France. De Maurras à Le Pen*, Bruxelles: Complexe.

Faujas, Alain. 2012. "La zone euro sera l'économie malade de la planète jusqu'en 2013, prévoit l'OCDE" *Le Monde* (le 23 mai)

Ferry, Jean-Marc. 2012. "Les candidats face au défi européen" *Le Monde* (le 3 avril)

Frachon, Alain. 2012. "La France, l'Europe et le modèle "hollandiste"", *Le Monde* (le 10 mai)

Gerbet, Pierre. 1983. *La Construction de l'Europe* Paris: Imprimerie Nationale.

Haas, Ernest. 1958. T*he Uniting of Europe: Political, Social and Economic Forces, 1950-1957* Stanford: Stanford University Press.

Hanley, David. (ed.), 1994. *Christian Democracy in Europe: A Comparative Perspective* London: Pinter.

Hix, Simon. 1994. "The Study of the European Community: The Challenge to Comparative Politics" *West European Politics* (January) 1-30.

_____. 2005. *The Political System of the European Union* London: Palgrave Macmillan.

Jun, Hae-Won. 2003. "Catching the Runaway Bureaucracy in Brussels: Euro-parlementarians in Budgetary Politics" *European Union Politics* 4-4.

Le Monde, 2012a. "Paris, Berlin et les conditions du compromis" (le 17 juin)

_____, 2012b. "Dix candidats, dix programmes: Le guide" (le 19 avril)

Hooghe, Liesbet, and Gary Marks, 2008. "A Postfunctionalist Theory of European Integration: From Permissive Consensus to Constraining Dissensus." *British Journal of Political Science* 39 (October) 1-23.

Lemaître, Frédéric, David Revault d'Allonnes et Philippe Ricard, 2012. "Le plan Hollande pour l'Europe" *Le Monde* (le 15 juin)

Lemaître, Frédéric, avec David Revault d'Allonnes, 2012. "Hollande et Merkel: "renégocier" ou pas le traité européen", *Le Monde* (le 17 mai)

Leparmentier, Arnaud. 2012. "Pourquoi Mme Merkel fait campagne pour M. Sarkozy", *Le Monde* (le 7 février)

Le Pen, Marine. 2012. *Pour que vive la France*, Paris: Grancher.

Levy, Jonah. 2010. "The Return of the State? French Economic Policy under Nicolas Sarkozy". *APSA 2010 Annual Meeting Paper*.

Lodge, Juliet. 1996. "The European Parliament", in Svein S. Anderson and Kjell A. Elliassen, (eds), *The European Union: How Democratic Is It?* London: Sage, 206-210.

Marks, Gary, Carole J. Wilson and Leonard Ray. 2002. "National Political Parties and European Integration." *American Journal of Political Science* 46-3 (July) 585-94.

Markus, Jonathan. 1995. *The National Front and French Politics*, New York: New York University Press.

Mélanchon, Jean-Luc. 2012. *Humain d'abord, le programme de Front de gauche et de son candidat commun Jean-Luc.*

Mestre, Abel. 2011. "Le FN passe de la "préférence" à la "priorité nationale", *Le Monde* (le 22 novembre)

_____. 2012a. "Pourquoi Marine Le Pen décolle-t-elle dans les sondages", *Le Monde* (le 11 mars)

_____. 2012b. "Le contre-modèle nationaliste de Marine Le Pen", *Le Monde* (le 1er février)

Milward, Alan S. 1992. *The European Rescue of the Nation-State* London: Routledge.

Moravcsik, Andrew. 1998. *The Choice for Europe: Social Purpose and State Power from Messina to Maastricht* Ithaca: Cornell University Press.

Noblecourt, Michel. 2012. "Jean-Luc Mélenchon joue et gagne", *Le Monde* (le 25 mars)

Olsen, Johann P. 2002. "The Many Faces of Europeanization." *Journal of Common Market Studies* 40-5

Pagden, Anthony. (ed), 2002. *The Idea of Europe. From Antiquity to the European Union* Cambridge: Cambridge University Press.

Quatremer, Jean. 2012. "François Hollande, "père de la croissance"?", *L'Hebdo* (le 10 mai)

Quermonne, Jean-Louis. 1993. *Le système politique européen* Paris: Montchrestien.

Ricard, Philippe. 2012. "M. Hollande ravive les tensions entre Paris et Berlin" *Le Monde* (le 23 mai)

Ross, George. 2004. "Monetary Integration and the French Model" Andrew Martin and George Ross, *Euros and Europeans: Monetary Integration and the European Model of Society* Cambridge: Cambridge University Press.

Sandholtz, Wayne. 1992. *High Tech Europe: The Politics of International Cooperation* Berkeley: University of California Press.

Sarkozy, Nicolas. 2010. *Speech by the President of the French Republic at the World Economic Forum.* (January 27)

Scharpf, Fritz 1999. *Governing in Europe Effective and Democratic?* Oxford: Oxford University Press.

Schild, Joachim. 2010. "Mission Impossible? The Potential for Franco-German Leadership in the Enlarged EU." *Journal of Common Market Studies* 48-5. 1367-90.

Sidjanski, Dusan 1992. *L'avenir fédéraliste de l'Europe: La Communauté européenne des origines au traité de Maastricht* Paris: PUF.

Smith, Andy 2004. *Le gouvernement de l'Union européenne: Une sociologie politique* Paris: LGDJ.

The Economist. 2011. "The EU Summit: Beware the Merkozy recipe" (December 8th)

_____. 2012a. "Charlemagne: Ode to Growth" (May 10th)

_____. 2012b. "The euro crisis: Europe's Achilles heel" (May 10th)

_____. 2012c. "The rather dangerous Monsieur Hollande" (April 28th)

_____. 2012d. "A country in denial" (March 31st)

_____. 2012e. "Frontal assault" (February 25th)

Urwin, Derek W. 1991. *The Community of Europe: The History of European Integration since 1945* London: Longman.

Warlouzet, Laurent. 2010. "Charles de Gaulle's Idea of Europe. The Lasting Legacy" *Kontur* 19.

Winock, Michel, et Jean-Pierre Azéma, 1994. *Histoire de l'extrême-droite en France* Paris: Seuil.

Zappi, Sylvia. 2012. "Quelles convergences entre le Front de gauche et le PS?", *Le Monde* (le 5 avril)

유럽연합의 권한 분배와 보충성 원칙의 실제적 적용[*]

문용일(조지 워싱턴 대학교)

I. 서론

1. 문제제기

유럽연합(EU: European Union)의 정치적 정체성에 대해서는 여전히 많은 논의가 이루어지고 있지만, 현재의 EU는 단순한 국가연합의 차원을 넘어선 독특한 '연방적 정치체(federal polity)'로 보는 것이 일반적인 견해이다.[1] 오늘날의 EU가 일련의 연방주의적 특성을 가지는 실재적 정치체라고 한다면 EU의 연방주의적 특성을 이해하기 위해서는 권한 분배에 관한 연구가 필수적이라고 할 수 있다. 이미 하나의 연방적 정치체로

---

[*] 이 장은 "EU 권한 분배와 보충성 원칙의 실제적 적용." 『세계지역 연구논총』 27(1), 219-253을 부분적으로 수정하였음.

[1] 예컨대 모랍칙(Moravcsik 2001)은 EU를 기존의 연방체제와는 질적으로 다른 weak federation이라고 하였고, 버지스(Burgess 2006)는 community-building의 성격을 가지는 'federalism without federation'이라고 하였다.

서 기능하고 있는 EU의 수직적·수평적 통치 체제를 이해하기 위해서는 먼저 회원국 간 또는 국가와 공동체 기구 간 권한이 제도적으로 어떻게 분배되었는지 그리고 실제 권한 행사는 어떻게 이루어지고 있는지에 대해 살펴보아야만 하기 때문이다.

보충성 원칙(Principle of Subsidiarity)은 이러한 권한 분배 문제를 해결하기 위해서 EU가 도입한 원칙이자 기준이다. 유럽연합조약(TEU: The Treaty on European Union) 제5조는 보충성 원칙에 대해 '하위 단위의 공동체에 의해 만족할 만하게 추구될 수 있는 기능의 수행은 상위 단위체가 담당해서는 안 되며 하위체가 충분히 만족시킬 수 없는 기능의 수행에서만 상위체의 도움을 받는 것'이라고 설명하고 있다. 이러한 보충성 원칙은 마스트리히트 조약(Maastricht Treaty) 이후 EU의 권한 분배에서 가장 중요한 원칙으로 작용하여 왔으며, 프로디(Prodi 2000)의 지적처럼 EU의 정체성과 근원을 밝힘에서 가장 핵심적인 원칙의 하나라고 할 수 있다.

보충성 원칙이 EU에 도입된 이유는 EU의 제도적 변화 및 발전 과정에서 나타났던 중앙집권적 발전과정을 경계한 회원국들이 자국의 이익을 보호할 수 있는 제도적 장치를 마련함으로써 연합의 중앙집권적 움직임을 방지하려는 데 있었다. 그러나 이러한 분권적·탈중앙집권적 도입 취지에도 불구하고 보충성 원칙이 오히려 연합의 권한을 강화하고 회원국들의 자율성과 국가 이익을 잠식하면서 연합의 중앙집권화를 촉진시킬 것이라는 의문이 일찍부터 제기되어 왔다.

EU의 권한 분배 문제를 규율하는 일반적 원칙으로서 보충성 원칙은 과연 원래의 의도대로 회원국의 이익을 보호하는 분권적 기능을 수행하였는가? 아니면 오히려 통합을 강화하는 중앙집권적 영향을 끼쳐왔는가? 만약 통합을 심화시켜왔다면 제도적 의도와 실제 운용결과의 차이

를 야기한 원인은 무엇인가? 이러한 문제의식을 바탕으로 이 장에서는
EU의 권한 분배에서 보충성 원칙이 실제로 어떠한 영향을 끼쳐 왔고 어
떠한 양상을 보여 왔는지에 대해 살펴보고자 한다.

2. 기존 연구 검토

1992년 마스트리히트 조약에서 보충성 원칙이 노입된 이후 이에 대한
여러 연구들이 등장하였다. 놀렌(Nohlen 1998)은 "보충성 원리는 모든
정치, 경제 그리고 사회적 행위에서 보다 작은 단위의 공동체가 그 우선
권을 가지며, 상위의 공동체는 이들 하위 단위체가 수행하지 못하는 영
역에 한해서 보조를 해주는 원리로 이해해야 한다."고 규정하면서 보충
성 원칙에 대한 분권적 해석을 보여주었다. 독일 외무장관이었던 피셔
(Fischer) 역시 국가의 자율성과 정체성의 침식을 보호하기 위한 보충성
원칙의 필요성을 재확인하였고(Huglin and Fenna 2006, 15-16), 골럽
(Golub 1996)은 보충성 원칙이 도입된 마스트리히트 조약 이후 환경 분
야에서 연합에 의한 입법 제안의 수가 현저히 감소하였음을 보여주면서
보충성 원칙이 정책입안의 탈중앙화를 야기하였다고 지적하였다.

　　반면 엔도(Endo 1994)는 보충성 원칙이 타당성에 대한 입증의 책
임을 중앙집권화를 하려는 측에게 주고 있기 때문에 중앙집권적 움직임
에 정당성을 제공함으로써 중앙집권적인 효과를 가질 수 있다고 지적하
였다. 드 버카(de Burca 1999)는 보충성 원칙이 모호하게 정의된 개념으
로서 회원국들 간의 차이를 숨기고 이후 EU의 정책 과정에서 다양한 행
위자들에 의한 창의적인 해석의 공간을 남겨둔 것이라고 하였고, 바버
(Barber 2005)는 보충성 원칙이 EU의 민주적 기구들 사이의 권한 분산
원칙이라는 점에서 EU의 민주적 구조의 핵심이라고 지적한다. 푈레스달

(Føllesdal 1998, 192-193)은 지방과 같은 하위 단위체들이 국가 권한에 도전할 수 있도록 함으로써 예상하지 못하였던 중앙집권적 효과에 대해 지적하였다.

한편 드 버카(de Burca 1998)는 보충성 원칙이 제도적 행위자로서의 유럽사법재판소의 역할에 어떠한 영향을 미쳤는지에 대해 논의하면서 유럽사법재판소 역시 상당한 규범적 영향력과 자율성을 가지는 주요 정치적 행위자임을 보여 준다. 또한 피터슨(Peterson)을 비롯한 일련의 법학자들은 보충성 원칙과 관련한 기존 유럽사법재판소 판례들에 대한 연구를 통해, 재판소가 몇몇 판례에서 보충성 원칙의 적용에 대한 연합의 해석을 받아들이는 경향이 있다는 데 동의하면서, 보충성 원칙은 법적인 문제이기보다는 정치적인 문제로 이해해야 할 것이라고 주장하였다(Peterson and Shackleton 1994; Bermann 1994; O'Keeffe and Twomey 1994).

이처럼 보충성 원칙에 대해서는 여러 연구들이 수행되었지만 이러한 논의들은 주로 보충성 원칙의 개념과 정치적 기구들의 행위에 대해 보충성 원칙이 야기할 잠정적 영향에 관한 연구들이었을 뿐, EU의 권한 분배에서 보충성 원칙이 실제로 어떻게 적용되었고 어떠한 영향을 미쳤는지에 대해서는 아직 많은 연구가 이루어져 있지 않다. 하지만 EU의 권한 분배에 대해 이해하기 위해서는 단순히 보충성 원칙에 대한 이론적 접근만으로는 한계가 존재하며, 보충성 원칙이 실제로 어떻게 적용되었고 어떠한 결과를 야기하였는지에 대해 살펴보는 작업이 필요하다. 권한 분배와 관련한 문제에서 회원국들은 세부적인 사안에까지 첨예하게 대립하기보다는 개념적 모호성이나 다양한 해석이 가능한 문구의 사용 등을 통해 운용의 묘가 발휘될 수 있는 정치적 공간을 남겨 두었는데, 이는 권한 분배의 이해를 위해서는 제도적·이론적 논의뿐만이 아니라 그 실제적 행태와 결과에 대해 살펴보아야 함을 의미한다. 이러한 측면에서 개념적 논의나 잠정적 영향에 집중한 기존 연구들과는 달리 EU 내 권한 쟁의에서 보충성 원칙의 역할과 결과에 대한 연구가 필요하다.

3. 연구 목적 및 의의

이 장의 목적은 보충성 원칙이 본연의 분권적 기능보다는 오히려 연합의 중앙집권적 움직임을 강화하는 경향이 강하였음을 보이고 그 원인과 특징에 대해 살펴보는 데 있다. EU에서 보충성 원칙은 연합과 회원국 간 권한 분배에서 운용의 묘를 발휘할 수 있는 공간이다. 회원국들은 보충성 원칙에 근거하여 자율성에 대한 목소리를 높이고자 하는 반면, 연합은 이를 근거로 연합의 권한을 증가시키고자 한다. 따라서 보충성 원칙이 회원국의 권한을 보호하는 수단이 될지 아니면 연합의 권한 확대를 위한 이론적 무기가 될지에 대해 알아보기 위해서는 EU의 제도 속에서 보충성 원칙이 어떻게 자리 잡고 있는지에 대해 살펴보는 작업과 실제로 EU의 권한 분배 문제에서 보충성 원칙이 어떻게 작용하고 있는지에 대해 살펴보는 작업이 필요하다.

이 장에서는 마스트리히트 조약의 발효로 보충성 원칙이 유럽 법체계 내에서 공식적으로 자리매김한 1993년 11월 이후 판례들 중 보충성 원칙과 관련하여 최종 판결이 나온 유럽사법재판소 판례들을 살펴봄으로써[2] 보충성 원칙이 실제로 어떻게 해석 · 적용되어 왔는지에 대해 살펴

2   유럽사법재판소의 모든 판례들은 http://curia.europa.eu/en/content/juris/index_rep. htm에서 찾아볼 수 있으며 특히 1997년 6월 이후에 나온 주요 판례들의 경우에는 전문을 볼 수 있다. 또한 유럽사법재판소는 Reports of Cases before the Court of Justice and the Court of First instance의 발간을 통해 주요 판결들에 대해 모든 공식 언어로 접근이 가능하도록 하였고 기타 판례들의 경우 Official Journal을 통해 요약문을 볼 수 있도록

보고자 한다. 유럽사법재판소 판례들에 대한 분석은 보충성 원칙의 실제적 적용을 살펴봄에서 필수적이다. 보충성 원칙의 개념이 명확하지 않은 상황에서 권한 쟁의 발생 시 그 해석 및 판결의 최종 권한이 유럽사법재판소에 있다는 점, 공동체와 회원국이 강제이행절차나 항소와 같은 사법심사권을 적극 활용하고 있다는 점은 원칙의 실제적 적용에서 유럽사법재판소의 중요성을 보여준다.

이 장의 구성은 다음과 같다. 먼저 II절에서는 보충성 원칙과 관련한 EU 제도의 구조적 · 기술적 문제로 인해 발생하는 개념적 모호성에 대한 논의와 다양한 해석 및 중앙집권적 적용의 가능성에 대해 살펴보겠다. III절에서는 유럽사법재판소 판례 분석을 통해 유럽사법재판소가 보충성 원칙과 관련한 권한 쟁의 사건들을 심리함에서 객관적 심판자이기보다는 적극적인 정치적 행위자로서 보충성 원칙에 대한 중앙집권적 해석을 통해 EU의 중앙집권적 발전을 촉진하는 결과를 이끌어왔음을 살펴보겠다. IV절에서는 분권적 해석이 나온 판례들을 살펴보고 선결적 판결과 민주적 보충성의 영향에 대해 알아보겠다.

II. 보충성 원칙의 개념적 모호성

1. 보충성 원칙의 기원

일찍이 아리스토텔레스는 "정치권력은 사회의 결핍에 대처하기 위해서만 등장하며 가족 · 마을과 같은 사회집단의 영역에서 자유로운 인간을

하였다. 1989년 이후의 유럽사법재판소 판례들은 http://curia.europa.eu/en/content/juris/index.htm에서 확인이 가능하다(검색일: 2009. 2. 1).

위한 정치권력의 보충적 의의는 긍정된다."고 하였다. 이는 국가 보충성에 대한 인식을 보여주는 것으로 국가의 모든 권력에 대해 개인을 우선적으로 보호하기 위한 것이다(나종일 공역 1993). 근대적 의미에서의 보충적 원칙은 독일의 케틀러(Kettler) 주교에 의해 19세기에 처음으로 개념화되었는데 "모든 하위의 구성원들은 자신의 영역에서 자유롭게 행동하며 가장 자유로운 자격과 자치의 권리를 누리며 오직 하위 기관이 더 이상 자신의 목적을 달성할 수 없거나 또는 자신의 발전을 위협하는 위험에 대해 더 이상 스스로 방어할 수 없는 경우에 한해서만 상위 기관이 관여할 수 있다"는 것이다. 이는 보충성 원칙의 분권적 해석의 원형이라고 할 수 있다(강성위 1987, 87-90).

하지만 케틀러의 개념으로 대표되는 가톨릭적 보충성 원칙의 본질은 분권적 기능보다는 개인의 자유를 보호하고자 하는 민주적 원리원칙이라는 점에 있다. 이는 1931년 교황 피우스 11세가 발표한 '40주년 회칙(Quadragesimo Anno)'에서도 확인할 수 있다. 역대 교황들 또한 '교회의 사회적 독트린'을 통해 보충성 원칙을 "국가의 목적은 모든 사람에게 미리 만들어진 행복을 가져다주는 것이 아니라 각 개인 또는 집단이 총체적인 완전성에 도달할 수 있는 사회적 조건을 가져다주는 것이다."라고 해석하였다. 즉 가톨릭적 시각에서 보충성 원칙의 핵심은 국가나 사회로부터 개인을 보호하고 개인의 자유가 국가나 사회논리에 의해 침해받거나 잠식되는 것을 방지하는 데 있으며, 이러한 의미에서 가톨릭적 보충성 원칙은 민주적이라고 할 수 있다.

정치적 측면에서의 보충성 원칙은 EU 이전부터 존재하였다. 독일, 오스트리아 등의 연방국가들은 자국 내 수직적 권한 분배 문제, 즉 연방정부와 지방정부 간 권한 분배 문제를 규율함에서 보충성 원칙을 이미 도입하고 있었다(Føllesdal 1998, 190-193). 독일기본법 제30조는 "공권력의 행사와 국가적 과제의 수행은 이 기본법이 달리 규정하거나 허용하지 않는 한 주(Lander)에 속한다."라며 잔여 권한을 주 정부에 주고 있다. 또한 1992년 12월에 개정된 독일기본법은 제23조 1항에서 보충성 원칙을 규정하면서 "독일은 민주적·법치국가적·사회주의적·연방국가적 원칙과 보충성 원칙을 준수하며 기본법에 본질적으로 상응하는 기본권을 보장한다."라고 정의한다. 이는 각 주가 가지는 권한은 보장되는 반면 연방정부의 권한과 권력은 주 정부의 역할만으로는 충분하지 않은 경우에 한하여 존재의 정당성을 가짐을 의미한다(박재정 1997, 127-129). 각 주 정부가 상대적으로 많은 권한을 가지는 독일에서 보충성 원칙은 각 주가 해결할 수 없는 문제의 해결을 연방정부에 위임하고 각 주의 자율성을 보장하려는 장치라고 할 수 있다. 오스트리아도 Voralberg 주 헌법(1984) 제7조 1항에서 "주 정부는 개인의 자유와 공동생활 형성을 보충성 원칙으로 보장해야 하고 자치와 자조는 촉진되어야 한다."고 규정하면서 독일과 비슷한 맥락에서 보충성 원칙을 보장하고 있다.

2. 보충성 원칙의 도입

EU에서 보충성 원칙이 공식적으로 도입된 것은 1992년 마스트리히트 조약에서였지만 보충성 원칙의 논리는 이전부터 존재하고 있었다. 1951년 유럽석탄철강공동체(ECSC: European Coal and Steel Community) 조약 5조는 "꼭 필요한 경우에 한해서만 연합이 직접적 영향을 행사해야 한다."고 규정짓고 있었고, 이러한 논지는 1957년의 유럽경제공동체(EEC: European Economic Community) 조약 6조에서도 볼 수 있다.

　유럽통합에서 보충성 원칙이 구체화되기 시작한 것은 1984년 스피넬리(Spinelli) 보고서에서였다. 주요 정책들의 결정 방식을 정부 간 협력 방식에서 공동체적 방식으로 조금씩 전환할 것을 제안하면서 지지부진하던 유럽통합에 힘을 실어주었던 이 보고서는 EU와 개별 국가들 사이의 경합적인 입법권의 귀속을 명확하게 하는 규정으로서 보충성 원칙을 제시하였다. 그리고 1984년 EU설립조약 초안(draft Treaty establishing the European Union)은 스피넬리 보고서의 건의를 받아들여 연합에 의한 공유 권한(concurrent competence)의 행사 조건으로 보충성 원칙을 수용하였다. 동 조약 제12조 (2)항에서 "당 조약이 연합에 공유 권한을 부여한 경우, 회원국들은 연합이 입법하지 않고 있는 동안에만 계속해서 행동할 것이다. 연합은 회원국들이 분리해서 행동하는 것보다 공동으로 행동할 때 더 효과적으로 취해질 수 있는 일들을 수행하기 위해서만 행동할 것이다."라고 규정한 것이다.

1986년 단일유럽협정, 1989년 경제통화동맹에 관한 들로르(Delors)의 보고서에도 계속해서 논의되었던 보충성 원칙이 유럽연합의 제도적 틀 속에서 공식적으로 자리매김한 것은 마스트리히트 조약 체결의 결과였다. 당시 EC조약(EC Treaty) 3B 조항은 보충성 원칙을 "공동체의 배타적 권한이 아닌 영역에서 회원국들에 의해 충분한 성과가 나타나지 않는 경우, 적절한 범위 내에서 공동체는 행동한다."고 정의하였다. 이 3B 조항은 1997년 10월 2일에 서명된 암스테르담 조약의 규정에 의해 조문의 재배치를 거쳐 유럽연합조약(TEU) 5조로 이어져 EU 권한 분배의 핵심 원칙으로 기능하게 된다. 이러한 보충성 원칙은 2004년 10월 29일에 확정된 유럽헌법조약 제I-11조항에서도 명시되어 있으며 이는 2007년 합의된 리스본 조약에도 여전히 유효하다.

유럽연합에서 보충성 원칙이 도입된 배경에는 연합의 발전 과정 속에서 점점 강해지는 중앙집권적 추세에 대한 경계심과 두려움이 있었고, 회원국들은 이러한 중앙집권적 움직임을 방지하고 회원국들의 자율

성을 보장하기 위한 하나의 제도적 장치로서 보충성 원칙을 도입하게 된
다. 분권적 기능을 위한 보충성 원칙의 도입 취지는 에든버러 의정서에
서 분명하게 나타난다. 1992년 12월 에든버러에서 열렸던 유럽이사회는
보충성 원칙이 공동체 차원에서의 권한 적용에 대한 기준 원리임을 재확
인함과 동시에 보충성 원칙의 필요성에 대한 기준을 다음과 같이 제한함
으로써 공동체의 과도한 개입으로 인한 회원국의 자율성 침해의 가능성
을 최소화하고자 하였다. 첫째, 해당 이슈가 회원국들의 행위에 의해 충
분히 달성될 수 없는 초국가적 양상을 가져야 하고 둘째, 회원국이 개별
적으로 행동하거나 공동체가 행동하지 않을 경우 회원국들의 이익이 중
대하게 침해되어야 하며 셋째, 공동체의 행위가 회원국의 행위보다 그
규모와 효과에서 명백하게 유익해야 한다. 넷째, 이러한 경우에도 공동
체의 개입은 회원국의 법질서와 조화를 이루어야 하며 다섯째, 공동체
행위의 상대적 유용성이 객관적 지수에 의해 확증되어야 한다는 것이다
(Brouwer 1994, 36–38). 이처럼 에든버러 의정서를 통해 회원국들은 보
충성 원칙이 연합의 중앙집권적 효과를 촉진하는 것을 방지하면서 국가
의 자율성을 보장하기 위한 제도적 장치로서 도입된 보충성 원칙의 성격
을 분명히 하고자 했던 것이다.

3. 보충성 원칙의 문제점

"공동체는 이 조약에서 부여받은 권한과 할당받은 목표의 범위 내에서 행
동한다. 공동체의 배타적 권한에 속하지 않는 영역에서 공동체는 보충성
원칙에 따라 제안된 행동의 목표가 회원국들에 의해 충분히 달성될 수 없
고, 따라서 제안된 행동의 규모나 효과에서 공동체가 더 잘 달성할 수 있
는 경우에 한해 그 범위 내에서만 행동한다. 공동체에 의한 어떠한 행동도

이 조약의 목표를 달성하는 데 필요한 수준을 넘어설 수 없다.[3]

TEU 제5조에서 규정하고 있는 보충성 원칙을 살펴보면 보충성 원칙을 적용하기 위한 요건은 '공유 권한 영역'과 '상대적 효율성' 두 가지로 설명할 수 있다.

먼저 권한 영역에 대해 살펴보자. EU에서 연합의 권한은 오직 연합만이 법적 구속력이 있는 행위를 제정할 수 있는 배타적 권한과 연합과 회원국 모두가 가지고 있는 공유 권한으로 나누어지는데(유럽헌법조약 I-12, 13, 14, 17조), 보충성 원칙은 공유 권한 영역에서 적용 가능한 원칙이다. 문제는 보충성 원칙을 규정짓고 있는 TEU 5조가 배타적 권한과 공유 권한의 구분 문제를 분명하게 다루고 있지 않다는 점이다. 따라서 공동체가 회원국과 권한을 공유하는 영역의 범위가 어느 정도인지, 특정 사안이 과연 어느 영역에 속하는 것인지에 대한 문제는 명확하게 구분하기가 쉽지 않은 일이다. 또한 EC 조약 308조에서는 공동체가 조약의 목적을 얻기 위해 필요하다고 증명한 경우, 공동체의 권한 영역을 확장시킬 수 있다고 규정되어 있을 뿐 아니라 현재의 EC 조약에서는 권한 영역의 분류가 특정 영역이 아닌 그 기능성에 대한 표현을 통해 규정되고 있으므로 연합의 배타적 권한 영역과 공유 권한의 경계는 계속해서 문제가 될 가능성이 크다.

이러한 상황에서 권한 쟁의가 발생하였을 경우, 해당 영역이 공동체의 배타적 권한 내에 속한 것인지 공동체의 권한 밖에 위치한 것인지 아니면 공동체와 국가의 공유 권한에 속하는 것인지를 결정하는 문제는 본질적으로 '공동체 법의 범위가 어디까지여야 하며, 특정 영역에서는 (연

3   TEU 5조 http://eur-lex.europa.eu/en/treaties/dat/12002M/pdf/12002M_EN.pdf(검색일: 2009. 2. 1).

합과 국가 중) 누가 권한을 행사하는 것이 옳은가'에 대한 정치적 판단이 없이는 해결할 수 없다는 점에서 정치적일 수밖에 없음을 의미하는 것이기도 하다. 이러한 점들을 고려한다면 그 (정치적) 판단이 누구에 의해서 이루어지느냐의 문제가 권한 영역 해석 및 보충성 원칙 적용에서 결정적 변수가 되리라는 사실을 알 수 있다.

두 번째 요건은 '상대적 효율성'의 문제이다. TEU 5조의 내용을 보면 연합은 회원국들이 특정 정책을 충분히 달성할 수 없을 경우에만 활동이 가능하며, '규모와 목표'라는 양적·질적 기준에서 연합의 행동이 '더 좋은' 성과를 가져와야 한다. 즉 보충성 원칙이 적용되기 위해서는 상대적 효율성의 측면에서 공동체 행위의 당위성이 충족되어야 한다. 문제는 그 상대적 효율성의 기준이 상당히 모호하게 표현되고 있다는 점이다. 보충성 원칙이 분권적 기능을 제대로 발휘하기 위해서는 연합의 행위를 제한하는 기준이 명확해야 한다. 그러나 동 조항에서 나타나는 기준은 모호하며 그 해석 역시 주관적일 수밖에 없는 표현으로 이루어져 있다. 예컨대 "국가의 행위가 공동체의 목적을 '충분히' 이루고 있는가?"라는 문제에서 그 '충분한' 정도에 대해서는 회원국과 연합이 다른 해석을 가질 수 있으며, 연합 역시 회원국의 '불충분한' 행위를 근거로 보충성 원칙을 통해 연합 차원의 행위를 정당화할 수 있는 것이다. 즉 연합의 행위에 대한 기준인 '상대적 효율성'이 명확하고 객관적인 기준으로 규율되는 것이 아니라 주관적인 해석에 의존해야만 하는 모호한 기준으로 규율되고 있으며, 연합 역시 보충성 원칙으로 자신의 행위를 뒷받침하고 이를 통해 연합의 권한 확대를 정당화하는 중앙집권적 해석이 가능하게 된 것이다.

TEU 5조의 애매모호한 개념 정의와 더불어 또 하나의 문제는 TEU 서문이 TEU 5조와는 다른 의미에서 보충성 원칙에 대해 설명하고 있으며, 이로 인해 보충성 원칙 개념의 모호성과 복잡성이 심화되고 있다는 점이다.

> EU의 회원국들은 'ever closer union'을 만들기 위한 process를 계속해야 하며, 그 결정들은 보충성 원칙에 따라 가능한 한 시민들에게 가장 가깝게 이루어져야 한다.[4]

여기에서 언급되는 '시민에게 가까운 단위'라는 것은 의사 결정 단위가 단순히 연합과 회원국만을 의미하는 것은 아니며, 보충성 원칙에서 이러한 민주적 표현은 EU 내에서 보충성 원칙이 단순히 국가와 연합 사이의 권한 분산 문제만을 의미하는 것은 아님을 보여준다. 이에 대해 드 버카(de Burca 1999)는 TEU 5조에서 규정된 보충성 원칙과 TEU 서문에서 규정된 보충성 원칙을 행정적 보충성 원칙과 민주적 보충성 원칙으로 구분하여 설명한다. EU에서 보충성 원칙과 관련한 법적 표현의 기본은 행정적 측면에서의 보충성이라고 해야 한다. 이는 정책 결정 및 수행에서 개별 시민의 권리보호보다는 공동체 기구에 의한 침해로부터 개별 회원국의 권한을 보호하기 위한 원칙으로 이해되는 경향이 크다. 반면 TEU 서문에서 정의되고 있는 민주적 보충성 원칙이란 정부 단위 간 권한 분배의 우선 목적은 (정부의) 특권 보호가 아니라 개별 시민의 보호에 있다는 것이며, 이는 국가와 사회로부터 개인을 보호하려고 했던 카톨릭적 보충성 원칙 개념의 연장선상에 있는 것이라고 할 수 있겠다.

이러한 개념적 모호성으로 보충성 원칙에 의한 중앙집권적 해석은 연합의 행위를 정당화하는 수단으로 이용될 소극적 방어뿐 아니라 특정

4   TEU 서문 http://eur-lex.europa.eu/en/treaties/dat/12002M/pdf/12002M_EN.pdf(검색일: 2009. 2. 1).

영역에서 국가의 행위가 부재하거나 불충분한 경우 연합의 행동이 당위적으로 요구된다는 적극적 해석도 가능하다. 여기서 보충성 원칙의 소극적 해석이란 상대적 효율성이 없을 경우 중앙의 행동을 배척함으로써 중앙의 간섭으로부터 하위 단위들의 권한을 보호하는 것을 의미한다. 반면 적극적 해석은 상대적으로 보다 효율적일 경우 중앙의 역할이 당위적으로 요구되어질 수 있다는 것이다. 이러한 적극적 개념의 보충성 원칙은 권위의 중앙집권적 효과를 자극하며, 이는 마스트리히트 조약 235항과 들로르의 주장에서 살펴볼 수 있다.

물론 이러한 개념적 모호성은 법 적용에서 다양한 해석을 가능하게 하고 법 적용의 유연성을 높여 운용의 묘를 살릴 수 있도록 하는 수단이 되기도 한다. 여기서 중요한 점은 보충성 원칙에 대한 침해 여부 결정에서 정치적 판단이 수반될 수밖에 없고, 이러한 정치적 판단에서는 철저히 법적·객관적 논리가 아닌 주관적 시각이 일정 부분 작용한다는 사실이며, 따라서 보충성 원칙의 적용 문제는 그 판단의 주체가 누구냐에 따라 다양한 해석이 가능하다는 점이다. 예컨대 연합이 자신의 특정한 행위와 관련하여 국가 차원에서의 행위가 불충분하였고 공동체 차원에서 보다 나은 성과를 얻을 수 있기 때문에 행동하였다고 주장할 경우, 보충성 원칙이 오히려 연합의 행위를 정당화하여 연합의 권한을 확대시키는 중앙집권적 효과를 야기할 수도 있는 것이다.

이와 관련하여 유럽재판소장을 역임하였던 스튜어트(Stuart 1992)는 보충성 원칙에서 통제의 적정성과 관련하여 심각한 우려의 견해를 표명하면서, 보충성 원칙에서 통제는 그 개념의 모호함만큼이나 혼란과 불확실성의 원천이 될 수 있을 뿐이고 그야말로 재판관의 정부로 귀결될 수도 있다는 유보적 입장을 밝히고 있다. 스튜어트의 우려에서 알 수 있듯이 EU에서 보충성 원칙과 관련한 권한 분배 문제는 원칙이 가지는 그 개념적 모호성으로 인해 다양한 해석과 효과가 가능하며, 특히 이와 관련한 권한 쟁의에서 최종 판결을 내리는 유럽사법재판소의 판결이 결정적인 역할을 할 수 밖에 없다. 고로 EU의 권한 배분 문제에서 보충성 원칙이 실제로 어떻게 적용되고 있으며 어떠한 효과를 주고 있는지를 알아보기 위해서는 유럽사법재판소의 판결들을 살펴보는 작업이 필요하다.

III. 유럽사법재판소: 객관적 심판자?

1. 유럽사법재판소의 정치적 특성

대부분의 연방국가들에서 권한 분배, 특히 중앙과 주 정부 간 권한 분배는 가장 중요한 문제이다. 그리고 권한 분배에서 사법 심사권을 가진 최고사법기관은 가장 주요한 영향을 미치는 행위자인데 이는 사법부가 단순히 삼권분립의 한 구성요소이기 때문이 아니라 사법 심사권을 가진 최고사법기관이 헌법의 해석 및 적용, 정부 간 권한 쟁의에 대한 판결 등을 통해 권한 분배 문제에서 결정적인 역할을 담당하고 있기 때문이다.

왓츠(Watts 1999)에 따르면 대부분의 연방국가들은 연방(중앙)과 지방정부 사이의 분쟁 해결에서 사법적 방법과 투표의 방법을 사용하고 있는데, 전자의 경우 대개 대법원 혹은 헌법재판소가 권한 쟁의에 대한 심판자(adjudicator)로 행동하고 있다. 문제는 이러한 사법적 해결과정에서 그 자신이 연방기구인 최고사법기관이 연방에 유리한 중앙집권적 판결을 내림으로써 하위 단위들의 이익을 침해하거나 잠식할 가능성이 존재한다는 점이다. 왓츠는 미국과 호주의 사례 연구를 통해 최고사법기관들은 연방의 권한, 특히 그 내재적 권한(implied powers)을 최대로 해석하는 경향이 있으며 이로 인해 주에 부여된 잔여 권한의 범위를 잠식하고 중앙집권화를 촉진시키는 판결을 내리는 경향이 있다고 지적한다 (Watts 1999).

최고사법기관의 이러한 판결 성향은 미국 연방대법원의 역사적 경험에서도 분명하게 나타난다. 미국의 경우 수정헌법 10조를 통해 연방정부에게 위임된 권한이 아닌 잔여 권한들은 각 주 정부에게 주어져 있기는 하지만 연방정부에게 주어진 내재 권한, 암시 권한의 존재로 인해 잔여 권한의 명확한 범위나 한계는 분명하지 않다. 뿐만 아니라 미국 헌법이 조세 징수 등 '동시 권한'에 대한 권리를 연방정부와 주 정부에 모두 주고 있기 때문에 이 두 정부 단위 간에는 항상 권한 쟁의의 가능성이 존재한다. 이러한 상황에서 권한 쟁의에 대한 사법 심사와 최종 판결권을 가지고 있는 연방대법원은 법적인 판결을 통해 미국의 권한 분배 문제와 주요 정책 결정에서 결정적인 역할을 담당하여 왔다. 1803년 마버리 대 매디슨(*Marbury v. Madison*) 사건을 통해 최고사법기관으로서의 사법 심사권을 확고히 한 이후 연방대법원은 1819년 맥컬로 대 메릴랜드 (*McCulloch v. Maryland*) 사건에서 연방의회의 암시 권한을 합헌으로 판결하고, 1824년 깁슨 대 오덴(*Gibbons v. Ogden*) 사건에서 연방의회의 주간 통상규제 권한이 모든 경제활동에 적용된다고 판결내리는 등 연방정부의 권한 확대에 기여하였다. 또한 20세기에 연방대법원은 1930년대 경제대공황과 민권운동에 대한 판결을 통해 연방정부의 권한 확대에 기여하였다. 물론 연방대법원이 항상 연방정부의 권한 확대에 유리한 역할을 했던 것은 아니다. 1857년 드레드 스콧 대 샌포드(*Dred Scott v. Sanford*) 사건에서는 노예제를 인정하는 주에 대한 연방의회의 개입을 금지하는 보존 권한이 주에게 주어져 있다고 판결을 내림으로써 주의 권한을 보호하는 모습을 보여주었고, 1980년대 중반 이후 다시 주 권한을

보호하는 판결 성향을 보여주고 있다.[5] 미 연방대법원의 이러한 행태는
연방과 주의 권한 분배에서 최고사법기관의 판결이 결정적 역할을 해왔
음을 보여주는 역사적 사례이다.

그렇다면 EU의 권한 분배에서 유럽사법재판소 역시 중립적인 심판
자이기보다는 하나의 정치적 행위자로서 EU의 주요 정책에 대해 결정적
영향을 미칠 것인가? 현실주의적 시각에서 보자면 유럽사법재판소는 회
원국들에 의해 규정된 조약과 규정을 단순히 적용하는 기술적·보조적
기구에 불과하다. "유럽사법재판소의 결정을 관장하는 원칙들은 프랑스
와 독일의 선호와 일치한다."고 주장하였던 가렛의 정부간주의적 분석은
이러한 시각을 잘 보여준다. 그는 회원국의 국력이 유럽사법재판소의 판
결에 막대한 영향을 끼친다고 이해하면서 회원국들에게서 일정한 권한
을 위임받은 유럽사법재판소는 대다수 회원국들의 자율성에 아무런 영
향도 주지 못했다고 주장하였다(Garrett 1992, 556-558). 반면 신기능주
의자들은 유럽사법재판소의 결정이 회원국들의 이해관계에 부합하는 것
이라는 현실주의자들의 주장에 반론을 제기하였다. 스톤(Stone)과 카포
라소(Caporaso)는 'EU의 가장 강력한 회원국들은 대체로 재판소의 판
결과 반대되는 입장에 있었다는 점'을 지적하면서 정부들은 오히려 반작
용적으로 행동하였다고 주장하였고(Stone and Caporaso 1998), 피어슨
(Pierson)과 라입프리드(Leibfried)는 역사제도적 분석을 통해 유럽사법
재판소가 적극적인 입장을 취해왔으며 EU의 실현과 권위의 기반을 세워
왔다고 주장한다(Pierson and Leibfried 1995).

한편 슐츠(Schulz) 등은 게임이론적 분석을 통해 유럽사법재판소가
단순한 하인도 주인도 아닌 서로 상충하는 요소들을 균형지어야만 하는

---

5   이에 대해서는 이옥연, "권력분산을 통한 권력공유의 묘(妙)" 『미국학』, 제30호(2007)에
    자세하게 설명되어 있다.

전략적 행위자라고 주장한다. 이에 따르면 유럽사법재판소는 조약의 규정·재판소 판례·법적 규범이 명확할수록 능동적인 결정을 내리는 경향이 크고, 재판소의 결정이 관련 회원국에서 국내적으로 가져올 정치경제적 비용이 적을수록 당사국이 유럽사법재판소의 결정을 받아들이는 경향이 강하며, 유럽사법재판소의 적극적 행위에 대한 회원국들의 반대가 많으면 많을수록 소송 당사국이 다른 국가와의 협력을 통해 조약 개정 등의 보복 행동에 나설 가능성이 크다고 주장한다(Garrett, Kelemen and Schulz 1998). 마틀리(Mattli)와 슬러터(Slaughter)는 유럽사법재판소가 유럽 통합 과정에서 스스로의 권리를 가진 전략적 행위자였다는 인식에 동의하고 있으며(Mattli and Slaughter 1998, 177-178), 드 버카 역시 유럽사법재판소가 완전한 법적 기구이기보다는 정치적 고려와 판단이 존재할 수밖에 없는 정치적 기관임을 지적하면서 유럽사법재판소가 규범적 영향과 자율성을 가지는 전략적 행위자이자 주요 정책입안기구라는 점을 잘 설명해주고 있다(de Burca 1998).

　그렇다면 정치적 행위자로서 유럽사법재판소는 EU의 통합 과정과 권한 확대에서 어떠한 영향을 미칠 것인가? 유럽사법재판소는 사법적 통합과 관련한 주요 문제들에서 이미 통합지향적이고 친공동체적인 판결 성향을 보여주었다. 1964년 플라미노 코스타 대 에넬(*Flamino Costa v. ENEL*) 사건에 대한 판결에서 재판소는 '공동체법 우위의 원칙'이라는 독트린을 확인하고 공동체법과 회원국의 국내법적 질서들이 공존하는 새로운 법적 질서를 확립하였다. 또한 재판소는 *Factortame* 사건에서 영국의 새로운 해운등록제도가 공동체법을 위반하였다고 판시하면서 유럽공동체법이 회원국법에 우선하여 직접 적용한다는 사실을 재확인시켜주고 공동체법 우위에 대한 공식적인 수용을 확보하였다. 이는 재판소가 판결을 통해 유럽의 법적 통합을 심화시키는 역할을 하였음을 보여주는 것이기도 하다.

유럽사법재판소의 이러한 정치적 · 전략적 행위자로서의 특성은 보충성 원칙과 관련한 판례들에서 보다 명확하게 나타날 가능성이 크다. 사실 보충성 원칙은 엄밀히 말해 하나의 명확한 법 원칙이라고 단언하기에는 어려운 점이 있다. 보충성은 상위 단위의 행동을 하위 수준에서 문제 해결과 업무 처리를 할 수 없는 경우에 제한하도록 기속하는 효력을 가지는 권력 조정의 정치적 개념으로서의 성격이 강하기 때문이다. 즉 보충성 원칙이라는 모호한 개념의 원칙은 정치적 복잡성과 법적 불확실성을 가지고 있으며, 이와 관련한 판결에는 본질적으로 정치적 고려가 수반될 수밖에 없다. 보충성 원칙이 조약에서 기술적으로 어떻게 구성되었든지 간에 그 근저에 있는 문제들은 불가피하게도 본질적인 정치성을 가지고 있을 수밖에 없는 것이다. 또한 보충성 원칙의 개념적 모호성으로 인해 실제적 적용에서 해석 주체의 행위가 중요할 수밖에 없다. 보충성 원칙 침해 여부에 대한 심판이 유럽사법재판소에 의해 이루어진다는 점과 유럽사법재판소가 법률적 논리에 따른 판결을 내릴 뿐인 단순한 법적 기구가 아니라 실질적 입법권을 획득한 또 하나의 정치적 행위자라는 점을 감안한다면 보충성 원칙의 실제적 적용에서 유럽사법재판소의 판결이 가지는 의미는 결정적이라고 할 수 있다.

2. 유럽사법재판소의 친공동체적 해석 성향

1) 보충성 원칙의 적용 방법

〈표 1〉을 살펴보면 1993년 11월 이후 보충성 원칙이 원용된 20건의 주요 판례들 중[6] 유럽사법재판소가 중앙집권적 해석을 내린 경우는 12건에 이르는 반면 분권적 해석을 내린 경우는 4건에 불과함을 알 수 있다.

즉 유럽사법재판소는 보충성 원칙의 적용 문제에서 중앙집권적 해석을 내린 경우가 압도적으로 많았던 것이다.[7]

또한 〈표 2〉와 〈표 3〉을 살펴보면 회원국과 EU의 공동체 기구 간의 권한 쟁의에서 총 12건의 판례들 중 8건의 사건에서 집행위원회나 유럽의회와 같은 공동체 기구가 승소하였음을 알 수 있다. 특히 〈표 3〉에서 볼 수 있듯이 지침이나 명령 같은 공동체의 (입법) 행위에 대해 이의 무효화를 주장하였던 무효화 소송의 경우, 보충성 원칙이 원용된 7건의 판례들 중 5건의 사례에서 공동체에 유리한 판결이 내려졌다.

이러한 수치는 주요 판결들에서 유럽사법재판소가 보충성 원칙에 대한 중앙집권적 해석을 통해 EU 공동체에게 유리한 판결을 내려왔음을 보여준다. 하지만 유럽사법재판소의 친공동체적 성향은 양적 수치만이 아닌 보충성 원칙의 해석 태도와 적용 방법에서 보다 명확히 나타난다.

첫째, 유럽사법재판소는 보충성 원칙의 적용과 해석에서 적용 기준이나 방법에 대해 구체적으로 설명하지 않거나 공동체의 행위가 보충성 원칙을 침해하였음을 주장하는 회원국들의 제소 내용에 대해 명확한 설

---

6   기존 연구 분석과 키워드 검색을 통해 찾은 유럽사법재판소의 보충성 원칙 관련 판례들 중 소송 당사자에 의해 보충성 원칙이 원용되었거나 재판소가 심리 및 판결에서 원칙을 적용한 사건들을 분석대상으로 하였으며, 시기적으로는 보충성 원칙이 법적 판결 기준으로 확립된 마스트리히트 조약이 발효된 1993년 11월 이후부터 2008년까지의 유럽사법재판소 판례들 중 최종 판결이 나온 사례들로 제한하였다. 또한 재판소가 비슷한 사건이라고 해석하여 일괄적으로 판결을 내린 복수의 사건들(C383/06, C384/06, C385/06 등)의 경우에는 하나의 사례로 분석하였음을 밝힌다.

7   이 장에서 보충성 원칙에 대한 '분권적 해석'은 보다 하위 정치단위의 권한을 인정하는 해석을 의미하며, 반대로 '중앙집권적 해석'은 보충성 원칙을 하위 단위가 아닌 상위 기관의 권한을 인정하는 방향으로 해석하는 경우를 의미한다. 따라서 연합과 국가 간 권한쟁의의 경우, 분권적 해석은 결국 국가의 권한을 인정하는 것을 의미하는 것이라 할 수 있다. 그러나 국가와 지방의 수직적 권한 관계에서 분권적 해석은 국가 권한의 인정이 아니라 지방의 권한을 인정하는 것을 의미하며, 이러한 점에서 보충성의 원칙은 국가에게 양날의 검이라고 할 수 있다.

표 1. 보충성 원칙이 원용된 주요 판결

사건번호	사건명	소송의 종류[+]	관련국가	원칙의 해석	최종 판결
C239/07		선결적 판결	리투아니아	분권적	리투아니아 승
C383/06 C384/06 C385/06		선결적 판결	네덜란드	분권적	네덜란드 패
C64/05P	집행위 v. 스웨덴	회원국의 항소	스웨덴	중앙집권적	EU 패
C175/05	집행위 v. 아일랜드	강제이행절차 (제소)	아일랜드	중앙집권적	EU 승
C210/06	집행위 v. 아일랜드	강제이행절차 (제소)	아일랜드	중앙집권적	EU 패
C53/05	집행위 v. 포르투갈	강제이행절차 (제소)	포르투갈	중앙집권적	EU 승
C154/04 C155/04		선결적 판결	영국	중앙집권적	EU 승
C110/03	집행위 v. 벨기에	회원국의 항소	벨기에	중앙집권적	EU 승
C271/01	COPPI	선결적 판결	이탈리아	분권적	이탈리아 승
C114/01		선결적 판결	핀란드	분권적	핀란드 승
C39/03P	집행위 v. ARTEGODAN	강제이행절차 (항소)	EU 집행위	X	EU 패
C103/01	집행위 v. 독일	강제이행절차 (제소)	독일	중앙집권적	EU 승
C491/01		선결적 판결	영국	중앙집권적	
C332/00	집행위 v. 벨기에	회원국의 항소	벨기에	중앙집권적	EU 승
C377/98	EP v. 네덜란드	회원국의 항소	네덜란드, 노르웨이	중앙집권적	EU 승
C376/98	EP & 이사회 v. 독일	회원국의 항소	독일	논의 X	독일 승
C74/99	TOBACCO	선결적 판결	영국	X	
C36/97	KIEL	선결적 판결	독일(주 법원)	논의 X	독일 패
C84/94	이사회 v. 영국	회원국의 항소	영국	중앙집권적	EU 승
C233/94	EP & 이사회 v. 독일	회원국의 항소	독일	중앙집권적	EU 승

[+] 소송의 종류는 선결적 판결(Preliminary ruling), 강제이행절차(Enforcement Procedure), 회원국의 항소(Appeal)로 구분함. 강제이행절차(E)의 경우, 집행위가 제소를 한 경우와 항소를 한 경우로 구분함.

명을 하지 않는 방법으로 친공동체적이고 중앙집권적인 판결을 내려왔다. C-233/94 독일 대 유럽의회 및 유럽이사회*(Germany v. European Parliament & European Council)* 사건을 살펴보자. 독일은 국가의 예

표 2. 보충성 원칙이 원용된 강제이행절차 소송[8]

사건번호	분권화	사건명	소송의 종류	관련국	원칙의 해석	최종 판결
C103/01	10	집행위 v. 독일	E(제소)	독일	중앙집권적	EU 승
C216/05	0	집행위 v. 아일랜드	E(제소)	아일랜드	중앙집권적	EU 패
C175/05	0	집행위 v. 아일랜드	E(제소)	아일랜드	중앙집권적	EU 승
C53/05	2	집행위 v. 포르투갈	E(제소)	포르투갈	중앙집권적	EU 승
C39/03P		집행위 v. ARTEGODAN	E(항소)	EU 집행위	X	EU 패

표 3. 보충성 원칙이 원용된 회원국의 항소 사례

사건번호	분권화	사건명	소송의 종류	관련국	원칙의 해석	판결
C64/05P	0	집행위 v. 스웨덴	Appeal	스웨덴	중앙집권적	EU 패
C84/94	3	이사회 v. 영국	Appeal	영국	중앙집권적	EU 승
C377/98	3	EP v. 네덜란드	Appeal	네덜란드	중앙집권적	EU 승
C110/03	9	집행위 v. 벨기에	Appeal	벨기에	중앙집권적	EU 승
C332/00	9	집행위 v. 벨기에	Appeal	벨기에	중앙집권적	EU 승
C376/98	10	EP v. 독일	Appeal	독일	논의 X	독일 승
C233/94	10	EP & 이사회 v. 독일	Appeal	독일	중앙집권적	EU 승

금보증 문제에 대한 유럽각료이사회의 지침이 보충성 원칙에 입각한 공동체 입법행위의 당위성에 대해 분명한 설명을 제공하고 있지 못하기 때문에 무효라고 주장하였다. 그러나 보충성 원칙의 침해를 주장하는 독일의 문제제기에도 불구하고 재판소는 이에 대한 명확한 언급을 피하고 있다. 즉 '신용기관 규제와 관련한 회원국의 단독 행위는 충분하지 못했다'는 지침의 타당성에 대해 독일이 문제를 지적하였고 이에 대한 판단을 요청한 것임에도 불구하고, 왜 이러한 회원국의 행위가 불충분한지에 대해 언급이나 설명을 하고 있지 않은 것이다. 보충성 원칙을 원용하였던

---

8   강제이행절차(enforcement procedure)란 회원국들이 유럽연합법상 의무를 이행하지 않을 경우, 집행위원회 혹은 타 회원국들이 유럽사법재판소에 소송을 제기할 수 있도록 하는 절차이다. 이는 특히 집행위원회에게서 회원국의 유럽연합법상 의무불이행에 대해 행동을 촉구할 수 있는 법적 수단이라는 점에서 살펴볼 필요가 있다.

포르투갈의 주장에 대해 자세하고 명확한 논의도 없이 포르투갈 정부의 지침 이행 실패에 대한 EU의 제소가 정당하다는 판결을 내린 C-53/05 유럽집행위원회 대 포르투갈(Commission v. Portuguese Republic) 사건에서도 유럽사법재판소의 이러한 성향을 발견할 수 있다. 또한 유럽사법재판소는 EU에 불리한 판결을 내렸던 사건들에서도 보충성 원칙에 대해 명확한 언급을 피하는 방식을 통해 당 원칙에 따른 국가의 권한을 인정하기를 꺼려하는 모습을 보여주었다. 강제이행절차 사건이었던 C-216/05 유럽집행위원회 대 아일랜드(Commission v. Ireland) 사건에서 아일랜드는 공공 수당 책정에 대해 EU 지침과 관련한 공동체 권한의 범위가 명확한 용어로 설명되고 있으므로 이 규정에서 언급되지 않은 문제들에서는 지침이 적용될 수 없으며, 보충성 원칙과 공동체 규정의 국내적 변용에서의 국가재량권이 이를 뒷받침한다고 주장한다.[9] 이에 대해 유럽사법재판소는 공동체 규정의 국내 적용에서 국가재량권을 인정하면서 집행위원회의 제소를 기각하였다. 그러나 이 사건에서도 재판소는 보충성 원칙의 침해를 주장하는 아일랜드의 반론에 대해 여전히 분명한 입장이나 설명을 표명하고 있지 않다. 보충성 원칙에 따른 국가의 권한을 묵인하는 최종 판결에도 불구하고 이에 대한 구체적 논의는 피하고 있는 것이다.

둘째, 유럽사법재판소는 보충성 원칙 문제에 대한 증명의 책임이 공동체에 있다는 기존의 이론적 해석과는 반대로 그 책임을 공동체가 아니라 관련된 회원국들에게 부여하고 있다. C-64/05P 스웨덴 대 유럽집행

---

9   회원국에 직접적으로 적용되어 일반적이고 강제적인 효력을 가지는 명령(regulation)과는 달리 지침(directive)은 각 국의 국내법으로 전이되는 과정에서 회원국들이 입법의 형태와 수단을 선택할 수 있다. 그러나 회원국들은 자국 내에서 의회의 입법절차를 회피하기 위하여 지나치게 상세한 조항까지 지침에서 규정하도록 함으로써 지침 역시 명령 못지않은 강제성과 상세성을 띠게 되었다.

위원회(*Sweden v. Commission*) 사건을 살펴보자. '기관문서에 대한 공공 접근성'을 주장하며 유럽집행위원회가 가지고 있는 독일 정부로부터의 문서들을 공개하라는 환경단체의 요구에 대해 집행위원회는 당사국의 의사에 따라야 한다며 이를 거부하였다. 이에 스웨덴 정부는 "만약 회원국이 정보의 비공개를 요청할 시에는 그 정당한 이유를 명시해야 한다."고 주장하면서 집행위를 유럽사법재판소에 제소하였고 핀란드, 덴마크, 네덜란드가 이를 지지하였다. 이에 대응하여 집행위, 스페인, 영국은 연합이 보유하고 있는 각 국가의 문서 공개는 보충성 원칙을 침해하는 것이며, 그 공개 여부는 각 국가의 규정에 따라야 한다고 반론을 제기한다. 이에 대해 재판소는 영국과 스페인, 집행위원회 어느 누구도 연합이 보유한 회원국의 문서를 공동체 규정에 따라 공개하는 것이 왜 보충성 원칙을 침해하는 것인지, 이러한 문서의 공개가 왜 국가의 규정만을 따라야 하는 것인지에 대해 명시하거나 설명하려는 시도조차 하지 않았다고 비판한다. 제기된 보충성 원칙의 침해 여부에 대한 논의도 없이 보충성 원칙 적용의 타당성에 대한 논증의 책임을 회원국에게 부여하고 있으며, 결과적으로 문서의 국가귀속성을 강조하였던 분권적 성격의 보충성 원칙 적용을 거부하였던 것이다.

셋째, 재판소는 보충성 원칙의 적용에 대한 공동체의 논리를 수용하는 경향을 보인다. C-84/94 영국 대 유럽이사회(*U.K. v. Council*) [1996] 사건에서 영국은 "주간 최대 노동시간과 관련한 유럽각료이사회 지침(Council Directive, 93/104/EC)이 보충성 원칙을 침해하였다."며 그 무효를 주장한다. 이에 대해 유럽사법재판소는 당 지침이 보충성 원칙에 어긋나는 것인지를 살펴보고 공동체 행동의 당위성에 대한 설명을 이사회에 요구하기보다는 공동체 차원의 행동이 필요하다는 이사회의 주장을 아무런 조건 없이 받아들이고 있을 뿐이다. 또한 당 지침이 에든버러 가이드라인에 포함된 조건들을 충족시켰는지에 대한 영국의 문제제기에 대해서도 명확한 설명이나 논의도 없이 넘어가고 있다.

이와 같이 유럽사법재판소는 보충성 원칙에 따른 국가의 권한 혹은 공동체의 과도한 개입을 주장하는 회원국들의 주장에 대해 첫째, 보충성 원칙의 적용에 대한 구체적이고 명확한 언급이나 논의를 피하고 둘째, 공동체 행위의 보충성 원칙 침해 사실에 대해 증명해야 할 책임을 연합이 아닌 국가에 전가하며 셋째, 보충성 원칙에 따른 공동체 행위의 정당성을 주장하는 연합 기구의 의견을 무비판적으로 수용함으로써 공동체에 유리한 판결을 내려왔다. 그리고 유럽사법재판소의 이러한 친공동체적인 판결 성향, 특히 보충성 원칙의 해석에서 분권적 해석보다는 중앙집권적, 통합적 해석을 내리는 판결 성향으로 인해 보충성 원칙은 국가의 이익을 보호하기 위해 도입되었던 본연의 분권적 효과를 다하지 못하였던 것이다. 이러한 사실은 드 버카의 지적처럼 EU의 지침이나 공동체 행위에 대한 회원국의 항소 재판에서 보충성 원칙 침해를 이유로 EU의 행위가 무효화되었던 사례는 단 한 차례도 없었다는 점에서도 알 수 있다(de Burca 1998).

2) 회원국의 지지와 판결

유럽사법재판소 판결에서의 정치적 지지의 영향에 대해서는 활발한 논의가 이루어져왔다(Garrett 1992; 1995; Mattli and Slaughter 1995). 알터(Alter 2000)는 사법 결정을 내림에서 재판관들이 정치적 요소들에 민감한 것은 사실이지만 재판관들의 판결이 이러한 정치적 요소들에 전적으로 좌우되는 것은 아니며, 정치적 지지는 특정 문제에 대한 결정을 내리는 것보다 판결을 정책으로 변환시키기 위해 필요한 것이라고 주장한다. 반면 가렛 등(Garrett, Kelemen, and Schulz 1998)은 유럽사법재판

소 행위에 대한 국가들의 반대가 클수록 회원국들이 협력을 통해 조약의
개정과 같은 보복 행위를 통해 유럽사법재판소 판결에 저항하고 해당 판
결의 무효화에 나설 가능성이 크다고 지적하면서, 결국 회원국들의 반대
여부가 유럽사법재판소 판결에도 영향을 미친다고 지적하였다.

　　보충성 원칙이 원용된 판례들에서 유럽사법재판소가 회원국의 지
지나 반대, 같은 연합 기구인 집행위원회, 유럽의회 및 이사회 등의 지지
여부에 따라 판결에서 차이점을 보이고 있다는 사실은 유럽사법재판소
가 자신에 대한 정치적 지지를 인식하고 최종 판결문을 발표함에서 이를
고려하고 있음을 보여준다. 즉 유럽사법재판소는 보충성 원칙의 침해를
주장하는 회원국에 대한 지지가 많은 경우, 보충성 원칙 적용 및 해석의
정당성을 적극적으로 주장하기보다는 이에 대한 언급을 피하고 있으며,
보충성 원칙에 대한 중앙집권적 해석이나 연합 행위의 정당성에 대한 지
지가 크거나 동 원칙의 침해를 주장하는 소송제기에 대한 회원국들의 반
대가 높을수록 보충성 원칙의 적용 이유에 대해 상세하게 설명하며 적극
적으로 중앙집권적 해석을 내리는 경향을 보이고 있다.

　　C491/01 *Investments and Imperial Tobacco* 사건을 살펴보자.
유럽연합 지침(EU Directive, 2001/37/EC)에 대해 영국에 소재한 담배
회사들은 국가가 공중 보건의 보호를 위해 필요한 조치를 취할 수 없다
는 증거가 없기 때문에 공동체의 이러한 입법행위는 보충성 원칙 침해라
고 주장한다. 사법인들에 의해 연합의 보충성 원칙 위반이 주장되는 가
운데 영국과 프랑스, 네덜란드, 스웨덴과 같은 EU 회원국들은 오히려 연
합의 권한을 인정하고 해당 지침의 정당성에 대한 지지를 표명한다. 회
원국들의 이러한 지지 속에서 유럽사법재판소는 "무역 장벽의 철폐와 공
공 보건의 보호를 위해서는 국가보다 공동체 차원의 행동이 필요하며,
따라서 본 지침은 보충성 원칙에 위배되지 않는다."고 판결을 내리면서

다른 판례에서와는 달리 보충성 원칙 적용의 정당성에 대해 구체적으로 설시하는 모습을 보여준다.

C-103/01 유럽집행위원회 대 독일(*Commission v. Germany*) 사건은 재판소가 정치적 지지를 바탕으로 보충성 원칙 침해에 대한 설명을 판시한 또 다른 사례이다. 군경 등 특수집단의 장비에 대한 EU 규정이 보충성 원칙을 침해한다는 독일의 주장에 대해 재판소는 "특수집단의 장비와 관련한 각 회원국의 국내 규정이 너무나도 상이하고 이러한 차이가 자유무역을 방해할 여지가 있으므로 이를 철폐해야 하며, 이는 각 회원국 수준이 아닌 공동체 차원의 것이어야 한다."는 설명과 함께 보충성 원칙에 따른 공동체 행위의 정당성을 인정하였는데, 이러한 재판소의 판결에는 이에 대한 프랑스의 강력한 지지가 든든한 힘이 되었다.

이처럼 유럽사법재판소가 원칙의 적용 및 해석에서 회원국, 연합 기관의 찬반 여부로부터 자유롭지 못하고 이에 맞추어 자신의 판결 수위를 조절하여 왔다는 점은 유럽사법재판소가 객관적 심판자로서 EU의 법 논리에 충실히 따르기보다는 판결에서 여러 정치적 요인들을 고려하고 판단하는 정치적 행위자로서 기능하고 있음을 보여주는 하나의 예라고 할 수 있겠다. 하지만 유럽사법재판소는 회원국의 분권적 해석에 대한 지지가 존재할 경우에도 보충성 원칙에 대한 중앙집권적 해석을 포기하지 않는 성향이 강하기도 하였다.

이상에서 보듯이 유럽사법재판소는 분명 보충성 원칙의 중앙집권적 해석에 편향된 모습을 보여왔고, 이러한 유럽사법재판소의 성향으로 인해 EU의 권한 분배 문제에서 (원래 국가의 권한과 이익을 보호하기 위하여 도입되었던) 보충성 원칙이 실제적 적용에서 본연의 분권적 기능을 착실히 수행하는 데 실패하고 오히려 연합의 권한 확대를 정당화하는 중앙집권적 효과를 발휘하였던 것이다.

IV. 분권적 해석 사례의 분석

1. 민주적 보충성

TEU 서문에 나타난 보충성 원칙을 민주적 보충성이라고 명명한 바버 (Barber 1999, 314-318)는 EU의 보충성 원칙에서 연합의 의사결정은 제안된 행위의 목적이 '충분히' 성취되는 것을 보장할 수 있는 단위들 중 가장 작은 민주적 단위에 의해 이루어져야 함을 요구한다고 말한다. 주어진 영역에서의 권한 행사가 민주적 원칙에 의해 이루어져야 한다는 것이다. 이처럼 TEU 서문에서 정의되고 있는 보충성 원칙은 시민의 권리를 강조하고 시민에게 가까운 곳에서 정책이 이루어져야 함을 규정하고 있다는 점에서 민주주의적인 성격을 가지고 있으며 정부 단위 간 권한 분배의 우선 목적을 개별 시민의 보호에 두고 있다. 물론 엄밀히 말해 보충성 원칙이 민주성의 원칙인 것은 아니다. 하지만 보충성 원칙은 민주적 단위들의 경계와 관련한 문제에서 분명한 답을 제공해준다. 즉 '모두에 관여된 것은 모두의 승인을 받아야 한다.'는 민주주의적 정부의 가장 오래되고 기본적인 원칙의 발전 형태인 것이다.

개인의 자유와 권리의 보호를 목적으로 하는 민주적 보충성의 개념은 유럽 통합에서 국가의 하위 단위인 '지역의 역할' 문제와 연결된다. TEU 서문의 다른 구문을 살펴보면 시민에 가장 가까운 단위에서의 권한 행사에 대해 논의하면서 "rights of regions"라는 표현을 사용하고 있다. 여기서 '지역(regions)'이란 국가만을 의미하는 것이 아니라 그 하위에 위치하고 있는 각 지방 단위들까지 포함하는 개념으로서, 국가뿐 아니라 지역의 권한 행사 역시 보장해주고 있는 것이다. 이에 기반하여 지역중심적 해석의 지지자들은 1985년 스트라스부르에서 채택된 '지방자치에 관한 유럽헌장'을 강조하면서 보충성 원칙이 지역의 관점에서 해석되어야 한다고 주장한다. 이들은 보충성 원칙이 국가의 하위 단위체들에 의해 사용됨으로써 국가의 권한을 잠식하는 예기치 못한 중앙집권적 효과를 야기할 가능성에 대해 지적하면서 서로 다른 수준의 정부가 가지는 핵심적 권한을 법으로 정할 것을 주장하는 한편, '시민에 가장 가까운 결정'이라는 보충성 원칙이 본질적으로 분권화로 연결되어야 한다고 주장한다(Kapteyn 1997; Schilling 1995).

분명 보충성 원칙은 연합과 회원국 간의 관계뿐 아니라 연합—회원국—지방정부 간의 관계에도 적용된다. 이는 곧 EU의 권한 분배와 관련한 보충성 원칙이 국가에게는 양날의 검이 될 수 있음을 뜻한다. 연합과의 권한 쟁의에서 보충성 원칙을 강하게 주장할 경우 이러한 논리가 국가와 지방정부 간의 관계에 적용될 수 있다는 위험이 있기 때문이다. 이러한 위험은 독일처럼 분권화가 발달하여 지방정부가 가지는 자율성과 권한이 상당한 수준일 경우 더 크다고 할 수 있겠다. 그렇다면 EU의 수직적 권한 분배와 관련한 실제의 권한 충돌에서 이러한 지방정부의 존재는 과연 국가로 하여금 연합과의 권한 쟁의에서 보충성 원칙을 적극적으로 주장할 수 없도록 만든 제약으로 작동하였는가? 민주적 보충성의 개념은 유럽통합에서 지역의 권한을 보호하였는가?

〈표 4〉의 결과를 살펴보면 회원국의 분권화 정도와 회원국에 의한 보충성 원칙 원용 사이의 상관관계는 분명하게 나타나고 있지 않다. 즉 강력한 지방정부의 존재가 회원국이 연합과의 권한 쟁의 문제에서 보충성 원칙을 강하게 주장하는 것을 방지하는 제약으로서 작동하고 있다고 단언할 수는 없는 것이다. 분권화와 보충성 원칙 원용 사이의 상관관계는 회원국이 보충성 원칙 침해를 근거로 연합 행위의 무효를 주장하는 항소 사례들에서도 찾아보기 힘들다. 분권화가 발달하여 상당한 수준의

표 4. 회원국의 분권화와 판례

사건번호	분권화	사건명	소송의 종류	관련국가	원칙의 해석	최종 판결
C64/05P	0	집행위 v. 스웨덴	A	스웨덴	중앙집권적	국가 승
C216/05	0	집행위 v. 아일랜드	E(제소)	아일랜드	중앙집권적	국가 승
C175/05	0	집행위 v. 아일랜드	E(제소)	아일랜드	중앙집권적	국가 패
C53/05	2	집행위 v. 포르투갈	E(제소)	포르투갈	중앙집권적	국가 패
C491/01	3	Imperial Tobacco	P	영국	중앙집권적	국가 패
C377/98	3	EP v. 네덜란드	A	네덜란드	중앙집권적	국가 패
C384/06	3		P	네덜란드	분권적	국가 패
C154/04	3	Natural Health	P	영국	중앙집권적	국가 패
C74/99	3	TOBACCO	P	영국	X	X
C114/01	4.5	Outokumpu Chrome	P	핀란드	분권적	국가 승
C271/01	6	COPPI	P	이탈리아	분권적	국가 승
C110/03	9	집행위 v. 벨기에	A	벨기에	중앙집권적	국가 패
C332/00	9	집행위 v. 벨기에	A	벨기에	중앙집권적	국가 패
C103/01	10	집행위 v. 독일	E(제소)	독일	중앙집권적	국가 패
C36/97	10	KIEL	P	독일(주법원)	논의 X	국가 패
C376/98	10	EP & 이사회 v. 독일	A	독일	논의 X	국가 승
C239/07		Sabatauskas	P	리투아니아	분권적	국가 승

※분권화 지수는 후와 막스(Hooghe and Marks 2001)의 연구를 참조하였음을 밝힌다. 이들은 헌법상의 연방주의, 특별자치지역의 유무, 중앙정부에서 지방의 역할, 지방선거의 직·간접성을 기준으로 기존 EU 회원국 15개국의 분권화 정도를 분석하였다.

자율성과 권한을 가진 지방정부들이 존재하는 벨기에나 독일 역시 분권화 지수가 낮은 (중앙집권적) 국가들만큼이나 많은 무효화 소송을 제기하였기 때문이다. 또한 유럽사법재판소의 최종 판결과 분권화 사이의 관계 역시 분명하지 않다. 게다가 무효화 소송이나 강제이행절차보다는 지방에 의한 제소가 가능한 선결적 판결에 한해서 국가의 권한을 인정하는 분권적 해석이 나타나고 있다는 점과 C-271/01 *COPPI* 사건 등에서 볼 수 있듯이 지방정부나 지방법원이 지방의 권한 보호를 위해 유럽사법재판소에 선결적 판결을 부탁했던 소송들에서 유럽사법재판소가 지방의 권한보다는 오히려 국가의 권한을 인정하였다는 점을 고려한다면 회원국의 분권화 발달 정도와 보충성 원칙 사이의 상관관계는 아직까지 확실하게 나타나고 있지 않다.

그러나 보충성 원칙과 지역 단위 사이의 긍정적 상관관계의 가능성은 여전히 연구해볼 가치가 있다고 판단된다. 유럽사법재판소가 보충성 원칙에 대한 분권적 해석을 내린 사례들이 모두 이탈리아, 네덜란드, 핀란드와 같이 분권화가 발달한 국가들의 소송에 한정되어 나타나고 있기 때문이다. 물론 이를 통해 일반적 원칙이나 경향을 추론하는 것은 섣부른 판단일 것이나 이러한 사실은 분권화와 보충성 원칙 적용 사이의 상관관계에 대한 가능성을 보여주는 것이며 이에 대한 추가적인 연구의 가치는 충분하다고 생각된다.

2. 분권적 해석과 선결적 판결

1993년 11월 EU의 법제도상으로 보충성 원칙이 공식적으로 도입된 지 15여 년이 지났음에도 불구하고 보충성 원칙이 원용된 주요 판결 중 유럽사법재판소가 원칙 적용에서 국가의 권한을 인정하는 분권적 해석을 내린 경우는 〈표 5〉에서 보는 바와 같이 4건에 불과하다. 4건에 불과한 이들 사례로부터 일반적인 원칙을 추론할 수는 없지만 〈표 5〉와 〈표 6〉을 살펴보면 몇몇 공통점을 찾아볼 수 있다. 먼저 분권적 해석은 모두 선결적 판결에 한해서 나왔으며 연합과 국가 간 권한 쟁의에서는 모두 중앙집권적 해석만이 내려졌다. 또한 분권적 해석이 내려진 4건의 사건들은 대개 분권화가 발달한 국가에 의해 선결적 판결을 부탁받은 경우였다. 직접지방선거의 부재로 후와 막스(Hooghe and Marks 2001)의 분석에서는 분권화 지수가 4.5로 그다지 높지는 않았지만 핀란드는 지방자치 분권과 국가행정 분산이라는 두 개의 지방자치 원칙을 시행하고 있으며

표 5. 분권적 해석이 내려진 판결

사건번호	소송의 종류	관련국가	원칙의 해석	최종 판결
C384/06	선결적 판결	네덜란드	분권적	국가 패
C114/01	선결적 판결	핀란드	분권적	국가 승
C271/01	선결적 판결	이탈리아	분권적	국가 승
C239/07	선결적 판결	리투아니아	분권적	국가 승

표 6. 보충성 원칙과 관련한 선결적 판례들

사건번호	사건명	관련국가	원칙의 해석	최종 판결
C271/01	COPPI	이탈리아	분권적	국가 승
C36/97	KIEL	독일(주법원)	논의 X	국가 패
C74/99	TOBACCO	영국	논의 X	X
C491/01	Investments & Imperial Tobacco	영국	중앙집권적	국가 패
C384/06		네덜란드	분권적	국가 패
C154/04	Alliance for Natural Health	영국	중앙집권적	국가 패
C114/01	Outokumpu Chrome	핀란드	분권적	국가 승
C239/07	Sabatauskas	리투아니아	분권적	국가 승

6개 주(Province)와 94개 지역(Region)을 통해 중앙정부의 지방분산과 지방자치를 추진하는 등 분권화 정도는 상당히 발달한 국가라 할 수 있다. 그렇다면 선결적 판결의 경우에는 지방의 존재가 중요한 변수로 작용하였는가? 유럽사법재판소는 선결적 판결에서 지방의 권한을 확대하는 경향을 보였는가?

선결적 판결(Preliminary ruling)이란 EU법의 문제가 회원국 재판소에서 계류될 때 회원국 재판소는 적용 이전에 우선적으로 유럽사법재판소에 그것의 유권적 해석을 구하는 것을 지칭한다. 이러한 선결적 부탁대상은 1) EU설립조약 2) EU기관의 행위 3) 이사회의 행위에 의해 설립된 기관의 규정 4) 비회원국과의 협정 등으로 규정되어 있다(EC 조약 177조). 선결적 판결은 EU 조약 제234조에 따라 국내법원에 의해 제기되는데 이는 회원국 국내법원이 자체적으로든지 아니면 소송 중인 당사자 일방의 요구에 의해 국내법원에서 제기되며, 국내법은 선결적 판결을 요청하는 일체의 권리행사에서 어떠한 방해도 할 수 없다. 모든 국내법원은 EC법상 선결적 판결을 부탁할 권리와 의무를 가지는데, 여기서 회원국의 '국내법원'이란 회원국 국내사법질서상의 상급심과 하급심을 모두 포함하는 것으로서, 국내의 최고사법기관이 아닌 하급법원 역시 독자적으로 선결적 판결을 부탁할 수 있다.

유럽의 법적 통합 과정에서 회원국들의 지방법원들은 이러한 선결적 판결 제도를 이용한 유럽사법재판소와의 협력을 통해 자신의 권한을 강화하려는 모습을 보여왔다. 유럽사법재판소 역시 지방법원들과의 협력을 통해 유럽 공동체법의 범위와 효과를 증가시키고 자신의 특권을 강화하고자 하였다. 이러한 국가 상위와 하부에서의 이해관계 합치는 유럽 통합을 촉진시키는 힘으로 작동하여 왔으며(Burley and Mattli 1993) 또다른 형태의 연합권한 확대 및 중앙집권적 효과를 야기할 것으로 기대된다. 힉스(Hix 2005, 118-120)는 선결적 판결이 국내법원들로 하여금 유럽사법재판소의 판결을 시행하게 함으로써 준-연방대법원적인 성격을 가지는 유럽사법재판소를 정점으로 하는 EU의 통합된 법체계에서 국내법원들이 그 하위법원이 되게 만드는 효과를 가진다고 지적한다. '법원간 경쟁 모델'을 주장한 알터(Alter 2000)는 국내법원과 입법기관 간의 수평적 경쟁, 국내법원 간의 수평적·수직적 경쟁 구도 속에서 하위 법원들은 공동체법과 유럽사법재판소의 권위에 호소함으로써 자신의 특권과 권한을 증가시키려는 의지가 더 강하였음을 보여주었다. 이는 룩셈부르크를 제외한 모든 회원국들에서 지방법원들이 최고사법기관들보다 선결적 판결이나 유럽사법재판소의 판결을 더 많이 이용하였다는 사실에서 알 수 있다(Sweet and Brunell 1998).

C-36/97 *Kellinghusen* 사건과 C-37/97 *Kiel* 사건은 선결적 판결

을 통한 지방 권한 강화의 면모를 살펴볼 수 있는 또 다른 사례이다. 두 사건은 독일의 슐레히-홀슈타인 주 행정법원이 농업 보조금 지급을 위한 행정비용 부담에 대해 유럽사법재판소에 선결적 판결을 부탁한 사건으로 "보조금 지급을 규정하고 있는 EEC 조약 15(3) 조가 행정 비용 부과에 대한 국가의 권한을 금지하고 있는가?", "그렇다면 해당 규정은 보충성 원칙과 비례성 원칙을 침해하는 것은 아닌가?"라는 두 가지 핵심 문제에 대해 유럽사법재판소는 보조금 금액과 행정비용 부과는 EU가 정한 동일한 규정의 적용에서 각 회원국 간에 실질적인 차이를 발생시키기 때문에 '행정 비용 부과에 대한 국가의 권한'을 금지하는 것으로 이해해야 한다고 판결을 내렸다. 즉 지방 법원에 의한 선결적 판결에서 유럽사법재판소의 결정이 국가의 권한을 제한하는 결과를 야기한 것이다. 지방에 의해 선결적 판결이 요청된 C-384/06 사건에서도 유럽사법재판소는 지방의 권한을 보호하는 모습을 보였다. 보조금 철회 및 보상 문제와 관련한 본 사건에서 유럽사법재판소는 보충성 원칙 적용에서는 국가의 권한을 인정하는 분권적 해석의 모습을 보여주면서도 최종 판결에서는 보조금 지급에서의 불규칙성으로 인해 야기된 결과는 국가가 책임을 져야 한다고 판시하면서 네덜란드 행정부의 보상을 명령하였던 것이다.

　그러나 선결적 판결에서 유럽사법재판소가 항상 국가의 권한을 부정한 것은 아니다. 오히려 회원국에 의한 연합의 행위 무효화 소송이나 강제이행절차의 경우와는 달리 유럽사법재판소는 선결적 판결에서는 보충성 원칙에 대한 분권적 해석을 내리기도 하였다. 이미 지급했던 농업 보조금의 반납을 요구하는 이탈리아 정부의 결정에 대해 COPPI (이탈리아 포도생산자 조합)가 이러한 조치의 무효화를 주장하고 라치오 주 행정법원에 소송을 제기하면서 시작된 C-271/01 *COPPI* 사건이 그 예이다. "EU 보조금의 제공 및 철회는 모두 공동체의 권한에 귀속한 것이므

로 이탈리아 정부는 보조금 철회를 결정할 권한이 없다."고 주장하는 라
치오 주 법원의 판결과 국가의 권한을 주장하는 이탈리아 정부의 주장이
첨예하게 대립하는 가운데, 선결적 판결 의뢰를 받은 유럽사법재판소는
EU의 보조금이 일부 포함되어 있는 보조금 지급 문제에 대해 보충성 원
칙을 적용하여 금융 자원의 관리와 이행의 책임은 일차적으로 각 회원국
의 특정한 필요에 따라 각 회원국에게 있다고 판결을 내리면서 이탈리아
정부의 조치에 대한 정당성을 입증하여 주었다. 이는 보충성 원칙이 적
용된 유럽사법재판소 판례들 중 재판소가 국가의 이익을 보호하는 분권
적 해석을 내린 드문 사례이다.

V. 결론

보충성 원칙은 연합—국가—지방이라는 EU의 다층적 구조에서 권한이
어떻게 분배되고 행사되어야 할 것인가라는 수직적 권한 분산 문제에 대
한 기본 원칙으로, 국가의 자율성을 보호하고 유럽통합 과정에서의 중앙
집권적 움직임을 방지하기 위한 제도적 장치로서 도입되었다. 그러나 보
충성 원칙은 실제적 운용에서 본연의 분권적 기능을 수행하기보다는 오
히려 개별 회원국들의 자율성과 이익을 잠식하고 공동체의 행위를 정당
화하면서 통합을 심화시키는 효과를 야기하였음을 보여주었다. 이는 EU
의 조약법상에서 정의되어 있는 보충성 원칙의 개념이 모호한 상황에서
최종 판결권을 가진 유럽사법재판소가 하나의 정치적 행위자로서 공동
체에 유리한 판결을 내려왔기 때문이다. 유럽사법재판소는 해석의 빈도
와 원칙 적용방법에서 공동체에 유리하고 통합을 심화시키는 판결을 내
리는 경향을 보여주었으며, 유럽사법재판소의 이러한 판결들은 보충성

원칙이 국가의 권한을 보호하는 분권적 기능을 발휘하지 못하고 통합의 심화를 정당화하는 수단으로 이용되면서 오히려 중앙집권적 기능을 수행하도록 만든 결정적 요인으로 작동하였던 것이다. 이러한 친공동체적 판결 성향 속에서 유럽사법재판소가 정치적 지지와 지역의 존재, 권한 영역 및 사안의 종류로부터 일정한 영향을 받고 있다는 사실은 권한 분배에 대한 보충성 원칙의 적용에서 분권적 기능이 발현될 수 있는 가능성에 대해 알아볼 수 있는 출발점이 될 것이다.

보충성 원칙에 대한 연구와 이해는 국가 간 연합의 형태에서 벗어나 하나의 실재적 정치체로서 이미 기능하고 있는 EU의 연방주의적 특성을 이해하기 위한 필수적 작업이다. 이러한 중요성에도 불구하고 보충성 원칙에 대한 연구는 개념적 논의 및 정치 기구들에 대한 잠정적 영향에 대한 논의의 틀에서 벗어나지 못하거나 유럽사법재판소를 정점으로 하는 법제도상의 문제들에 대한 논의가 대부분이었을 뿐 보충성 원칙이 유럽 통합에서 실제로 어떠한 기능을 수행하여 왔는지에 대한 연구는 많지 않다. 특히 사법적 측면에서 원칙의 실제적 적용 문제를 다룬 연구는 미진한 실정이다. 이러한 점에서 이 장은 유럽통합 과정에서 EU의 수직적 권한 분산을 규율하는 보충성 원칙이 연합, 국가, 지방 사이의 권한 쟁의에서 실제로 어떻게 적용되었고 어떠한 효과를 야기하였는지에 대해 살펴보았다는 점에서 함의를 가진다.

또한 보충성 원칙과 관련한 주요 판결들에 대해 살펴보는 작업을 통해 유럽공동체법 우위의 원칙이나 직접 효력성 원칙의 확립 과정에서 나타났던 유럽사법재판소의 친공동체적 판결 성향이 보충성 원칙에도 나타나고 있음을 밝힐 수 있었다. 뿐만 아니라 이 장은 유럽사법재판소가 연합의 권한 확대를 추구하는 편의성을 가진 연합 기구의 하나로 기능하면서 사법 심사권의 행사에서 하나의 정치적·전략적 행위자라는 사실을 재확인함으로써 유럽사법재판소에 대한 신기능주의적 입장을 공고히 하였다는 점에 이론적 함의를 가진다.

　EU를 이해하는 데서 보충성 원칙은 가장 중요한 요소 중 하나이다. 그러나 보충성 원칙이 가지는 중요성은 EU 연구에만 국한되는 것이 아니다. 독일과 오스트리아의 경우에서 볼 수 있듯이 보충성 원칙은 이미 여러 국가 속에서 기능하고 있는 권한 배분의 원리원칙이다. 이러한 보충성 원칙의 논리는 이미 한국의 지방자치 제도 속에서도 찾아볼 수 있다. 다시 말해 보충성의 원리는 연방 형태의 국가나 정치체제뿐 아니라 지방자치 제도와 다층적 통치 구조를 가진 모든 정치체제에 적용될 수 있는 원리이다. 이러한 측면에서 개인의 보호를 목적으로 하는 민주적 보충성과 상위 정치단위와 하위 정치단위 사이의 권한 분배 및 행사를 정의하는 행정적 측면의 보충성에 대한 연구는 EU나 연방국가만이 아닌 지방자치 제도와 다층적 구조를 가진 모든 형태의 정치체제를 이해하는 데 많은 도움이 될 수 있을 것으로 기대한다.

참고문헌

곽진영. 2001. "미국 사회의 변화와 연방대법원의 기능: 동성애자 권리 이슈를 중심으로."
　　　『국제정치논총』 41집 2호, 179-202.
김두수. 2005. "EU 통합과정상 회원국 국내법원의 역할." 『유럽연구』 22호, 153-176.
박재정. 1997. "EU의 공동체권한과 회원국권한의 배분에 관한 연구: 보충성원칙을 중심으로."
　　　『국제정치논총』 37집 2호, 119-147.
아리스토텔레스 저. 나종일 공역. 1993. 『정치학』. 서울: 삼성출판사.
이옥연. 2007. "권력분산을 통한 권력공유의 묘(妙)." 『미국학 연구』 30호, 89-122.
채형복. 2006. 『유럽헌법조약』. 서울: 높이깊이.
최정운. 1995. "국제화의 이론적 문제점에 관한 고찰: 유럽 통합과 국가 권력." 『세계정치』 19집
　　　1호, 121-140.
한국외대인문과학연구소(편). 1987. 『현대사회의 변화와 지성인의 역할』. 서울: 이문출판사.

Alter, Karen. 2000. "Explaining National Court Acceptance of European Court
　　　Jurisprudence: A Critical Evaluation of Theories of Legal Integration." Anne-
　　　Marie Slaughter and J. H. Weiler, eds. *The European Court and National Court
　　　- Doctrine and Jurisprudence: Legal Change in Its Social Context.* Oxford: Hart
　　　Publishing.
Barber, N. W. 2005. "The Limited Modesty of Subsidiarity." *European Law Journal* 11,
　　　No. 3, 308-325.
Baun, Michael J. 1998. "The Lander and German European Policy: The 1996 IGC and
　　　Amsterdam Treaty." *German Studies Review* 21, No. 2, 329-346.
Bellamy, Richard and Dario Castiglione. 2005. "Building the Union: The Nature of
　　　Sovereignty in the Political Architecture of Europe." Dimitrios Karmis and Wayne
　　　Norman, eds. *Theories of Federalism: A Reader.* New York: Palgrave Macmillan.
Bermann, George. 1994. "Taking Subsidiarity Seriously: Federalism in the EC and the
　　　US." *Columbia Law Review* 94, No. 2, 331-456.
Brouwer, Onno W. 1994. "Subsidiarity as a General Legal Principle." Cubrulle Mark,
　　　eds. *Future European Environmental Policy and Subsidiarity.* Brussel: European
　　　Interuniversity Press.
Bulmer, Simon and Christina Lequesne. 2005. *The Member States of the European
　　　Union.* New York: Oxford University Press.
de Burca, Grainne. 1998. "The Principle of Subsidiarity and the Court of Justice as an
　　　Institutional Actor." *Journal of Common Market Studies* 36, No. 2, 217-235.
＿＿＿＿. 1999. "Reappraising Subsidiarity's Significance after Amsterdam." *European
　　　University Institute Working Paper* 7/99.

Burgess, Michael. 2006. *Comparative Federalism: Theory and Practice*. New York: Routledge.

Burley, Anne-Marie and Walter Mattli. 1993. "Europe Before the Court: A Political Theory of Legal Integration." *International Organization* 47, No.1, 41–76.

Cooper, Ian. 2006. "The Watchdogs of Subsidiarity: National Parliaments and the Logic of Arguing in the EU." *Journal of Common Market Studies* 44, No.2, 281–304.

Dashwood, Alan. 1996. "The Limits of European Community Powers." *European Law Review* 21, No.2, 113–128.

Deihn, Thomas and Juliane Kokott. 2002. "Kingdom of the Netherlands v. European Parliament and Council of the European Union. Case C–377/98. 2001 ECR I–7079." *The American Journal of International Law* 96, No 4, 950–955.

Delors, Jacque et al. 1991. *Subsidiarity: the Challenge of Change*. Maastricht: European Institute of Public Administration.

Edwards, Denis J. 1996. "Fearing Federalism's Failure: Subsidiarity in the European Union." *The American Journal of Comparative Law* 44, No.4, 537–583.

Endo, Ken. 1994. "The Principle of Subsidiarity: From Johannes Althusius to Jacques Delors." *Hokkaido Law Review* 44, No.6, 553–652.

d'Estaing, Valery Giscard. 2008. "The Political Future of Europe." *LSE 초청강연 연설문* (February 28).

Fabbrini, Sergio. 2004. "Transatlantic constitutionalism: Comparing the United States and the European Union." *European Journal of Political Research* 43, 547–569.

Føllesdal, Andreas. 1998. "Survey Article: Subsidiarity." *The Journal of Political Philosophy* 6, No.2, 190–218.

Garrett, Geoffrey. 1992. "International Cooperation and Institutional Choice: The European Community's Internal Market." *International Organization* 46, 553–560.

_____. 1995. "The Politics of Legal Integration in the European Union." *International Organization* 49, 171–181.

Garrett, Geoffrey, Daniel Kelemen and Heiner Schulz. 1998. "The European Court of Justice, National Governments, and Legal Integration in the European Union." *International Organization* 52, No.1, 149–176.

Gibson, James L. and Gregory A. Caldeira. 1998. "Changes in the Legitimacy of the European Court of Justice: A Post-Maastricht Analysis." *British Journal of Political Science* 28, No.1, 63–91.

Golub, Jonathan. 1996. "Sovereignty and Subsidiarity in EU Environmental Policy." *Political Studies* 44, 686–703.

Harrison, Virginia. 1996. "Subsidiarity in Article 3b of the EC Treaty: Gobbledgegook or Justiciable Principle?" *International and Comparative Law Quarterly* 45, No.2, 431–439.

Hartley, Trevor. 1993. "Constitutional and International Aspects of the Maastricht

Agreement." *Comparative Law Quarterly* 42, 213–237.

Hix, Simon. 2005. *The Political System of the European Union*. New York: Palgrave Macmillan.

Hooghe, Lipset and Garry Marks. 2001. "Types of Multi-Level Governance." EIoP 5.

Hueglin, Thomas. 2000. "From Constitutional to Treaty Federalism: A Comparative Perspective." *Publius* 30, No.4, 137–153.

Hueglin, Thomas and Alan Fenna. 2006. *Comparative Federalism: a Systematic Inquiry*. Peterborough: Broadview.

Kan, Alvin. 2005. "Commission v. Netherlands, Case C–299/02." *The American Journal of International Law* 99, No.4, 867–873.

Kapteyn, P. J. C. 1991. "Community Law and the Principle of Subsidiarity." *Revue Des Affairs Européennes* 2.

Keeffe, David and Patrick M. Twomey et al. 1994. *Legal Issues of the Maastricht Treaty*. London: Chancery Law Publishing.

van Kersbergen, Kees and B. Verbeek. 1994. "The Politics of Subsidiarity in the European Union." *Journal of Common Market Studies* 32, No.2, 215–236.

Laursen, Finn. 2006. "The EU from Amsterdam via Nice to the Constitutional Treaty: Exploring and Explaining Recent Treaty Reforms." Fort Bertrand and Douglas Webber. *Regional Integration in East Asia and Europe: Convergence or Divergence?* New York: Routledge.

Leibfried, Stephan and Paul Pierce. 1995. *European Social Policy: Between Fragmentation and Integration*. Washington, D.C.: Brookings Institution.

Lenaerts, Koen, Dirk Arts and Robert Bray. 1999. *Procedural Law of the European Union*. London: Sweet & Maxwell.

Mark, Gary. 2004. *European Integration and Political Conflict*. Cambridge: Cambridge University Press.

Mattli, Walter and Anne-Marie Slaughter. 1995. "Law and Politics in the European Union: A Reply to Garrett." *International Organization* 49, 183–190.

_____. 1998. "Revisiting the European Court of Justice." *International Organization* 52, No.1, 177–209.

McKenzie, Stuart. 1992. "A Formula for Failure." *The Times* (December 11).

Moravcsik, Andrew. 2001. "Federalism in the European Union: Rhetoric and Reality." K. Nicolaidis and R. Howse, eds. *The Federal Vision: Legitimacy and Levels of Governance in the United States and the European Union*. Oxford: Oxford University Press.

Nicolai, Atzo. 2005. "Foreword" Steven Blockmans, Deirdre Curtin and Alfred E. Kellermann. *The EU Constitution: The Best Way Forward?* Hague: TMC Asser Press.

Nolte, Georg. 2005. *European and US Constitutionalism*. New York: Cambridge

University Press.

Peterson, John and Michael Shackleton. 2006. *The Institutions of the European Union*. New York: Oxford University Press.

Piris, Jean-Claude. 2006. *The Constitution for Europe: A Legal Analysis*. New York: Cambridge University Press.

Pollack, Mark. 1997. "Delegation, Agency, and Agenda Setting in the European Community." *International Organization* 51, 99-134.

_____. 2000. "The End of creeping Competence? EU Policy-Making Since Maastricht." *Journal of Common Market Studies* 38, No.3, 513-538.

Prodi, Romano. 2000. translated by Allan Cameron. Europe as I See It. Cambridge: Polity Press.

Rakove, Jack. 2003. "Europe's Floundering Fathers." *Foreign Policy* No. 138.

Regan, Donald H. 2001. "Judicial Reviews of Member State Regulation of Trade within a Federal or Quasi-federal System: Protectionism and Balancing, Da Capo." *Michigan Law Review* 99, No.8, 1853-1902.

Rosamond, Ben. 2000. *Theories of European Integration*. London: Macmillan Press.

Schilling, Theodor. 1995. "Subsidiarity as a Rule and a Principle, or: Taking Subsidiarity Seriously." *Jean Monnet Chair Working Paper* 10.

Steering Committee on Local and Regional Authorities. 1994. *Definition and Limits of the Principle of Subsidiarity*. Strasbourg: Council of European Press.

Steiner, Josephine and Lorna Woods. 2003. EC Law. Oxford: Oxford University Press.

Stone, Alec and James Caporaso. 1998. "From Free Trade to Supranational Polity: The European Court and Integration." W. Sandholtz and A. Stone Sweet, eds. *European Integration and Supranational Governance*. Oxford: Oxford University Press.

Sweet, Stone and Thomas Brunell. 1993. "The European Court and National Courts: A Statistical Analysis of Preliminary References, 1961-1995." *Journal of European Public Policy* 5, No.1, 66-97.

Toth, A. G. 1994. "Is Subsidiarity Justiciable." *European Law Review* 9.

Watts, Ronald. 1999. *Comparing Federal System*. Kingston: McGill-Queen's University Press.

Weatherill, Stephen and Paul Beaumont. 1995. *EC Law*. London: Penguin Books.

Wiener, Antje and Thomas Diez. 2004. *European Integration Theory*. Oxford: Oxford University Press.

de Zwann, Jaap W., Jan H. Jans and Frans A. Nelissen. 2004. *The European Union an Ongoing Process of Integration*. Hague: TMC Asser Press.

Zimmerman, Joseph. 1992. *Contemporary American Federalism: The Growth of National Power*. Westport: Praeger Publishers.

http://eur-lex.europa.eu/JOHtml.do?uri=OJ:C:2007:306:SOM:EN:HTML(검색일: 2009.

2. 1).

http://curia.europa.eu/en/transitpage.htm(검색일: 2009. 2. 1).

http://curia.europa.eu/en/content/juris/index_rep.htm(검색일: 2009. 2. 1).

http://europa.eu.int/eur-lex/en/index.html(검색일: 2009. 2. 1).

http://europa.eu.int/constitution(검색일: 2009. 2. 1).

http://eur-lex.europa.eu/JOIndex.do(검색일: 2009. 2. 1).

찾아보기